THE GUIDE TO
CORE TRAINING AND ASSESSMENT:
BREAK FITNESS BARRIERS AND PROMOTE SPORTS PERFORMANCE

核心训练与评估实践指南
——突破训练瓶颈、提升运动表现

（全彩图解版）

屈萍　主编

中山大学出版社
SUN YAT-SEN UNIVERSITY PRESS

·广州·

版权所有　翻印必究

图书在版编目（CIP）数据

核心训练与评估实践指南：突破训练瓶颈、提升运动表现 / 屈萍主编 . —广州：中山大学出版社，2022.8

ISBN 978-7-306-07575-8

Ⅰ．①核… Ⅱ．①屈… Ⅲ．①运动训练—指南 Ⅳ．① G808.1-62

中国版本图书馆 CIP 数据核字（2022）第 111156 号

HEXIN XUNLIAN YU PINGGU SHIJIAN ZHINAN：TUPO XUNLIAN PINGJING、TISHENG YUNDONG BIAOXIAN

出 版 人：	王天琪
策划编辑：	王旭红
责任编辑：	王旭红
封面设计：	曾　婷
责任校对：	舒　思
责任技编：	靳晓虹
出版发行：	中山大学出版社
电　　话：	编辑部 020-84110283，84111996，84111997，84113349
	发行部 020-84111998，84111981，84111160
地　　址：	广州市新港西路 135 号
邮　　编：	510275　　　传　真：020-84036565
网　　址：	http://www.zsup.com.cn　　E-mail: zdcbs@mail.sysu.edu.cn
印 刷 者：	广州市友盛彩印有限公司
规　　格：	787mm×1092mm　1/16　20 印张　370 千字
版次印次：	2022 年 8 月第 1 版　2022 年 8 月第 1 次印刷
定　　价：	98.00 元

如发现本书因印装质量影响阅读，请与出版社发行部联系调换

本书编委会

主　编：屈　萍

编　委：黄明华　潘　锋　李　国　姚慕涵
　　　　王筱妍　温靖思　刘　杨　郭倩怡
　　　　曹　谦　侯博文　康正煜

序 言

近20年来，核心训练在全球范围内一直是大众健身和竞技体育领域最热门、最经久不衰的训练之一。核心肌群不但在人们的日常生活和基础体力活动中肩负着重要使命，还在各类体育运动中都起着举足轻重的作用，这是由于几乎所有的人体活动都需要核心肌群的参与。而对于不同项目的运动员而言，其核心肌群工作能力的强弱在很大程度上决定了其在赛场中的表现的优劣。

人们早在数年前就对核心肌群的重要性有了高度的认知。如今，在全民健身的社会热潮下，网红健身博主、各类热门的运动App（手机应用软件）、自媒体锻炼类推文和视频等更对核心肌群投入了前所未有的关注力，其中，有关核心肌群的知识及锻炼方法成了健身界的时尚"宠儿"。由于核心训练的种类繁多、难度不一，如何选择并制订适合自己的核心训练计划变得尤为关键。然而，不同体能基础的人群如何进行核心训练，业内缺少科学指引。例如，对不同身体素质的大众人群缺少相应的权威核心训练指导，对不同运动专项的运动员缺乏针对专项特点的核心训练方法。此外，还缺乏结合个人能力和可获得器械的科学评估手段。这些都可能导致核心训练的效率大打折扣，甚至产生运动损伤。然而，市面上针对不同人群和不同专项运动员的核心训练书籍，尤其是悬吊训练的书籍极为匮乏。

笔者在2007年的博士研究生学习期间开始在多支国家运动代表队中研究与实践核心训练。当时正值核心训练从国外引入的初期，笔者亲自见证了它出色的功能、特点及其与传统力量训练默契配合的效果。随后，笔者以核心训练为主要研究内容，完成了博士学位论文的撰写和第一本专著的出版。进入中山大学工作后，作为中山大学运动队的体能教练，笔者在每次体能训练中都加入了不同形式或不同时长占比的核心训练；作为公共体育课教师，笔者无论教授什么运动项目，核心训练也都是课堂练习的必练内容之一。

悬吊训练被誉为核心训练中练习效率最高的方式之一，源于第二次世界大战时期的康复领域，后来进入竞技体育和大众健身领域，在世界多个国家和地区流行开来。在如今大学生运动员普遍存在着学训矛盾突出的背景下，训练队在日常训练中更需要提高训练效率，突破训练瓶颈、提升运动表现。中山大学女排甲组、田径乙组、足球乙组、游泳乙组、羽毛球甲组等多支校运动队均采用了专业悬吊设备进行核心训练，并取得了较好的核心训练效果，提升了专项运动表现。因此，悬吊训练也获得了各位教练员和运动员的一致好评，成为中山大学各运动队的特色体能训练方式之一。

本书以大学生、各专项大学生运动员及其教练、青少年人群、各高校体育学院或体育课部、中小学的体育教师、健身爱好者为读者对象，在总结多年运动训练与体能康复实践经验的基础上编写而成。在介绍核心训练理论、测试与评估方法的基础上，指出如何制订适合的训练计划，逐一阐述了核心肌肉与肌耐力、爆发力训练的动作和要点，并特别推荐了核心训练中较为领先的悬吊训练技术，详述了大众人群和不同专项大学生运动员的核心训练方法。本书共六章，分别为"核心训练理论""核心测试与评估""核心训练计划的制订""核心训练动作指导""悬吊训练""不同专项大学生运动员的核心训练"，其中"不同专项大学生运动员的核心训练"分别介绍了篮球、游泳、击剑、排球、足球、田径六个专项的大学生运动员的核心训练。作为训练与教学指导用书，本书由浅入深、图文并茂，提供多种科学、实用、前沿的核心测试与评估方法，详细讲解各训练动作及其变式的要点，适合不同体能基础的人群阅读与实践，可为核心训练提供借鉴与参考。

感谢Redcord（红绳）李国老师和中山大学优秀的体育学研究生兼高水平运动员黄明华（田径专项）、潘锋（击剑专项）、姚慕涵（田径专项）、王筱妍（击剑专项）、温靖思（游泳专项）、刘杨（足球专项）、郭倩怡（游泳专项）、曹谦（田径专项）、章扬欣（游泳专项）为本书提供的专业动作示范。感谢各位编委对本书资料整理做出的贡献。感谢中山大学体育部的领导、中山大学出版社对本书的出版发行给予的大力支持。

是否因为没有腹肌而感到惆怅？是否在为找不到适合的核心训练计划而烦恼？是否在为提高运动表现而感到焦虑？从现在开始，放下"包袱"，本书会给你答案，让我们开始了解和实践核心训练吧！

2022年7月18日

目录 CONTENTS

第一章 核心训练理论

【学习提要】 ·001·
第一节 核心训练的概念 ·002·
第二节 人体核心区域解剖 ·006·
第三节 核心训练的现状与发展方向 ·026·
第四节 核心训练的作用 ·036·
【课后作业】 ·040·

第二章 核心测试与评估

【学习提要】 ·041·
第一节 获取个体训练相关基础数据 ·042·
第二节 常用核心测试与评估方法 ·045·
第三节 搜集数据与分析评估 ·078·
【课堂练习】 ·082·
【课后作业】 ·082·

第三章 核心训练计划的制订

【学习提要】 ·083·
第一节 核心训练的原则 ·084·
第二节 核心训练的常用器械 ·106·
【课堂练习】 ·120·
【课后作业】 ·120·

第四章 核心训练动作指导

【学习提要】 ·121·
第一节 核心肌力与肌耐力训练 ·122·
第二节 核心爆发力训练 ·154·
【课后作业】 ·166·

第五章 悬吊训练

【学习提要】 ·167·
第一节 悬吊训练的起源与发展 ·168·
第二节 悬吊训练的基本概念、功能及优势 ·175·
第三节 悬吊训练的特征与分类 ·182·
第四节 悬吊训练的简易评估方法 ·193·
第五节 大众人群的悬吊训练方法 ·200·
第六节 不同运动项目运动员的悬吊训练方法 ·217·
【课堂练习】 ·246·
【课后作业】 ·246·

第六章 不同专项大学生运动员的核心训练

【学习提要】 ·247·
第一节 篮球专项大学生运动员的核心训练 ·248·
第二节 游泳专项大学生运动员的核心训练 ·255·
第三节 击剑专项大学生运动员的核心训练 ·261·
第四节 排球专项大学生运动员的核心训练 ·267·
第五节 足球专项大学生运动员的核心训练 ·275·
第六节 田径专项大学生运动员的核心训练 ·282·
【课后作业】 ·290·

参考文献 ·291·

第一章 核心训练理论

学习提要

运动锻炼对于大学生群体不可或缺，它不仅能丰富课余活动，还能强身健体、调节情绪、减缓压力。随着体育科技和全民健身的不断发展与推进，"核心训练"逐渐进入人们的视野。核心训练又称"核心力量训练"或"核心稳定性力量训练"，它既涉及体能训练体系中的力量训练部分，又包含了对相关骨骼和肌肉的稳定性支撑。人体的核心区能够为身体姿势、技术动作提供稳定与支持，为肢体运动创造支点。核心训练能提高身体的控制能力和平衡能力，加大运动时由核心向肢体的输出功率，提高肢体的协同工作效率，减少能量消耗，提高动作效能，预防各类运动损伤等。与此同时，在青少年塑造良好的身体形态、促进新陈代谢等方面，它也有着出色的表现。因此，核心训练已成为各类运动项目体能训练的基础内容之一，也已成为国内外众多体能训练专家和教练的研究热点。

核心训练不易受场地空间、时间和器材配置的限制，练习简便且有效，受到各类人群的青睐。在开始实施核心训练的计划之前，我们有必要先了解核心训练的基础理论，以期为接下来科学、高效地进行核心训练打下坚实的基础。

本章的主要内容有核心区域界定、核心稳定性的含义、核心力量训练与传统力量训练的关系、核心训练的现状与发展方向、核心训练的作用。

核心训练的概念

核心训练（core training），是指针对身体核心肌群进行的稳定、力量、平衡等能力的训练。核心训练同时包含了核心稳定性训练（core stability training）和核心力量训练（core strength training），故通常将核心稳定性训练和核心力量训练统称为"核心稳定性力量训练"（core stability and strength training），简称"核心训练"（于红妍、李敬勇 等，2008）。

近年来，随着竞技体育的推进和健身热潮的兴起，核心训练已成为体能训练不可缺少的一部分，并受到越来越多的业内专家和体能训练爱好者的青睐。近十余年来，核心训练一直是运动训练学（尤其是体能训练）领域的研究热点之一，它对全面、均衡地发展核心肌群的力量和身体中枢平衡稳定性非常有效，是提高运动能力和预防损伤的有效手段。在进行核心训练之前，大家需要先了解两个相关概念：①核心稳定性训练；②核心力量训练。

一、相关概念介绍与辨析

（一）核心稳定性训练

核心稳定性对最佳运动表现十分必要，它是单纯通过腹肌、脊柱的肌力或者其他肌肉力量的良好协调和中枢系统对腹内压的控制来实现的。较早时期，将核心稳定性训练应用于体育训练中的主要目的是提高运动员的竞技水平并预防损伤。比如，Sharma等（2012）对排球运动员进行了为期9周的核心稳定性训练后发现，排球运动员的躯干稳定性、跳跃和平衡能力都有显著改善。

核心稳定性训练旨在改善人体对躯干和四肢的控制，从而改善人体的平衡能力，是动态下的核心稳定肌的本体感受性训练和力量训练，即通过激活、募集核心稳定肌的方式，来提高核心部位的稳定和控制能力。核心稳定性训练具有稳定身体姿势和重心、优化力量传导、提升发力与减力效率、改善平衡能力与协调能力、提高能量输出的功率、预防损伤等作用。进行核心训练时，力的作用点应处于不稳定的支撑面上。

核心稳定性训练主要采用不稳定训练。不稳定训练一方面可以加强对本体中枢系统的重复刺激，提高中枢神经系统动员肌纤维参与收缩的能力（即中枢激活提高），进而提高本体对肌肉的控制能力；另一方面，通过不断加强对本体感受器的刺激，可以提高人体对支撑面积的感受，从而预防损伤（Sharma et al.，2012）。

（二）核心力量训练

核心力量训练是指针对人体核心区域深层小肌群的肌间协调、力量特性、平衡能力与稳定性等运动生理特征进行的专门练习，通过神经肌肉系统持续对非稳态身体姿势进行调控，以稳定人体重心、控制身体平衡、传递人体运动时所需的力量（魏小芳 等，2013）。核心力量训练的形式多样，可以运用瑞士球、平衡球、悬吊绳、平衡板、弹力绳等器械创造不稳定条件进行训练，以动员躯干部位深层肌肉参与运动，并在运动过程中控制躯体始终保持正确的运动姿态。这种训练摒弃了传统腰腹力量训练中需要借助外力来支撑身体的弊端。

目前，国内的核心力量训练多采用不稳定训练，即借助动态不稳定的支撑面创造一个动态的训练环境，使训练者在不稳定的支撑面上保持静力性姿势，以此激活躯干深层的肌肉来训练核心稳定性。由于身体处于不稳定的支撑面上，难以保持稳定姿势，身体重心也难以固定不变，因此，身体必须不断地调整姿势以控制身体重心和姿势的平衡与稳定，进而使核心肌群的工作负荷增大、神经肌肉系统受到的刺激效果增强（彭静 等，2014）。

（三）核心稳定性与核心力量

核心稳定性是人体核心力量训练的结果，而核心力量是一种与上肢、下肢力量并列的，以人体解剖部位为分类标准的力量能力（黎涌明 等，2008）。

国内学者李丹阳、陈小平与国外学者Kibler等分别针对核心稳定性进行了研究。其中，Kibler等认为，核心稳定性特指人体核心区域肌群、关节、韧带等组织通过控制脊柱和骨盆的稳定姿态，激活肌群发力、传导力量、稳定重心及调控姿态的能力。核心稳定性的稳定是相对的，不稳定是绝对的，只是存在程度上的差别。依据运动中体位及身体重心的变化，人体核心稳定性相应改变。在训练实践中，应强化神经系统的参与，遵循训练任务和动作模式，科学控制身体姿势的调整。核心稳定性能使人体核心区域（部位）保持中立位的稳定状态，为运动肌肉的发力建立支点，为上下肢力量在"运动链"上的传递创造条件，将不同的关节、肌群收缩力量有效整合，形成符合专项力学规律的肌肉"运动链",使整体力量的产生、传递和控制达到最佳。核心稳定性的优劣取决于位于核心部位的肌肉、韧带和结缔组织的力量以及它们之间的协作,即核心力量的强弱。

核心力量,是指人体核心区域关节、肌肉、韧带等组织在神经系统的协调下传导与整合肌肉收缩的力量。其运行机制依赖于人体核心区域的主动亚系(肌肉)、被动亚系(骨骼和韧带)及神经控制亚系等组织器官系统构成的"三亚系模型"体系。三亚系之间通过协同作用,共同应对静态脊柱稳定性、脊柱位置与动态负荷的调控,其相互关系表现为依存与代偿。另外,人们在运动时,通过呼吸与动作的配合,可以提高腹内压力与胸腰筋膜张力,从而起到增强脊柱稳定性的作用。核心属人体运动的重要发力源,具备控制身体平衡、稳定人体重心、传递运动力量的功能(魏小芳 等,2013)。

二、核心训练

核心力量也称"躯干支撑力量",由德国学者于1996年提出。进入21世纪,Willson等(2005)的研究表明,不同学科领域对核心稳定性的定义迥异,如临床医学认定"腰椎—骨盆—髋关节耦联结构上附属肌肉群力量与耐力水平"是核心稳定性。2005年,有美国学者将提高稳定性的力量训练称为"核心力量训练"。此后,Kibler等(2006)首次将核心稳定性的概念引入竞技体育领域。陈小平、黎涌明(2007)研究发现,传统力量与核心力量在训练的解剖结构、生理功能等物质基础上存在差异,并详细列举了相关肌群的解剖起止点及位置分布。最近,美国AP(Athletes Performance)公司提出了"核心柱力量",其按解剖结构和生理功能将人体力量分为四肢力量和核心柱力量,包括颈—髋关节间的肌肉力量,涉及区域广泛且肌肉众多。而McGill(2010)则将核心训练应用于躯干功能性运动和稳定性的锻炼,以及作为预防损伤的手段。核心训练逐步开始应用到各个领域,并成为广受欢迎的有效训练方式。

综合核心区域(肌群)和核心稳定性两者的概念与联系,核心训练,顾名思义就是针对人体核心区域肌群的力量等进行训练。学者王保成等(2001)表示,核心训练是指针对身体核心肌群及其深层小肌肉进行的力量、稳定、平衡等能力的训练。其中,稳定是核心前期训练的主要目的,核心力量是其他运动能力,诸如速度、灵敏性、协调性等素质训练的基础。制订核心力量训练计划的一个重要原则是在运动中使许多肌肉群协调地做功,而不是像完成重力举动作时将某个关节孤立起来做功;稳定性训练要使动员躯干深层的小肌群参与运动（彭云钊 等，2009）。核心力量训练不同于传统的力量训练，它使下背部与腹部的肌肉群在训练时同时做功，如同使上身、下肢同时做功一样。从某种程度上讲，体育运动都必须通过核心部位的参与和共同做功来完成，只有极少数的肌群是孤立的，即必须使全身成为一个整体（于红妍、王虎 等，2008）。核心力量的训练要努力使整个机体协调起来，确保个体在做动作时核心区域肌群起到稳定躯体、传递能量的作用。

三、核心力量训练与传统力量训练的区别

核心力量训练与传统力量训练存在本质的不同：核心力量训练在传统力量训练的基础上增加了"不稳定因素"，从而不仅提高了力量训练的难度，还为传统力量训练注入了新的内涵。这些新的内涵主要表现在：①核心力量训练具有提高力量传递、协调组合和控制肌肉的能力等特点，体现全身整体性的、多肌群的、多维度的协同参与运动的新理念；②核心力量训练中加入的不稳定因素，使力量训练出现了徒手、借助器械（如悬吊带、振动器械、瑞士球、药球等）等方法，创新了传统力量训练的方法与手段；③核心力量训练有利于提高肌肉的灵敏度、协调和平衡能力，这不仅对传统力量训练关于提高爆发力、力量耐力、快速力量等方面做出了补充（Brown，2005），还弥补了传统力量训练在提高协调、灵敏、平衡等能力方面的不足（Granacher et al.，2013）。核心力量训练是系统性训练，需要注重整体性，但若忽视运动训练系统的特异性，导致核心力量训练安排不恰当，也可能会影响训练的负荷强度，比如总体训练负荷强度偏低。

在竞技体育领域，核心力量是运动员完成运动项目专属技术动作时所必备的力量能力，其本质是利用参与运动肌群通过复杂多变的协调用力形成专项技术储备，即机体通过肌间协调形成正确的动作模式、发力技术和稳定能力，从而降低肌肉在力量增长过程中的组织损伤、器官质变等风险。其涵盖供能系统与物质代谢、生物力学与生理解剖、心理特征与项目特点等因素，主要体现在力量训练目的性、力量能力指向性、训练手段专项化等方面（姜宏斌，2015）。核心力量训练与传统力量训练之间是互存和互补的关系。从某种程度上讲，核心力量训练是对传统力量训练的有益补充，是解决传统力量训练掣肘的新方法、新思路，但在实践中应针对训练对象的年龄段及其运动等级，考虑训练任务和目的、周期（阶段）等因素，科学、合理、机动地安排核心力量

训练和传统力量训练的训练负荷及时序比例。核心力量训练与传统力量训练的比较见表1-1。

表1-1 核心力量训练与传统力量训练的比较

影响因素	核心力量训练	传统力量训练
肌肉类型	局部稳定性、慢肌、小肌肉	整体运动肌、快肌、大肌肉
工作方式	两端固定的静力性收缩、多关节与多维度	远端或近端固定的肌肉动力性收缩，直线匀速、单维度
解剖位置	深层小肌群、腰椎—骨盆—髋关节	浅层大肌肉群、四肢
生理功能	力量、平衡、协调	力量、耐力、爆发力
支撑界面	不稳定、非平衡、多维度	稳定、平衡、单维度
训练目标	力量的产生、传递、控制，重心与稳定性	最大快速力量、耐力
训练负荷	徒手、中小负荷强度	大/极限强度、外界负荷
训练方法	悬吊训练、振动训练、普拉提等	负重抗阻振动训练、对抗练习
训练器械	瑞士球、平衡板、波速球等	哑铃、杠铃等

第二节

人体核心区域解剖

了解与掌握人体核心区域解剖知识，不仅能够提高评估肌肉无力、紧张程度的能力，还能为制订核心训练计划锦上添花。因此，在开始进行核心训练前，应首先了解人体核心区域的整体结构。本节将介绍人体核心区域解剖知识，同时，还将重点介绍关键核心肌群在提供稳定性和运动方面的机能作用。

人体核心区域是人体运动链的重要一环，通常指的是躯干部分，包括腹部、脊柱、骨盆、髋部及其周围的肌群（Kibler et al., 2006；布里滕纳姆、泰勒，2019），其作用是为不同肢体动作提供相应的稳固支撑和附着点，产生和传递力量、保持稳定性。核心区域直接影响着运动能力的发挥，若其出现机能失调，会直接影响运动表现，并增加受伤风险（邓树勋、王健，2015）。

然而，关于人体核心区域的具体定义，由于研究领域的不同，国内外专家学者对此持不同的观点，目前还未有统一的定义。从宏观解剖学角度，Hirashima等（2007）将人体核心区域比喻为一个帐篷或汽缸，这个帐篷或汽缸的前部是腹肌，后部是背肌、臀大肌，下部为骨盆、髋关节，上部为横膈膜。布里滕纳姆等（2019）则把核心区域肌肉组织比作一个圆柱体的编织篮子（图1-1），肌肉结构就像组成篮子的层层编织物，结构的完整性则来自编织物的重叠和交织。扭动篮子时，篮子的一侧会收缩，另一侧则会形成对抗，但是整体结构依然保持完整。当所有部位同时工作时，能够保持整体结构的稳定、完整。

图1-1 被比作圆柱体的核心区域

一、核心区域的划分

由于人体核心区域所处的位置及其表面强有力的肌群，使其在能量的传递过程中发挥着重要的作用。核心稳定性是构成身体整体稳定性的第一要素，它决定着身体整体的稳定程度，能为核心力量的充分发挥创造条件，在能量的传递过程中达到增加或减小力的效果，对动作的完成起加速、减速的作用。除此之外，它还在上、下肢的能量传递过程中起到承上启下的枢纽作用，且能预防运动损伤（于红妍、李敬勇 等，2008）。

核心区域是人体运动链的枢纽，是调控身体重心的关键。关于核心区域（图1-2）的界定，目前业界还没有确切的定论，但可将其分为"大核心"和"小核心"两种观点（赵佳，2009）。持"大核心"观点的学者（Lust，2007；

Fredericson & Moore，2005）认为，人体核心区域包括胸廓和整个脊柱，并将整个躯干视为人体的核心区域，即指肩关节以下髋关节以上的包括骨盆在内的区域，所包含的肌群包括背部、腹部和构成骨盆部的所有肌群。持"小核心"观点的学者（Willson et al.，2005；Willardson，2007；Samson et al.，2007；王卫星等，2007）认为，核心区域通常是指我们所说的躯干，包括脊柱和骨盆及其周围的肌群。学者McGill（2010）认为，核心区域由腰椎、腹壁肌肉、背部伸肌和腰方肌组成，还包括多关节肌肉，即穿过核心的背阔肌和腰大肌，其连接到骨盆、腿部、肩部和手臂。

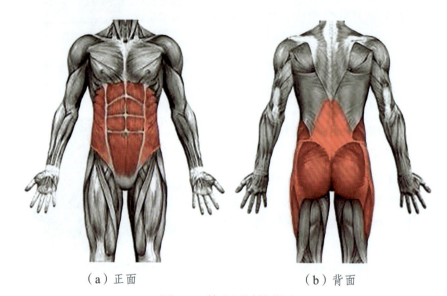

（a）正面　　　　　　（b）背面

图1-2　核心区域的范围

核心肌肉系统与四肢肌肉系统的功能不同，核心肌肉经常共同收缩，使躯干僵硬，使所有肌肉成为协作器（Head，2008）。核心区域也可以以人体重心为参照物来确定具体位置。人体在双臂下垂站立姿势中，身体重心位于第1～5骶椎的某一水平面上，约在髋关节额状轴上方4～5厘米，接近人体正中央矢状面稍向右偏的髂骨与耻骨之间（关亚军、马忠权，2010）。总的来说，核心区域的范围是从胸的中部到大腿中部，是正面、两侧和后面能够调控人体重心以保持躯干平衡稳定的肌肉的统称（林华 等，2008）。核心区域（肌群）是产生核心力量和提供核心稳定性的主要部位。

Judge（2008）认为，人体核心区域可分为矢状面、冠状面和横断面。在不同面上，参与运动和保持稳定的肌群也不完全相同：归属于矢状面的肌群包括腹直肌、腹横肌、竖脊肌、多裂肌、腘绳肌和臀大肌，归属于冠状面的包括臀中肌、臀小肌、腰方肌、内收长肌、内收短肌、大收肌和耻骨肌，归属于横断面的则包括臀大肌、臀中肌、股方肌、梨状肌、闭孔外肌、闭孔内肌、腰髂肋肌、腹内斜肌和多裂肌。Kibler等（2006）在前人研究的基础上，提出人体核心区域由脊柱、髋部、盆骨、下肢近端、腰腹部肌肉与骨骼组成，认为人体核心区域首段部位由腰方肌、多裂肌以及胸腰筋膜（图1-3）等肌肉组织构成。

Hasegawa（2004）认为，人体核心肌群由腹直肌、腹横肌、腹斜肌、竖脊肌和背肌组成，旋髋肌及股后肌、臀肌等相关组织也不可忽略。普拉提的创始人约瑟夫·普拉提（Joseph H. Pilate）对人体核心区域的界定为"从肋骨到骨盆"，认为

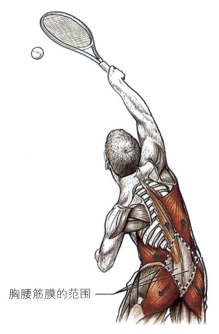

胸腰筋膜的范围

图1-3 胸腰筋膜的范围

核心区域贯穿了人体骨盆、腹部、背部的所有肌群，如横膈肌、盆底肌及下肢的肌肉群等。Brown（2005）将人体脊柱以及腹部周围肌肉的这一范围，界定为"人体肌群的核心部分"，包括腹外斜肌、腹横肌、腹直肌和竖直肌，其中，竖直肌位于该区域的中心。Goodman（2004）认为核心肌肉与腰椎—骨盆—髋关节复合体（lumbo-pelvic-hip complex，LPHC）相关。所谓的LPHC，包含了腹直肌、腹斜外肌、腹内斜肌、腹横肌、胸腰筋膜、腰方肌、髂腰肌、臀大肌、竖中肌和竖脊肌等29块肌肉。

陈小平、黎涌明（2007）从运动解剖学和训练学角度，认为人体核心区域是由腰椎、骨盆和髋关节组成的一个整体区域。腹部、背部、骨盆的所有肌群和这些部位的深层小肌群共同组成了核心区肌群，并指出这一区域能够调控身体重心，保持运动过程中姿势的稳定，协调与传递力量，在人体中起着承上启下的作用。王卫星等（2007）则认为，人体核心区域以人体中间环节"腰椎—骨盆—髋关节"为主体，囊括附属肌腱、肌肉与韧带等组织，按空间位置关系分为上、中、下三部分。

Pope（1985）认为，人体核心区域由被动组织、主动肌群和神经系统三部分协调运作，核心力量的产生来源于多肌肉、多关节的协同工作，是在神经系统支配下的复杂而精细的过程。被动组织作为本体感受器，由椎体、椎间关

节、关节囊、脊柱韧带、椎间盘等部分组成，能够感觉椎体位置的变化，为神经系统提供反馈信息，从而支持脊柱活动。主动肌群包括稳定肌和运动肌，通过神经系统的控制进行肌肉活动，从而维持脊柱的稳定性。神经系统即神经肌肉运动控制系统，接受来自主动肌群和被动组织的反馈信息，控制主动肌群的有关肌肉，以实现稳定性的维持。

总体看来，国内外学者对核心肌群范围的定义，大部分遵循"胸部中段—大腿中段"的规律，包括处于正方、两侧与后方的可调控人体中心、实现躯干维稳的肌群。除此之外，更具代表性且大部分学者比较认可的是耶鲁大学骨科与康复系Manohar M. Panjabi（1992）所提出的"三亚系模型"理论，即核心稳定性理论。"三亚系模型"理论在初始阶段主要应用于康复医学领域。例如，脊柱就是通过三亚系之间相互协调作用来实现稳定性的（Panjabi, 1992）。

由此可见，不同学者根据自己的研究领域或所从事的运动项目不同，对人体核心区域的界定略有差异。本节将以学者Panjabi所提出的"三亚系模型"理论为基础，对人体核心区域各组成部分进行阐述与解读。

二、被动组织

被动组织是一条动力链，力矩和角速度通过它从下肢传导到上肢。此处的被动组织特指骨骼、关节与韧带，主要由椎体、椎骨关节突、关节囊和脊柱韧带等组成。

从宏观层面看，骨骼作为杠杆系统能够为身体提供一个结构框架，并在神经调节下通过肌肉力量来触发、控制或阻止身体活动（Kibler et al., 2006）。关节则起到轴心的作用，拮抗肌肉和重力力矩均依靠它来发挥作用。从本质上讲，重力通过对身体和训练器械产生向下的作用力来产生阻力（布里滕纳姆等，2019）。相应地，在触发与控制运动的过程中，全身的肌肉会产生张力以对抗重力。身体的核心区域通过肌肉拉直和紧绷来实现整体稳定。稳定的核心区域好比身体强大的平台，能够辅助上肢和下肢做出强有力的动态动作，如投掷、踢或拦截等。韧带是将骨骼连在一起的结缔组织。由此，在关节处通过韧带连接起来的骨骼组成了肌肉骨骼系统这一动力链（Floyd, 2009）。

从微观层面看，核心区域的被动组织可分为骨盆和脊柱。

（一）骨盆

骨盆是身体的主要负重中心，骨盆带（图1-4）通过骶髂关节连接到躯干，再通过髋关节连接至下肢。骨盆不仅能够支撑脊柱和头部，更是上身和腿部的重要连接点（布里滕纳姆 等，2019）。所有与骨盆相关的动作，都会引起脊柱内部各组成部分的运动。例如，骨盆的前倾与后倾会触发脊柱的屈曲和伸展，骨盆从同侧到对侧的移动与扭转会导致脊柱侧屈和旋转（邓树勋、王健，2015）。

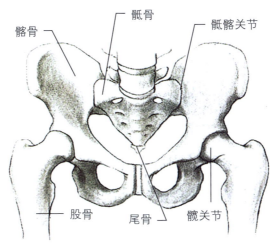

图1-4　骨盆带

资料来源：［美］杰弗里·M.威拉德逊《美国国家体能协会核心训练指南》，王轩译，人民邮电出版社2019年版。

正确的骨盆位置是中立位置（图1-5a），也是最均匀、最平衡的位置。骨盆处于中立位置时，髋骨应为左右对齐，且与耻骨垂直对齐，而不应该是前倾（图1-5b）、后倾（图1-5c）或旋转的（王卫星 等，2007）。当骨盆与脊柱和大腿骨相连时，会为身体移动提供稳定的基础。因此，多数核心训练的初始姿势是让脊柱处于正确位置，并能够平衡支撑关节和肌肉（威拉德逊，2019）。

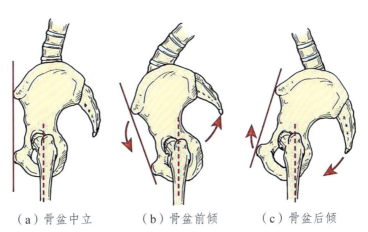

（a）骨盆中立　　（b）骨盆前倾　　（c）骨盆后倾

图1-5　处于不同位置的骨盆

维持正确的髋关节位置并形成良好体态，有利于脊柱处于中立位，这对发展整体核心力量十分重要。在日常体育活动中，让髋关节处于端正位置，不仅能使身体综合运动呈现良好、标准的姿势，更能减轻脊柱的压力和降低伤害风险（Kibler et al.，2006）。

（二）脊柱

人体脊柱由33节椎骨组成，包括7节颈椎、12节胸椎、5节腰椎、5节骶椎和4节尾椎（Boyle et al.，1996）。其中，有24节是可活动的椎骨，包含颈椎、胸椎和腰椎（Masharawi et al.，2004）。颈椎和腰椎参与身体活动程度较高，通常身体活动由位于颈椎末节至胸椎首节的颈胸椎、胸椎末节至腰椎首节的胸腰椎，以及位于相邻椎体的上下关节突之间的椎间关节三部分发生变化而产生（Oxland et al.，1992）。

脊柱的活动方向包括前后屈伸、侧向与内向、向左和向右，分别对应在矢状面、冠状面和横断面完成。在各种负荷与重量下，训练者都应使腰椎处于中立位，以保持脊柱稳定性和姿势端正（Floyd，2009）。当腰椎处于中立位时，肌肉能最大限度地提供稳定性支持。当腰椎处于弯曲姿势时，神经系统会对脊柱伸肌增加张力进行抑制（布里滕纳姆 等，2019）。

被动组织稳定脊柱的能力是有限的，若以它提供大部分稳定性支持，会增加受伤风险（McGill，2002）。以脊柱的腰椎部力学模型为例，若无肌肉支持，脊柱在承受约9千克重量的情况下会被压弯（Cholewicki et al.，1991）。单靠脊柱不足以支持人体的体重，更无法承担高负荷阻力和运动技能训练，甚至基本的日常活动。因此，激活核心肌肉、增强肌肉力量，对维持脊柱稳定性、实现各种身体活动至关重要（王卫星 等，2007）。

骨盆作为脊柱稳定的根基，遵循神经肌肉反射机制，其稳定性的保持除依靠盆带肌外，还依靠核心部位的腰肌、腹肌的配合，这些肌群间的协调作用使脊柱和骨盆合为一个整体（威拉德逊，2019）。因此，在核心稳定性训练中，不能割裂骨盆和脊柱之间的关联，不然将会失去核心训练的真正意义。

三、肌肉系统

身体行为活动与大脑、神经相关，因此，产生内部张力的肌肉系统受神经系统控制。接收到从中枢神经系统发来的信号后，相应骨骼部分的韧带、肌腱控制身体骨架产生活动，触发骨骼移动，从而让身体产生运动行为（黎涌明 等，2008）。

此外，肌肉系统还为身体提供动力和稳定性（布里滕纳姆 等，2019），肌肉提供必要的力矩来引发或阻止运动，如肌肉向心收缩、离心收缩和等长收缩等。除腹部区域肌肉外，还有几个部位的肌肉也被视为核心区域的组成部分，包括膈肌、腹横肌、多裂肌、髂腰肌、盆底肌、外斜肌、臀大肌、髋外展肌群等，它们都具有稳定身体和动态运动功能。在所有静态姿势和运动场景中，各种核心肌肉都会参与身体活动和维持身体稳定，并非凭借单独肌肉的单一功能（威拉德逊，2019）。

多平面的复合型运动强调不同类型核心肌肉模式的激活。不同模式的激活取决于身体的姿势、外部负荷和开展呼吸的方式（黎涌明 等，2008）。各个种类的核心肌肉都由相对应的肌纤维，激活躯干两侧的拮抗肌等组成。这些核心肌肉能够支持脊柱具有足够的稳定性和持续性，且在必要的情况下允许脊柱活动（邓树勋、王健，2015）。

每块核心肌肉的功能和重要性取决于其横截面积、纤维排列、瞬时稳定性和动态功能，因此它们各有差异。例如，竖脊肌群的最长肌、髂肋肌等核心肌肉跨越多节椎骨且拥有很长的力臂，这使得它们能够为躯体伸展提供较大的力矩。因为肌肉力矩等于肌肉力量和力臂的乘积，所以在肌肉力量未改变的情况下，力臂越长，则肌肉力矩越大，脊柱稳定性和肌肉运动功能也就越能得到增强（布里滕纳姆 等，2019）。

因此，练习者应该在不同动作的训练过程中，思考每块核心肌肉的参与度和重要性。发展核心肌肉功能的有效方法是稳定和动态功能相结合的练习，如等长肌肉动作、向心和离心肌肉动作（威拉德逊，2019）。

根据不同种类肌肉的功能进行分类，人体核心区肌肉可分为全身核心稳定肌、局部核心稳定肌、上肢和下肢核心肢体转移肌三大类。全身核心稳定肌包括竖脊肌、腰方肌、腹直肌、腹外斜肌、腹内斜肌和腹横肌等；局部核心稳定肌包括多裂肌、棘间肌、回旋肌、横突间肌、横膈肌和盆底肌群等；上肢核心肢体转移肌包括胸大肌、背阔肌、胸小肌、前锯肌、菱形肌、斜方肌等；下肢核心肢体转移肌包括髂腰肌群、臀大肌、臀中肌、腘绳肌群等（Panjabi，1992）。全身核心稳定肌、局部核心稳定肌、上肢和下肢核心肢体转移肌的分类及其主要功能分别见表1-2、表1-3、表1-4和表1-5。

表1-2　全身核心稳定肌的分类及其主要功能

名称	主要动作	功能	图示
竖脊肌	躯干伸展	与腹直肌共同形成支撑作用，维持脊柱的整体稳定	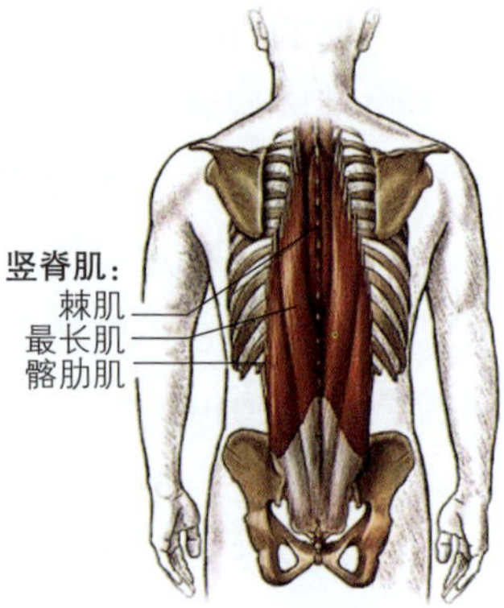 图1-2-1　竖脊肌
腰方肌	躯干侧屈	属于LPHC主要稳定机制的组成部分，当身体一侧提髋时，有助于脊柱侧向屈曲	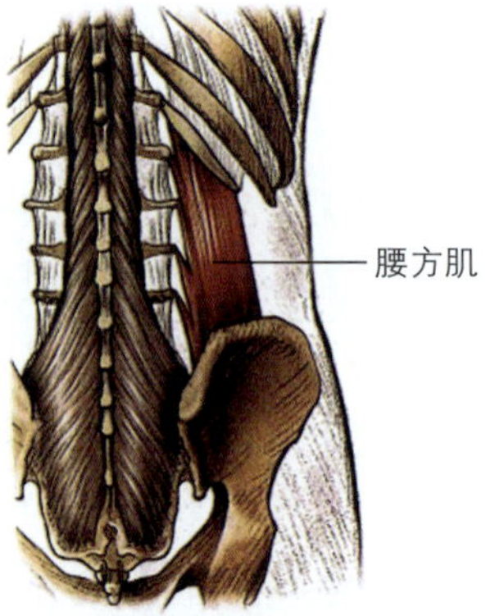 图1-2-2　腰方肌
腹直肌	躯干屈曲、骨盆后倾	通过屈曲脊柱，将髋关节向胸腔位置移动，可辅助身体侧屈和旋转。在腹部收紧时，增加腹内压力，有助于维持LPHC的整体稳定	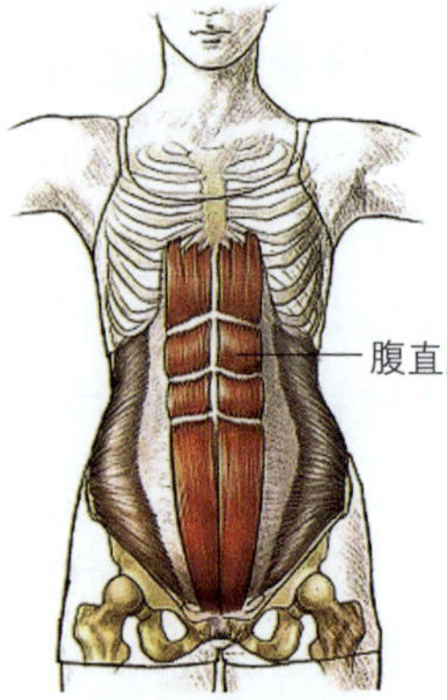 图1-2-3　腹直肌

续表1-2

名称	主要动作	功能	图示
腹外斜肌、腹内斜肌	参与旋转、躯干侧屈	与腹横肌协同工作，使腰椎实现整体稳定	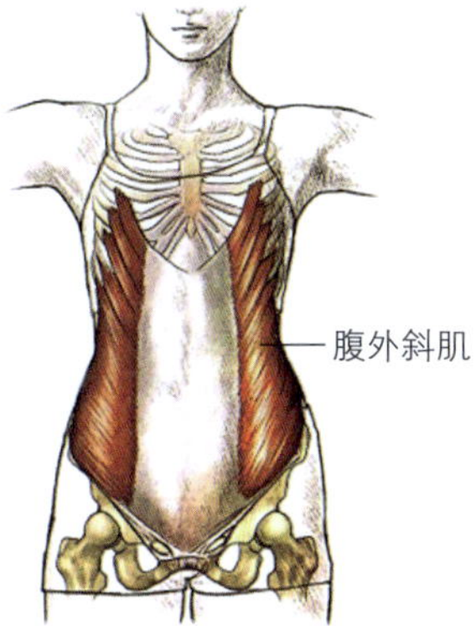 图1-2-4 腹外斜肌 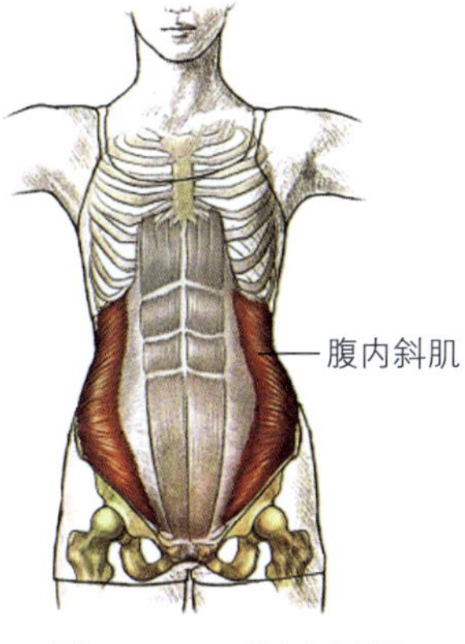 图1-2-5 腹内斜肌
腹横肌	向内拉腹壁增加腹内压力	当核心区域所有肌群一起运动时，能够帮助固定和稳定LPHC及胸椎部位	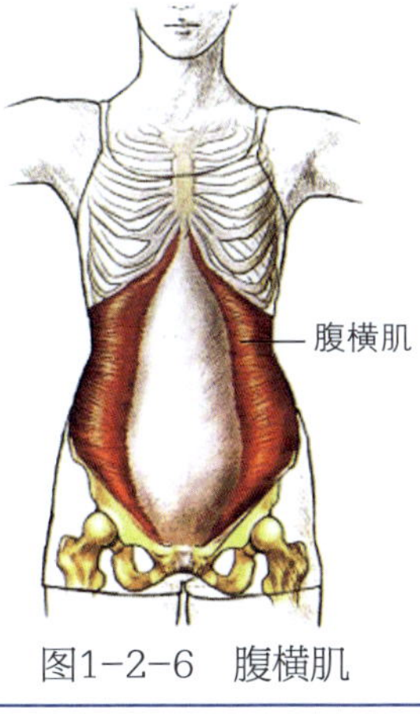 图1-2-6 腹横肌

表1-3 局部核心稳定肌的分类及其主要功能

名称	主要动作	功能	图示
多裂肌	躯干伸展	减轻椎间盘负担，使体重沿脊柱均匀分布。浅层的多裂肌辅助椎骨整齐排列，深层的多裂肌则有助于脊柱的稳定	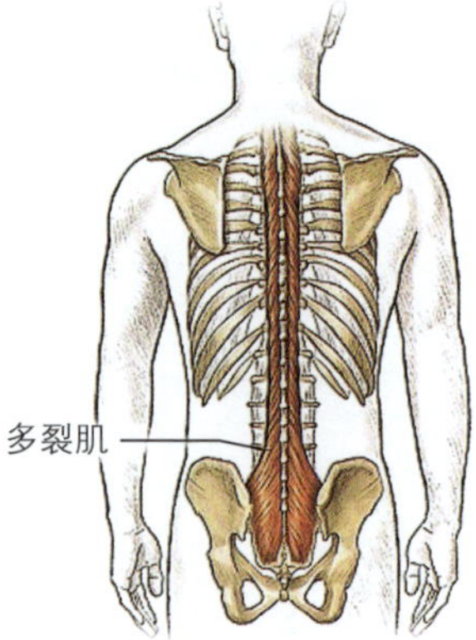 图1-3-1 多裂肌
棘间肌	躯干伸展	位于腰椎棘突之间，其收缩会使脊柱伸展	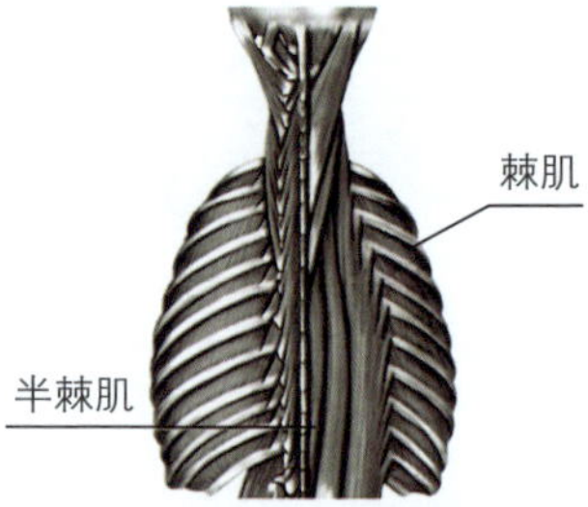 图1-3-2 棘间肌
回旋肌	躯干旋转	位于胸部，因主轴密度高，可作为本体感受器发挥作用，并对人体活动起精细调节的作用	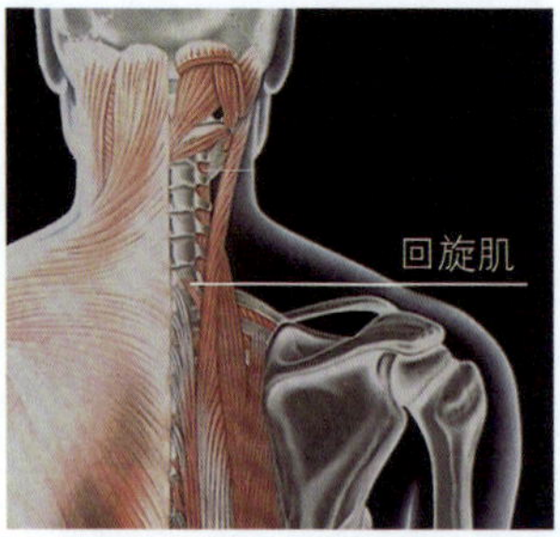 图1-3-3 回旋肌

续表1-3

名称	主要动作	功能	图示
横突间肌	躯干侧屈	横突间肌是人体运动时最先启动的肌肉之一，有助于维持脊柱的稳定，确保相邻脊椎之间的位置正常，从而维持人体的平衡	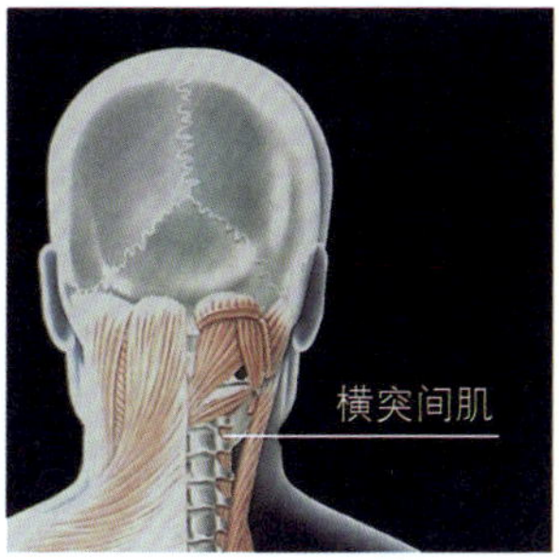 图1-3-4　横突间肌
横膈肌（膈膜）	向下收缩增加腹内压力	辅助脊柱前侧稳定，通过控制腹内压来控制身体姿势	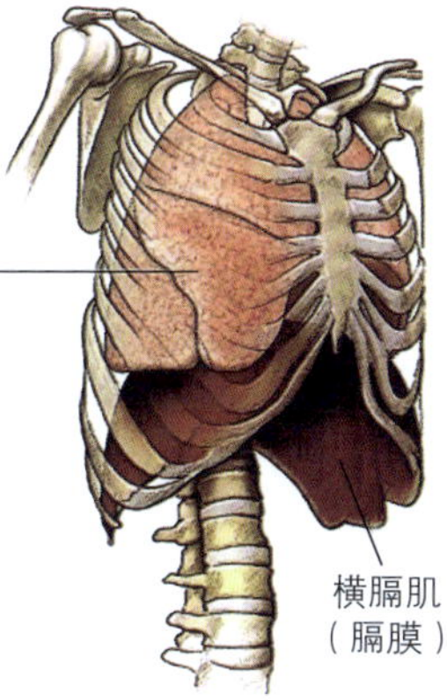 图1-3-5　横膈肌
盆底肌群（盆膈）	向上收缩增加腹内压力	对骨盆脏器起支撑作用。以类似于横膈膜的作用方式，影响脊柱稳定性，并控制身体姿势	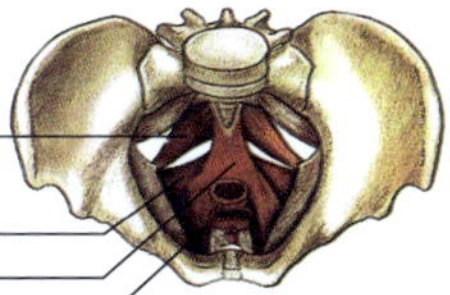 图1-3-6　盆底肌群

表1-4　上肢核心肢体转移肌的分类及其主要功能

名称	主要动作	功能	图示
胸大肌	肩部屈曲、水平内收、对角内收	近端固定时，可使肩关节水平弯曲、内收和内旋；远端固定时，通过拉动躯干向上臂靠拢，提肋帮助吸气	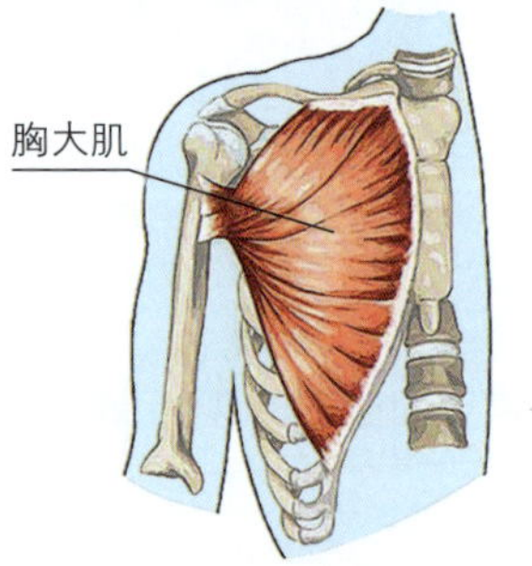 图1-4-1　胸大肌
背阔肌	肩关节水平和对角外展	影响手臂、肩胛骨和下腰背区域的活动，与胸腰筋膜共同帮助稳定LPHC	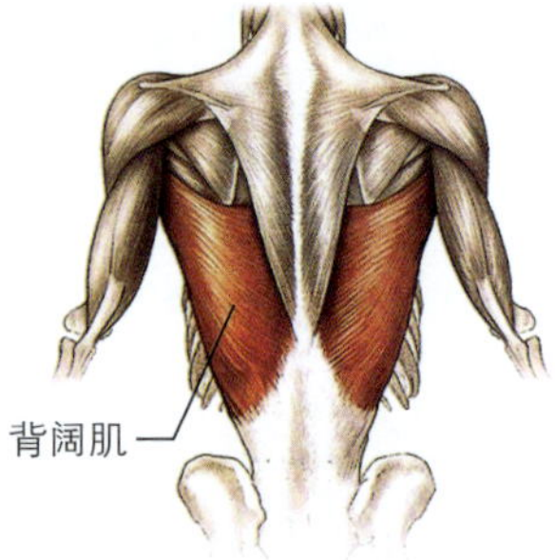 图1-4-2　背阔肌
胸小肌	肩胛降低	近端固定时，可使肩胛骨前伸、下降和下回旋；远端固定时，辅助人体吸气	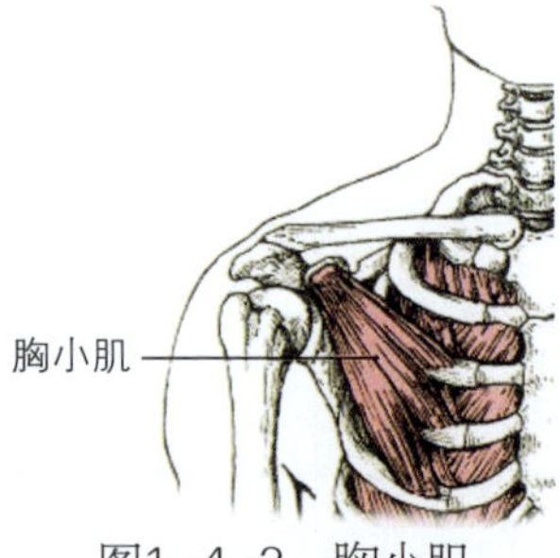 图1-4-3　胸小肌
前锯肌	肩胛前伸	在肩膀上提时，促进肩胛骨稳定性和灵活性；在等长运动中，可稳定肩胛胸壁关节	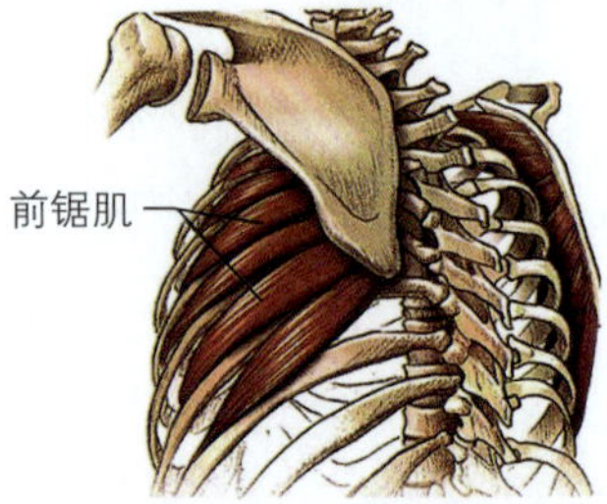 图1-4-4　前锯肌

续表1-4

名称	主要动作	功能	图示
菱形肌	肩胛后缩	通过协同运作，使肩胛骨保持适度收缩，将肩胛骨向脊柱拉伸，确保其压住胸壁不外展。对维持肩胛骨、肩袖肌群的稳定性具有重要的作用	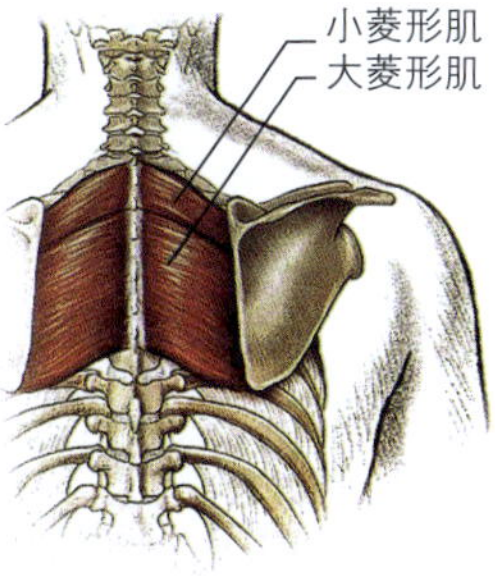 图1-4-5 菱形肌
斜方肌	肩胛抬高（上斜方肌）	上斜方肌：近端固定时，使肩胛骨上提、上回旋、后缩	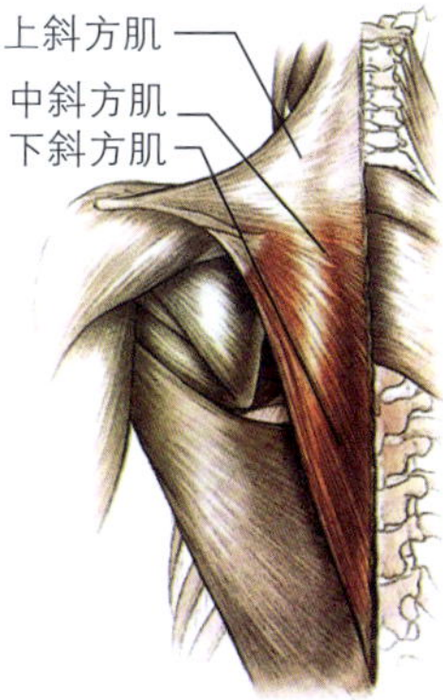 图1-4-6 斜方肌
	肩胛后缩（中斜方肌）	中斜方肌：回缩肩胛骨，使肩胛骨在承受负荷时保持稳定	
	肩胛降低（下斜方肌）	下斜方肌：下拉肩胛骨，与上斜方肌、前锯肌协同运作。肩膀上提时，外展肩胛骨，从而起到稳定肢体的作用	

表1-5 下肢核心肢体转移肌的分类及其主要功能

名称	主要动作	功能	图示
髂腰肌群	髋关节弯曲、前盆腔倾斜	含腰大肌、腰小肌和腰肌，是主要的屈髋肌，有助于控制躯干外旋、保持LPHC的整体稳定。髂腰肌群过度活跃或长期紧张易导致背部肌肉劳损	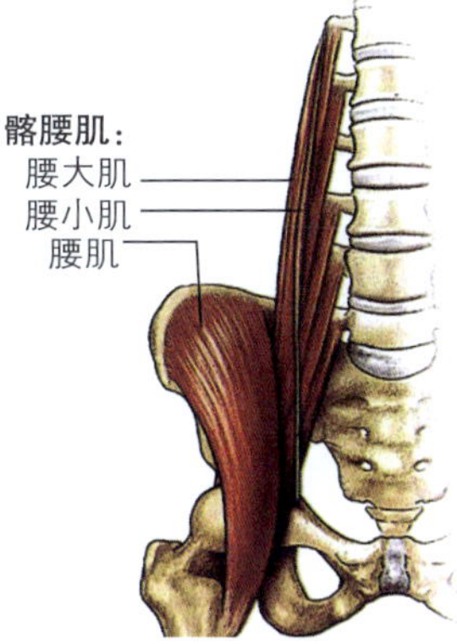 图1-5-1 髂腰肌群

续表1-5

名称	主要动作	功能	图示
臀大肌	髋关节伸展、骨盆后倾	产生力量的重要部位。通过多个附着点与大量髋部肌肉组织协同运动，辅助实现LPHC的整体稳定	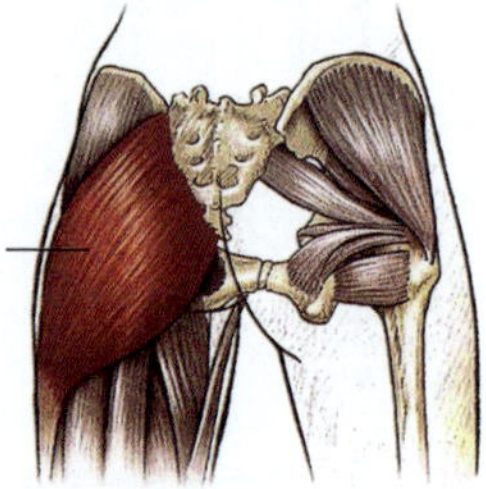 图1-5-2 臀大肌
臀中肌	髋关节外展	控制大腿骨的大部分活动。行走或跑步时，可防止支持侧骨盆向对侧倾斜；等长收缩时，能够帮助稳定骨盆	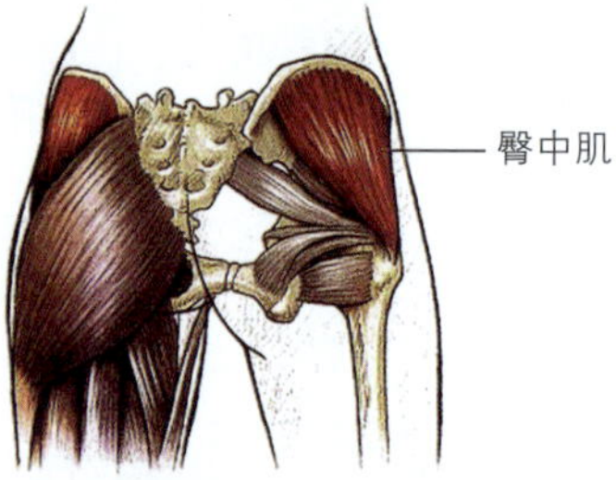 图1-5-3 臀中肌
腘绳肌群	髋关节伸展、骨盆后倾	由半腱肌、半膜肌和股二头肌组成。近端固定时，使膝关节屈曲和外旋、髋关节伸展。远端固定时，两侧收缩，使大腿在膝关节处屈曲；小腿伸直时，使骨盆后倾	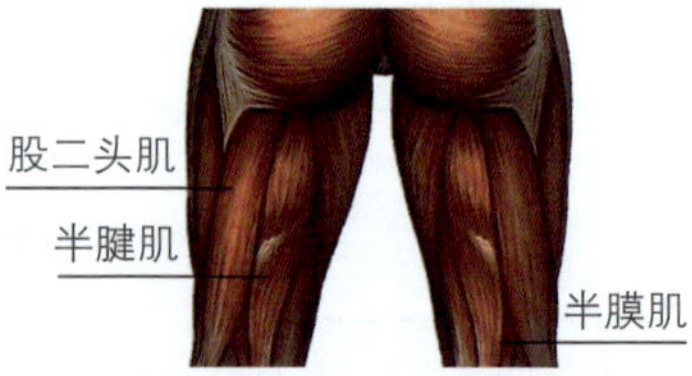 图1-5-4 腘绳肌群

除上述对核心区肌肉系统的分类方式，还有其他的分类方式。

多年来，部分学者从功能角度出发，在运动发展趋势、精确度和耐受力等方面，根据"近端—远端"的发展理念，将核心区肌肉重新分为深层稳定肌和外部运动肌两部分。深层稳定肌是近端的肌筋膜核，须在远端复合体或外部运动肌执行复杂的运动模式前进行收缩，为关节提供支撑作用（布里滕纳姆 等，2019）；外部运动肌通常位于身体表层，以产生运动为特征，通常在深层稳定肌被激活之后才被激活。在训练有素的人身上，外部运动肌通过皮肤表面易被察觉。因此，人们通常对训练外部运动肌更具有积极性（威拉德逊，2019）。

深层稳定肌是构成核心区肌肉系统的基础，外部运动肌则以核心区多种功能肌肉组织的形式存在（邓树勋、王健，2015）。在神经控制和各关节连接作用下，各种运动模式通过深层稳定肌和外部运动肌得到稳定与激活。这种分类方式有助于整体理解两组肌肉之间的关系（王卫星 等，2007）。

从动态和静态相区别的角度出发，有人将核心区肌肉分为稳定肌和运动肌。稳定肌包括骶棘肌、横突棘肌、横突间肌、棘突间肌、多裂肌等，通常位于脊柱深部。脊椎部分的肌肉多为腱膜状，呈单关节或单一节段分布，它们通过离心收缩控制椎体活动（威拉德逊，2019）。与此同时，脊椎部分的肌肉也能够控制脊柱的曲度，使身体整体保持静态和维持脊柱稳定性。运动肌有背阔肌、腹外斜肌、竖脊肌及腰大肌等，位于脊柱周围的表层，形状为梭形，呈双关节或多关节分布。运动肌收缩时会产生较大的力量，通过向心收缩，可控制与应对脊柱运动、外部负荷（布里滕纳姆 等，2019）。

根据人体的解剖位置，核心区肌肉还可分为整体肌和局部肌（Bergmark，1989）。整体肌多数为长肌，包括竖脊肌、臀大肌等，通常位于身体浅表位置，以连接胸廓和骨盆。整体肌群收缩可产生较大力量，触发大幅度的运动，控制脊柱活动和运动方向（陈小平、黎涌明，2007）。而局部肌包括多裂肌、椎旁肌等，通常分布于脊柱深层，能够控制维持脊柱的曲度、维持腰椎的稳定性，其收缩时一般不会造成肌肉长度、运动范围的改变（邓树勋、王健，2015）。

四、神经系统

神经系统是人体的控制系统，向身体各系统之间传输信号，进而协调人体的各类行为活动。躯体的姿势、活动以及各器官系统的功能都是在神经系统的直接或间接调控下协调完成的。神经系统不仅可以对人体的直立姿势、躯体平衡进行调整，而且可以控制躯体运动的平稳度（陈小平，2012）。神经系统对躯体运动的调节主要以反射形式进行，中枢神经系统通过传入神经接收来自体内外环境变化的刺激信息，并加以分析、综合和储存（布里滕纳姆 等，2019）。

神经系统分为中枢神经系统（central nervous system，CNS）和周围神经系统（peripheral nervous system，PNS）。中枢神经系统作为主要部分，由大脑和脊髓组成；周围神经系统则由颅神经、脊神经以及感觉感受器组成，分为躯体神经系统和自主神经系统（威拉德逊，2019）。不同于中枢神经系统，周围神经系统无骨骼和血脑屏障的保护，以纤维网状形式存在，链接着中枢神经和身体其他部位（邓树勋、王健，2015）。

与核心训练相关的神经系统主要为中枢神经系统。在任何运动过程中，中枢神经系统依据预测机制和反馈机制，决定需要激活的特定核心肌肉组合及其强度，从而保持脊柱的稳定性，达到有效的运动强度（王卫星 等，2007）。同时，中枢神经系统支持力矩和角速度在骨骼之间的动态传递。在此过程中，预测机制根据之前的肌肉行为记忆对核心肌肉进行预激活；反馈机制则对练习和改善运动技能起着重要的作用（Nouillot et al.，1992）。

中枢神经系统的主要功能是使全身的肌肉相互配合，通过骨骼链完美地控制肌肉力矩即运动链（布里滕纳姆 等，2019），从而实现高效、强大的运动模式。这一过程须同时满足脊柱的稳定性、灵活性，以及呼吸的要求，因为呼吸的节律性行为可能通过核心肌肉的短暂放松而导致脊柱的稳定性降低（McGill，2006）。

中枢神经系统如何控制核心肌肉从而获得真实的肌肉募集感？这与感受器相关，任何一种"外部刺激—引起感觉"的过程都需要经过感受器、传入神经和相应的中枢组织结构（布里滕纳姆 等，2019）。在人和动物的体表与组织内部，存在为感受内、外环境变化刺激而形成的结构装置，这些装置被称为感受器。实际上，感受器是一种换能装置，它能将各种外部刺激转换成电能，以神经冲动的形式经传入神经纤维，最终到达中枢神经系统（威拉德逊，2019）。

与运动中的感觉可进行相互交换的概念，是"本体感觉"。广义上，本体感受可以被定义为身体在移动时对空间所处环境与位置的感知；某种意义上讲，运动感觉就是本体感受（邓树勋、王健，2015）。所有关于身体平衡、位置、肌肉骨骼系统结构完整性的感觉信息，都会通过传入神经纤维传递到中枢神经系统，中枢神经系统会随之做出相应的反馈（Kibler et al.，2006）。

与本体感受相关的载体——本体感受器，主要检测力量、张力、位置、拉伸和外部压力等肌肉功能的变化，位于肌肉与肌腱和关节等处的肌梭（图1-6）、高尔基腱器官，以及位于内耳的前庭器官，均被称为本体感受器（威拉德逊，2019）。肌梭和高尔基腱器官负责感受肌肉拉伸程度与速度的变化，感受关节的位置以及关节改变的角度；前庭器官负责人体空间意识的实现，将信息传递到中枢神经系统，处理包括任何垂直方向的偏差（布里滕纳姆 等，2019）。本体感受器的一个共同特点是对机械的刺激比较敏感。中枢神经系统通过本体感受器，源源不断地接收感觉反馈，收集关于肌肉的长度和张力、关节的位置和转动程度等相关信息，触发身体做出相对应的反应动作（威拉德逊，2019）。

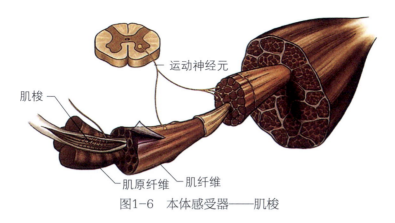

图1-6 本体感受器——肌梭

资料来源：［美］格雷格·布里滕纳姆、［美］丹尼尔·泰勒《核心体能训练：释放核心潜能的动作练习和方案设计》，王轩译，人民邮电出版社2019年版。

（一）肌梭

肌梭（muscle spindle）又称"肌梭内纤维"（图1-7），是骨骼肌中一种特殊而细小的感受装置，呈锥形，位于肌肉深部，平行排列于肌纤维之间（邓树勋、王健，2015），主要由梭内肌、神经末梢、梭囊等构成，用于感知骨骼肌的长度、运动方向、运动速度和速度变化率（布里滕纳姆 等，2019）。

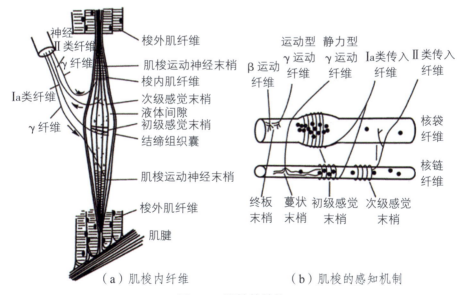

（a）肌梭内纤维　　（b）肌梭的感知机制

图1-7 肌梭的结构

肌梭的功能是将肌肉受牵拉而被动伸展的长度信息编码为神经冲动传入中枢，从而产生相应的本体感觉、带来神经反射与维持肌肉紧张，并对随意运动进行精细调节（邓树勋、王健，2015）。其主要任务为预防相关肌纤维损伤。例如，当梭外肌纤维被拉长，梭内肌纤维觉察到梭外肌纤维的长度变化并做出反应。随后梭内肌纤维向中枢神经系统发出信息，中枢神经系统接收该信息后，向运动单元发送反馈信息，相应肌纤维被拉长，身体最终完成预期反应动作。相反，当肌肉收缩时，中枢神经系统会向相应肌腱单元施加压力，但如果肌纤维处于过快、过度用力拉伸状态中，超过了肌肉的承受范围，就会引发损伤（威拉德逊，2019）。

一般来说，运动员的肌肉会快于常人的肌肉做出反应。这是因为肌梭受到刺激信号转化为神经冲动的过程较快，促使产生更具爆发力的肌肉收缩。例如，运动员在做落地或向下跳等反向运动时，因受地心引力和体重的影响，其肩部、髋部、膝关节和踝关节的肌肉处于快速拉长的状态。同时，与肌梭平行分布的肌纤维也会被快速拉伸，肌梭"感受"到肌纤维的拉伸后，会向中枢神经系统传递信息。然后，中枢神经系统会指示相应肌肉进行相对应程度的收缩。如果这个感知系统并不存在或无法正常运作，就会发生肌肉损伤。而肌梭反应，加上其后面所产生的自主收缩，可辅助运动员在体育运动中实现力量的最大化（Kibler et al.，2006）。

（二）高尔基腱器官

高尔基腱器官（tendon organ）是感知骨骼肌张力变化的一种本体感受器（图1-8），长度约1毫米、直径约0.1毫米，呈囊状结构，位于骨骼肌与肌腱相融合的连接处，与骨骼肌呈串联式排列（邓树勋、王健，2015）。高尔基腱器官具有将肌肉主动收缩的信息编码为神经冲动传入中枢，使本体产生相应感觉的功能（王卫星 等，2007）。

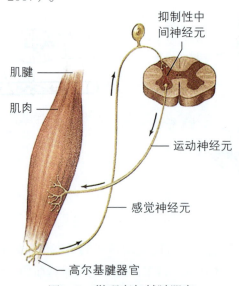

图1-8 微观高尔基腱器官

长期以来，人们普遍认为，高尔基腱器官的存在，能够帮助人体保护肌肉免受外部突发外力冲击而引起的损伤。实际上，传递到中枢神经系统的刺激或信息属于正面反馈，而正面反馈则可通过运动单元反应和相应肌肉产生较大的力量（威拉德逊，2019）。肌肉收缩时，中枢神经系统会向相应的肌腱单元施以压力，位于肌腱连接处的高尔基腱器官，则会感受到肌肉张力变化以及速率变化（布里滕纳姆 等，2019）。

来自各种感受接收器或各种来源的信息、数据，能够帮助我们在运动过程中最终确定肌肉和四肢的位置、身体重心与方向、动作速率（陈小平，2012）。

高尔基腱器官和肌梭之间存在协作关系，该关系会直接影响身体的整体爆发力（Sharma et al., 2012）。以反向双脚跳动作练习为例，随着人体重心下落，脚踝、膝盖、髋部、肩部肌肉和相应肌腱会处于快速拉长状态，肌梭感受到肌肉长度与速度变化，向中枢神经系统发出信号。反馈信号的发送，使拉长的肌梭单元和周围肌纤维产生相应收缩（黎涌明 等，2008）。

肌梭与高尔基腱器官共同监控着肌腱单元与相连关节的结构整体性，这为在训练计划中加入平衡训练，以及提高本体感受能力提供了支持依据（威拉德逊，2019）。

（三）前庭器官

前庭器官（图1-9）是人体对动作姿势、运动状态以及头部位置进行空间感知的感受器，由内耳的耳蜗、前庭神经、前半规管和外半规管四部分组成。保持正常与标准姿势，是人体进行各项活动的必要条件（邓树勋、王健，2015）。机体对正常姿势的维持，有赖于皮质对前庭器官、视觉器官、本体感受器和触压觉感受器传入的信息进行综合性分析，其中前庭器官对保持身体平衡起着最为重要的作用（布里滕纳姆 等，2019）。

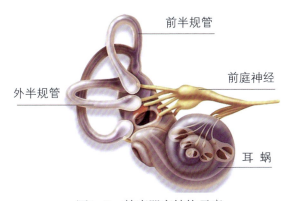

图1-9 前庭器官结构示意

当人体前庭器官受到过度刺激时，会引起骨骼肌的反射性应激改变和自主功能反应，如眼震颤、心率加快、血压下降、恶心呕吐、眩晕和出冷汗等，这些改变被统称为"前庭反应"（赵佳，2009）。在受到过度刺激的情况下，前庭器官所引起机体各种前庭反应的剧烈程度，被称为"前庭功能稳定性"（布鲁米特，2017）。

竞技运动中有许多项目对前庭功能稳定性具有较高的要求，若前庭功能稳定性差，则会影响运动员的比赛发挥。研究表明，经常进行如赛艇、划船、跳水、跳伞、滑雪、体操以及各种球类项目的运动员，其前庭功能稳定性会相应有所提高（黎涌明 等，2008）。

（四）其他本体感受器

椎间盘、脊柱韧带和椎间关节囊也有丰富的本体感受器，它们同样能够将脊柱位置和空间移动产生的感觉信息传递到中枢神经系统（威拉德逊，2019）。感受器接收信息后立刻做出平衡调整是十分必要和关键的。例如，开会时，长时间收听枯燥无味的报告易使人打瞌睡，头会向前倾倒，而颈部后侧的肌梭感受到后侧肌肉拉伸后，会激活相关肌肉，快速做出调整，使头回到直立姿势（McGill，2006）。

从稳定的、平衡的姿势角度来看，完善本体感受器可以提高运动表现，并减少受伤风险。因此，通过适当的训练，可以加强核心肌肉激活的综合控制能力，从而提升运动表现（布鲁米特，2017）。

第三节

核心训练的现状与发展方向

一、应用概况

（一）竞技体育

20世纪90年代末，核心训练将康复和健身领域的练习方法移植到竞技体育训练中，受到国内外教练员们的高度关注。

核心训练于21世纪初传入我国，并应用于国家队的竞技体育训练，在田径、游泳、网球等项目的训练中取得了一定成效。回看2016年里约奥运会女排比赛，中国女排队员们在赛场上的精彩表现征服了所有的观众，出色表现的背后是女排队员们刻苦的训练和郎平教练科学有效的训练手段。通过大量的比赛视频资料，不难发现中国女排队员的躯干以及腰腹力量和稳定性有了明显的提高：接球时，队员身体重心比较稳定，接球的失误率也较低。这些运动表现离不开核心训练的强化。同样，在备战2016年里约奥运会时，中国男子皮划艇队集训队员也进行了核心训练的实验研究，通过对我国男子皮划艇集训队员进行12周的核心训练之后，发现核心训练可以增强队员腰腹肌力量，使身体两侧的力量趋于平衡，对皮划艇队员的运动表现有促进作用（许志娟 等，2016）。2016年8月16日，我国运动员李强在里约奥运会男子单人划艇（C1）200米-A组决赛中，用时40′143，获得第七名，创造了中国运动员在该项目的历史最好成绩。帆船帆板项目的运动员，通过参与核心训练，稳定了摇帆姿势，同时其末端肌肉发力水平得到了提高（郑伟涛、屈萍，2011）。

　　美国、德国、挪威等国家在体能训练方面的研究水平位居世界前列。早在20世纪90年代初，这些国家的学者就开始探索将用于健身和康复等方面的训练方法扩展到竞技体育训练领域中来，核心稳定性训练就是其中的成果之一。从2003年开始，美国国家体能协会（National Strength and Conditioning Association，NSCA）的《体能训练期刊》（*Strength & Conditioning Journal*），每年都刊出不少关于核心力量训练方法研究的文章。

　　目前，很多国外体育工作者已经把"核心力量"引入田径、球类、体操、游泳、举重等运动项目的训练，并将核心力量训练作为训练方案的一个重要组成部分。核心力量训练已成为体能训练的一个热点，其对全面均衡地发展核心肌群力量和增强身体中枢平衡稳定性非常有效，是提高运动能力和预防损伤的有效手段。国外的体能专家（Stanton et al.，2004；Saeterbakken et al.，2011；Abdi，2013）利用不同的核心训练手段对不同项目的运动员进行训练，在核心稳定性和运动表现上均效果显著。

　　核心力量训练有助于提高运动成绩。例如，对16名男子羽毛球运动员进行为期10周的核心力量训练，训练内容包括克服自身阻力整体力量的训练、运用其他方式（非自重）的核心区域稳定性训练、结合专项的训练和负重抗阻训练。结果发现，运动员的关节稳定性有所增强，肌肉收缩和旋转发力的技术动作发挥有效性和稳定性明显提升（赵哲 等，2017）。

（二）学校体育

随着竞技体育的不断发展，核心训练受到了业内人士的极大关注并得到了迅猛的发展。尤其是在竞技体育发达的欧美国家，核心训练已成为排名前五的体能训练方式。那么，作为体育重要组成部分的学校体育，也应与时俱进，引入核心训练，通过体育课、体育活动课、大课间等加强学生体能训练，以提升学生的体质健康。随着新课程改革的全面推进，体育教学中越来越关注学生的身体素质和运动能力，而核心力量作为保证人的肢体协调、提升人的运动技能的重要力量，在体育课程教学中势必占据重要的地位。在体育课堂中积极渗透核心训练，已成为新课程标准下体育课程教学身体素质练习中的必备选项之一。在青少年体质健康水平呈持续下降趋势的大背景下，提高学生群体的身体素质成为学校体育教育的"瓶颈"，加之特异体质群体和运动损伤事件不断增多，提高体育教学的科学性、有效性和标准性刻不容缓。核心稳定性训练以人体的躯干部位为训练重点，可有效弥补传统训练方式在灵敏、协调和平衡等方面的不足。对学生群体而言，核心稳定性训练可起到增强身体的稳定性、提高运动素质、养成良好体态和预防运动损伤的作用（张晓玲，2018）。

（三）群众体育

随着全民健身政策的推进和全民健康意识的深入，群众对提升健康的需求不断增加。人们参加体育锻炼越来越频繁，锻炼的方式也多种多样。例如，广场舞已经成为我国一道靓丽的风景线，这项运动方式与年龄、职业、性别无关，反映了群众体育在我国的普及率和积极性日益提高。与此同时，群众体育的发展与运动方式的不断创新是分不开的，因此，将核心训练引入群众体育，不但可以增加参加体育锻炼内容和方式的选项，还可以提升锻炼者对体育运动的兴趣。

由于核心区域处于人体的关键位置并对人体活动起到重要作用，核心训练对群众体育中各年龄段的人群锻炼均具有重要意义，且在老年人群中尤为重要。年龄增长所引发的跌倒，已成为最严重的老年公共卫生问题，跌倒可能会造成严重的身体伤害，甚至导致残疾、死亡的发生（Lin & Huang, 2016; Hausdorff et al., 2001）。导致老年人跌倒的因素较多，其中核心力量不足和平衡能力下降是最主要的原因之一。近年来，国内外有研究（Gribble et al., 2004；任玉庆 等，2011；Anderson et al., 2016；王航平 等，2019）证实，通过腰椎—骨盆—髋关节的身体核心训练可以提高人体动静态平衡能力、提高腰腹部力量、改善本体感觉功能等，从而降低跌倒风险。

(四)运动康复

20世纪以来,核心训练被广泛应用到运动康复与预防运动损伤的研究中,并取得了显著效果。在运动康复领域,核心训练主要应用于腰部疼痛、坐骨神经疼痛的康复与治疗。通过进行核心力量运动干预,改善躯干部神经、肌肉的联系,加强患者的躯干控制能力,可以有效治疗腰部疼痛(Craig, 2004)。

二、核心训练方法和手段

核心训练的方法和手段繁多,甚至在一些历史悠久的国内外传统运动中也蕴藏着核心训练的元素。按照不同的分类依据可将核心训练分为不同的类型(表1-6)。接下来,将对部分核心训练方法分别予以介绍。

表1-6 不同类型的核心训练方法

分类依据	类型
外部环境	稳定状态、非稳定状态
运动负荷	徒手自重练习、单人综合器械练习、多人负重器械练习
运动链*	开链练习、闭链练习
练习人数	单人练习、有同伴协助练习、双人练习
功能性质	抗伸展练习、抗侧屈练习、抗旋转练习
运动形式	振动训练、悬吊训练、普拉提

*运动链将在本书第三章进行介绍。

(一)按外部环境分类

1. 稳定状态

稳定状态的核心训练适用于核心力量练习的初始阶段,是最基础的核心力量练习手段,目的在于使运动员深刻体会核心肌群的用力和有效地控制身体。这类练习动作包括徒手垫上的仰卧挺髋、仰桥、单臂俯卧撑、腿臂交叉两头起等。

2. 非稳定状态

非稳定状态的核心训练需要借助一些器械来营造不稳定的状态,如瑞士球、平衡板、悬吊绳、海绵垫等,再借助器械进行核心训练(表1-7、图1-10)。此类练习需要注意动作的安全性,虽然设计的动作是发展某部位的肌肉,但在运动过程中,人体出于自我保护的本能,可能调用更多的肌群参与动作，此时练习者要顺从这种本能，避免发生运动损伤。

表1-7 非稳定状态的营造方式

序号	方法	示例
1	改变阻力矩	肢体或负重位置的变换
2	改变支撑面大小	双腿站立变为单腿站立
3	限制一个或几个反馈刺激	闭眼或不给予语言提示
4	改变支撑面的稳定性	支撑在平衡板、平衡垫或瑞士球上
5	增加未预期的外力	人为地破坏练习者的稳定状态
6	以上五个方法的组合	非稳定支撑下改变阻力矩

（a）瑞士球站姿下蹲　　（b）前腿踩球弓步下蹲　　（c）瑞士球站姿负重下蹲

图1-10 非稳定平面的营造方式

非稳定状态训练能够加大力量训练的难度，进而提高力量训练的负荷。与稳定状态下的力量训练相比较，非稳定状态可以在以下三个方面提高训练的效果：①可以募集更多的肌肉参与运动，特别是那些位于深层的小肌群可以被充分动员起来以维持机体的平衡；②可以反射性增大肌纤维收缩的力量，在同等负荷重量的情况下，非稳定状态下的肌肉活动明显增大；③可以提高多块肌肉协同工作的能力，改变其原来在稳定状态下已形成的工作关系。

不论是稳定状态还是非稳定状态，都可以进行静力性动作和力量的训练，示例见表1-8。

表1-8 稳定与非稳定状态下的核心训练方式（示例）

类别	静力性动作	力量练习
稳定状态	·无负荷：俯卧单侧肢体屈伸、单腿单臂向上摆动。 ·静力：仰桥、屈臂俯桥	坐球上斜拉、转髋提拉

续表1-8

类别	静力性动作	力量练习
非稳定状态	双脚固定仰桥、单肘支撑挺髋	・爆发力：器械专项练习。 ・自由力量：站立平衡球杠铃提拉、平衡板杠铃深蹲

（二）按运动负荷分类

1. 徒手自重练习

徒手自重练习主要是指个体不使用外界器械进行的一种训练手段。徒手自重练习多在训练开始时使用，其主要作用是通过练习来感受自身的核心肌肉群，并通过这些肌肉群来达到初步控制身体的目的。此类练习得到了大多数专家的认可和肯定，并普遍认为其是最基础的核心力量练习的手段。

徒手自重练习的方法非常多，并且大部分都应遵循循序渐进的原则进行，如俯卧撑、仰卧挺髋、仰桥、单臂俯撑、腿臂交叉两头起、直腿收腹等（图1-11）。训练时，可以逐渐增强训练强度，让个体更好地感受到身体力量变化，提高适应性，从而达到控制核心肌肉群的目的。还有一些练习方法，可根据不同的训练目的，遵循难易交替、主要动员部位交替的原则进行训练。

（a）仰卧挺髋

（b）仰桥

（c）单臂俯撑

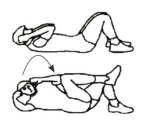

（d）腿臂交叉两头起

图1-11 常见的徒手自重练习方法

2. 单人综合器械练习

采用单人综合器械训练方法时，需要利用多种器械进行综合训练，比如，身体站在平衡球上，而上肢再利用其他器械来训练等。相较于单一器械训练方法，这种训练方法难度大大增加，且该方法能够更为有效地训练个体的核心肌群。这种训练方法以增强个体的运动协调能力为主要目的，适用于核心肌群能力在中级及以上水平的练习者，即他们都经过了初期的徒手或单一器械训练，已能较好地控制身体，在练习过程中也可保持躯干处于正确的身体姿势。

使用综合器械或装置进行训练，不仅可以提高所训练肌群的力量水平和本体感受能力，还可以激活核心肌群的参与，使其得到发展和提高。这种方法可用到的器材种类繁多，但下肢使用的器材种类并不多，主要为瑞士球、平衡球等；而上肢则可以根据训练内容和项目特征来选用差异性的器械以起到相应的训练效果，如滑索、壶铃、杠铃片等。常见的动作练习（图1-12）有单腿跪姿弓步上拉、持球旋转等。使用这些不稳定器械进行训练，不仅能让个体在整个训练过程中利用这些器械来保证身体处于正确的姿势，还能充分调动身体的深层肌肉群对躯体进行更为有效的控制。

（a）山羊挺身持球旋转

（b）持球旋转

（c）单腿跪姿弓步上拉

（d）坐姿反向劈砍

（e）坐姿硬拉

图1-12 常见的利用综合器械的单人动作练习

3. 多人负重器械练习

负重力量训练是指在不平衡的环境中的各类负重训练。一方面，由于不平衡环境下的负重训练对于运动员而言负荷更大，需要运动员更好地控制身体，因此负重训练与综合器械训练有着较大差异。另一方面，以两人合作的形式完成负重器械核心训练的效果会更好，其主要原因在于两人合作训练能够更有效地提高运动员对互动条件的关注度、适应性，以及对于身体的控制能力。比如，两人分别站在半抗力球（波速球）上，在保证身体平衡的前提下，进行实心球的传、接、抛等训练，并在后续训练中逐步增加训练难度。事实上，这种训练方法真正抓住了核心训练中最为重要之处，就是使练习者在训练过程中一直处于不平衡的外界环境中，并使之在整个训练过程中不断调整身体平衡，从而达到训练身体协调性的作用。

（三）按功能性质分类

1. 抗伸展练习

抗伸展是前侧核心肌肉的主要功能，应在所有训练方案的前2～3个阶段中练习。常见的抗伸展练习动作有卷腹、仰卧起坐、反向卷腹等。涉及抗伸展练习的肌群是稳定肌，旨在保持肋骨及下方骨盆的稳定。练习中，应把前侧核心肌肉作为稳定肌而不是躯干屈肌来训练。

发展前侧核心肌肉能力以防止腰椎过度伸展、骨盆前倾，是训练过程中的关键，且应当将其作为训练的起点。骨盆前倾和下交叉综合征会让前侧核心肌肉无法控制脊椎的伸展与骨盆的前旋。

2. 抗侧屈练习

抗侧屈练习将腰方肌和腹斜肌作为骨盆与髋部的稳定肌来训练，而不是作为躯干的侧向屈肌来训练。与抗伸展的概念类似，抗侧屈需要采用多种等长收缩类练习来锻炼侧面的稳定肌。

3. 抗旋转练习

抗旋转练习是核心训练的关键，也是体能训练的新趋势。抗旋转力量是通过抗伸展进阶练习、对角线模式练习和旋转力练习来培养的。抗伸展进阶练习为"四点姿势（双肘和双脚）—三点姿势（单肘和双脚）"，常见的练习为伸手式平板支撑。对角线模式练习中，力量来自不同角度，核心肌群必须通过其抗旋转功能来进行力量对抗，常见的练习为下劈、上拉、外推等。在早期练习阶段，练习者易将抗旋转练习误解为斜向屈髋训练。

（四）按运动形式分类

1. 振动训练

振动训练是一种针对神经肌肉练习的核心训练手段，它利用仪器（图1-13）产生的振动作为负荷进行身体训练。其原理是基于Eklund等（1966）提出的张力性振动反射。通过外源性振动刺激肌肉本体感受器，经单突触和多突触的神经反馈调节，反射引起肌肉不随意收缩，导致肌肉力量发生变化（Nazarov et al., 1987; Rittweger et al., 2000; Roelants et al., 2004; Cormie et al., 2006）。

由于振动会造成加速度的改变，有学者也将振动训练称为"加速度训练"。20世纪60年代，苏联科学家进行了振动训练的研究与应用，力图使用振动训练

图1-13　振动训练仪器

帮助宇航员克服在太空中由于失重而出现的骨量丢失和肌肉萎缩。之后，振动训练逐渐被应用于物理治疗和运动员的身体训练。实践证明，该训练方法能够增加骨骼肌的最大力量和爆发力，改善柔韧性，提高疲劳情况下肌肉的做功能力，并对协调性也产生一定的积极影响（转引自邓树勋 等，2015）。

20世纪90年代初期，振动训练开始在国外广泛应用，而在国内则发展较慢。国内外学者都认为，振动训练效果好于单一力量训练，它可以有效提高神经肌肉系统协调性（Tankisheva et al., 2014；孙越颖 等，2016；Rendos et al., 2017）。作为一种新兴的训练方法，将常规抗阻练习与振动训练进行组合，容易收获比传统的单一抗阻训练更好的复合效果。目前，振动训练用途广泛，主要用于热身运动、牵拉练习、稳定性练习、力量训练和放松按摩等方面，在国内外竞技运动员训练和大众康复力量训练中也得到了较多的应用（王兴泽 等，2007）。

2. 悬吊训练

悬吊训练（图1-14）是通过吊索将身体部分或全部悬吊起来的一种训练。由于悬吊带形成的支撑反作用力处于不断变动之中，因而迫使训练者不断调整不稳定的身体状态以达到提高神经肌肉本体感受性功能的目的（Kibler，2006）。

悬吊训练作为核心稳定性训练的一种，最早应用于运动康复领域，可使受伤的机体在经过训练后得到恢复并得到增强。胡智宏（2016）以改善肌肉骨骼疾病为主要目的，通过悬吊设备，使人在不稳定的状态下进行主动训练，利用人体躯干核心肌肉收缩达到训练效果。在提高运动表现方面，大量文献已经

证实了悬吊训练为核心训练效率最高的方式之一。比如，挪威科研人员Stray-Pedersen等（2006）的研究发现，悬吊训练能提高优秀足球运动员的带球速度和躯干平衡能力。与对照组相比，悬吊训练组关于一步起脚踢球速度，平均提高3.3千米/小时，带助跑球速度提高1千米/小时，踢球时支撑脚晃动速度平均降低18%，而且两侧腿瞬间晃动速度差异由原来的51%降低到3%。对于跳水、体操等唯美表现性项目，运动员通过悬吊训练可增强肌肉之间的协调性，提高稳定与平衡能力，进而提升运动表现（李凯臣 等，2010）。

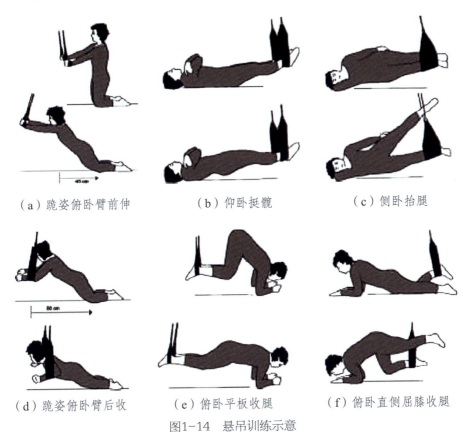

（a）跪姿俯卧臂前伸　　（b）仰卧挺髋　　（c）侧卧抬腿

（d）跪姿俯卧臂后收　　（e）俯卧平板收腿　　（f）俯卧直侧屈膝收腿

图1-14　悬吊训练示意

3. 普拉提

普拉提是一种融合肢体（body）和心灵（mind）的运动，它采用低冲击性伸展运动训练身体核心部位肌肉耐力，主要为垫上徒手或搭配瑞士球进行运动（曹立全 等，2011）。普拉提训练要求练习者以意志力去控制身体动作，其理念是均匀地强化各部位的肌群及中心轴（core-dynamic）的动力，在正确身体排列结构的要求下，用心体会每一块肌肉的延展、收缩和控制，目的是加强人体核心肌群的力量，以提高身体稳定性及全身姿势的正确性。

第四节
核心训练的作用

核心力量源于人体的核心肌群。核心肌群是稳定脊柱、支撑身体结构的一个重要基础，它与人们的日常生活息息相关，如爬楼梯、提重物、踩了香蕉皮还能站稳、走路、跑步……这些身体动作都会优先调动核心肌群。例如，提重物时，人体的肌肉使用顺序为"核心肌群＞脊髓神经传导＞近端肌肉群（手臂）"。核心肌群需要通过核心训练来加强。

任何竞技项目的技术动作都并非依靠某单一肌群就能完成，它必须要动员许多肌群协调做功。同时，所有体育动作都是以中心肌群为核心的运动链，强有力的核心肌群对运动中的身体姿势、运动技能和专项技术动作起着稳定和支持作用，因此，所有运动项目都需要核心力量。核心肌群对于核心力量而言，起到了稳定重心，以及产生、传导和整合力量的作用，核心区域是整体发力的主要环节，对上下肢体的协同工作及整合用力起到承上启下的枢纽作用。

一、稳定脊柱和骨盆

核心区域就像是衔接人体上半身和下半身的桥梁，其重要性就如同房子的地基一样，不但会影响四肢的动作，而且负有控制全身姿势正确与否的责任。稳定的核心区域是运动时保持正确身体姿势和重心稳定的重要条件，不同的运动项目对核心区域的稳定性提出了不同的要求，以求在整个专项运动链上高效地传递力量。

例如，游泳运动员要想减小在水中的阻力，其中重要的一点是要尽量减小身体横截面在水中占用的空间，以保持身体的水平直线性以及侧向直线性；但是，如果运动员的核心力量薄弱，则可能使其在运动过程中下肢下沉或身体过度摆动，从而加大阻力，进而影响运动成绩。对于花样滑冰运动员而言，单足提踵站立的技术动作属于不稳定平衡状态，若要使其在转体过程中依然保持平衡，便要使人体转动轴始终穿过人体重心。

加强核心力量的训练，能够提升竖脊肌的肌力水平，起到稳固躯干的作用，从而确保运动员肢体围绕纵轴旋转能力的增强，保证高质量技术动作的完成。加强核心稳定性的训练，能够加强深层小肌群的力量，以及关节周围的肌腱、韧带等结缔组织的弹性，使人体处于更加稳固的状态，从而在保持稳定的前提下增加力量。

二、提高肢体协调工作效率，改善协调与平衡能力

核心力量是指核心肌群以稳定身体姿势与重心、产生与传导力量为基础，以发展对神经系统的支配与控制、肌肉的功能性与协调性和本体的感受能力为主要目的的力量能力水平。这对于改善人体运动的整体控制力和稳定性具有重要作用（韩春远 等，2013）。

强大的核心肌群能够使运动中的身体得到稳固的支持，从而减小四肢的应力，使其高效且更为协调地完成各种技术动作，同时，加快能量在运动链上的传递，提高整体运动效率，降低不必要的能量消耗。

标枪的投掷、网球的挥拍、棒球的投掷和排球的扣杀等均被称为"鞭打"的动作，都需要核心区域稳定力量的参与，它可以通过近端固定、提高末端肌肉的发力，将下肢和躯干肌群的力量快速、准确地传递到上肢。在强大的核心力量作保证下，躯干能够得到稳固的支持，四肢的应力也能够随之减小，由此肢体能够游刃有余地进行更加协调的技术动作（陈小平、黎涌明，2007）。

学者Kibler（1994）对网球运动员的发球动作进行生物力学分析后发现，虽然看似最终是手部在做发球动作，但其实50%以上的球速来自腿部和躯干部位的协同发力。也就是说，在网球运动员挥拍击球的动作中，来自其下肢和躯干的力量占整个击球力量的最大比例。由此可见，那些下肢和躯干不够强壮或稳定性差的运动员常常在技术方面出现问题，根源在于他们不能在恰当的时机合理地利用各个动作环节形成动态的力量传导序列。再如，排球运动员在做跳跃扣杀时，身体的腰部和背部肌群会先进行收缩，再做出躬身和旋转，这时力量会沿着核心区域传到手臂像投石器一样释放出去。强有力的核心力量不仅能够保证身体在空中的姿态，帮助肢体在腾空中协调运动，还能辅助运动员的四肢完成精准到位、链接流畅的技术，比如帮助手和脚以控制的方式完成同时落地的技术动作。

三、改善控制力和稳定性

人在跑动过程中，下肢会产生一个向前的转动力矩，其他部位则必然会产生一个相反的转动力矩，加上异侧上下肢的配合才能达到平衡。尽管骨盆、

髋关节和躯干部位的肌肉并不像四肢肌肉那样，直接完成人体的运动，但它们稳定的收缩可为四肢肌肉的收缩创建支点，提高四肢肌肉的收缩力量。核心区域就像人体的纽带与桥梁，该区域的稳定性加固了四肢动作用力的支点。

核心力量训练对运动技术具有关键的支持作用，专项技术的优劣主要取决于参与运动肌肉之间的协作水平和对高速运动中身体重心的控制能力。例如，游泳、赛艇、皮划艇和激流皮划艇等水上项目主要考验运动员对"水"的驾驭能力，运动员躯干以及船体的稳定分别是游泳和划船技术的关键，而这种能力的形成和提高主要取决于核心稳定性力量的改善。

四、降低能量消耗，提高运动的经济性

核心训练可以调控人体运动期间肌肉有序地参与收缩与扩张，提高运动即刻由核心区域向肢体远端肌群发力、传递及做功效率，提高动作效率，降低能量消耗（姜宏斌，2015）。

速滑运动员在比赛中为了保持快速向前，其在蹬离冰面瞬间需要让支撑腿发挥出最大的力量和速度。协调能力好、核心肌群力量强的运动员，在滑冰阶段能够很好地保持身体的平衡，使支撑腿的肌群在此阶段处于适当的放松状态，避免无谓的能量损耗；而在蹬冰阶段则能够集中动员、充分发力，由此加大了蹬离冰面瞬间的功率，提高了蹬冰效果（Hamlyn，2007）。

游泳运动员首先要缩小身体横截面在水中占用的空间，控制身体在水中符合流体力学的流线性。核心力量差的运动员在运动过程中下肢下沉或身体摆动过度，会加大形状阻力，过度消耗体力影响工作效率，进而影响运动成绩。

健美操运动员在做健美操操化练习、连接难度动作时，强大的躯干力量为运动员节省了体力，减少了体能的消耗，从而使运动员能更快速、更准确地协调四肢进行运动。

运动员在跑步过程中躯干要保持正直或微前倾，若躯干过于前倾或后仰都会增加下肢的负担，从而过早产生疲劳。核心稳定性训练可使神经肌肉系统调控更精细，使躯干在运动中能够得到稳固的支持，跑步时身体重心平稳、少起伏、耗能更少，身体不会过于前倾或后仰，同时，髋的前后转动角度更加合理，整个跑步过程的经济性就较好（也就是更能节省体力）。

五、保持正确身体姿势，纠正错误体姿

脊柱依靠竖脊肌、颈后肌肉的收缩来维持正常的身体姿势。个体核心部位肌肉控制力不足会导致驼背、弯腰、圆肩等不正常的身体姿势。核心稳定性训练能促进个体良好身体姿势的形成，形成肌肉记忆，这不仅能维持运动过程中的正确姿势，而且是保证健康生活、学习的基础。

学生和白领等人群，因长期伏案学习、工作，常不自觉地形成错误的坐姿，加上惯用右臂者居多，使右侧背部的横棘突肌的慢性纤维长期处于紧张状态，且使脊柱后关节韧带变得紧张，长期下去，可使人体脊柱两侧肌肉和韧带的力量及柔韧性失去平衡。身体重心逐渐移向背部松弛的一侧，凹侧肌肉韧带因紧张而缩短，凸侧肌肉韧带因松弛而被拉长，最终出现脊柱向右侧凸的现象。导致这种现象的主要原因是人体核心肌肉发展不平衡及核心肌肉稳定性差（贺星 等，2013）。

脊柱的稳定能力是非常有限的，在保持脊柱不发生弯曲变形的条件下，所能承受的临界负荷约为90牛顿；而通过核心肌群的协同收缩，在身体活动能力评估与测量中，脊柱可以承受大约1500牛顿的正常负荷（Wagner et al.，2005）。这种载荷能力的大幅度提升正是由于核心肌群协同工作，使脊柱产生"积极"稳定的结果（Akuthota et al.，2004）。核心训练不仅可以预防脊柱侧弯，还可以有效纠正错误的体姿。

六、弥补传统力量训练的不足，提高力量的产生和传递效率

核心力量训练与传统力量训练互为补充。传统力量训练是在一种稳定支撑状态下进行的力量训练。但在实际运动中，身体重心处于不断变化之中，这种不稳定的运动条件使得在稳定支撑状态下所发展的力量在运动中难以发挥出来。核心力量训练是一种强调神经对多块肌肉的支配和控制，兼顾了核心区域浅层和深层肌群，强调在非稳定状态下、在多个轴向的方向上发展肌肉力量、平衡能力和整体协调能力的训练。

七、预防伤病，运动康复

核心训练最早应用于康复领域，具有良好的预防损伤和促进损伤康复的功能，可为主动肌的发力建立良好的支点，提高不同肌肉之间的协作，以及

动员全身不同环节的力量有序地参与运动。一方面，可以提高运动中的力量水平；另一方面，能够减小关节的负荷，达到预防损伤的目的（韩春远 等，2012）。

个体的核心肌群力量不足将导致躯干本体感觉能力降低，躯干肌的募集能力发生改变和躯干姿势控制能力下降，进而影响脊柱的稳定性。其结果是神经动力感觉失常，引起能量的大量丢失，这不仅会降低个体的运动效率，还会引起周围组织的代偿，容易发生运动损伤。而强有力的核心肌群则能够确保肢体在动作练习过程中保持在端正的位置，深层小肌肉群的稳定功能起到关键的保护作用，从而避免急性损伤的发生。

可根据项目特点进行核心稳定性训练增强躯干的控制、平衡和协调能力，减轻椎间盘压力和关节突的关节张力并稳定脊柱节段，从而最大限度地预防损伤的发生。由此可见，加强核心稳定性训练是预防运动损伤、延长运动员运动寿命的必要途径。核心稳定性训练可改善受伤人群关节的稳定性、对神经肌肉的控制能力，提高其肌肉力量和耐力。首先，核心训练可以提高人体脊柱的稳定性，发展人体核心区域深层小肌肉群力量，显著提高机体功能性力量水平；其次，利用平衡及本体感受性训练达到改善神经肌肉系统精确控制能力的目的；最后，多维度、多关节、不稳定平台的专项训练能够提高人体灵敏性及动作速度。研究表明，核心区域训练可降低个体关节损伤率、改善神经肌肉功能恢复（Fischer，2006）。

课后作业

1. 核心区域包含哪些肌群？
2. 核心力量训练和传统力量训练有什么区别与联系？
3. 根据不同的分类依据，核心力量训练的常用训练方法有哪些？以外部环境（稳定状态或非稳定状态）为分类依据，请列举2～3种运动形式，并附上相关动作的名称。
4. 核心力量训练有什么作用？

第二章 核心测试与评估

学习提要

通过对第一章核心训练基本理论的了解，或许您已经对核心训练产生了兴趣，跃跃欲试了吧。别着急！在开始训练前，让我们一起来了解核心能力的自我评估方法，以帮助我们科学制订训练计划。如果说核心训练计划的制订需要以个体生理情况、运动需求作为基本依据，那么核心测试与评估则承担了提供依据的重要职责。在核心测试与评估过程中，您不仅可以获得完善而全面的个体运动能力测试结果，还能为下一步的制订训练计划提供有效参考依据，让整个核心训练过程更具有针对性，有更多收获，从而实现事半功倍的训练效果。

本章主要介绍个体训练相关基础数据获取、常用核心测试与评估方法。

核心训练计划的制订不能单凭经验，而应根据科学的核心测试及评估结果来进行估计或假设。科学合理的评估，不仅能为核心训练计划的制订提供有效参考，更能帮助个体最大限度地了解其基本身体状况、核心肌群机能和水平，以及所具有的优势、劣势，从而为训练目标的制订提供数据支撑和实践指南，有效避免发生各种运动损伤。

一个完整的核心测试与评估流程，应包括获取个体基本信息、正式测试、搜集数据与分析评估4个部分。

获取个体训练相关基础数据

了解个体的基本情况是开展个性化核心训练规划的第一步，也是最重要的一步。在此阶段，如未能充分了解练习者的想法，缺漏基本情况或出现信息误差，将会在一定程度上影响训练计划的制订或调整，增加训练过程中出现损伤的风险。

对于基本信息的获取，首先应获取练习者的身体健康信息，了解其疾病史和运动伤病史，为应急预案的制订提供参考。其次，应了解个体的运动需求和锻炼动机等，这些因素都是制订个性化训练计划的重要依据。

该环节结束后，您将获得个体的训练相关基础数据，为接下来的机能评估环节奠定基础。

一、填写个人基本信息

可通过表格（示例见表2-1）收集个人基本信息，所需获取的相关信息主要包括：①基础信息，如姓名、性别、学号、院系及专业等；②生理指标，如身高、体重、BMI等；③其他信息，如运动频率、运动时段、运动需求等。

表2-1 个人基本信息登记表（示例）

姓　名		性　别		学　号	
院　系		专　业		联系电话	
身　高	厘米	体　重	千克	BMI	
血　压	舒张压：	收缩压：		脉　搏	bpm
运动频率	☐几乎不运动　　　☐一个月至少1次　　　☐一周1～2次 ☐一周3次及以上　☐每天都运动				
参与锻炼的动机					
单次运动时长	☐30分钟以内　☐30～60分钟　☐1～2小时　☐2小时以上				
强　度	☐很弱　☐一般　☐中等　☐较强　☐极强				
运动时段	☐清晨　☐中午　☐下午　☐晚上　☐视情况而定				
运动需求（多选）	☐强身健体　☐增肌塑形　☐促进社交　☐减脂美体　☐保健预防 ☐减压放松　☐个人爱好　☐专项训练　☐学校规定　☐其他（　　　）				
喜好项目（多选）	☐户外跑　☐游泳　☐篮球　☐足球　☐乒乓球　☐羽毛球　☐网球 ☐普拉提和瑜伽　☐个人健身　☐其他（　　　）				
运动强度	☐大　☐中　☐小　☐轻微　☐不确定				

☐我承诺以上填写信息均属实。

练习者签名：

☐签署此表单，证明我已询问对方的基本信息和运动习惯、偏好。

教练员签名：

二、获取健康信息

健康信息是与个体健康相关的知识、技术、技能、观念和行为等方面的内容。如果没有个体健康信息作为基础，对训练计划的制订将缺乏根据，训练过程更将缺乏科学性与有效性。通过分析训练者的健康信息，可以更科学、准确地量化训练计划，如有效的训练强度及练习频率、时长和组数等。想要高效地获取练习者的健康信息，也可以尝试做一份个体健康信息记录表（示例见表2-2）。

表2-2　个体健康信息记录表（示例）

姓　名		性　别		联系电话	
身　高	厘米	体　重	千克	BMI	

有无疾病史	☐无 ☐有（请做相应选择和填写：○贫血　○癫痫　○关节炎　○心血管疾病　○哮喘　○糖尿病　○肥胖　○其他_____）
近期有无服用药物	☐无 ☐有（请如实填写）： 药物名称：_____　　　　　　疾病：_____ 药物名称：_____　　　　　　疾病：_____ 药物名称：_____　　　　　　疾病：_____ 药物名称：_____　　　　　　疾病：_____
有无过敏史	☐无 ☐有（请如实填写）： 过敏症状：_____　　　治疗方式：_____ 过敏症状：_____　　　治疗方式：_____ 过敏症状：_____　　　治疗方式：_____ 过敏症状：_____　　　治疗方式：_____
有无运动伤病	☐无 ☐有（请选择相应部位）： ○颈部　　　　○肩关节：左/右　　　○髋关节：左/右 ○上背部　　　○肘关节：左/右　　　○膝关节：左/右 ○下背部　　　○腕关节：左/右　　　○踝关节：左/右 相关症状、周期及治疗方式：_____
是否易出现呼吸急促	☐非常急促　　☐急促　　☐一　般　　☐几乎没有感觉
作息与饮食是否规律	☐总是规律　　☐有时规律　　☐很少规律　　☐几乎不规律

☐我承诺以上填写信息均属实。

练习者签名：

☐签署此表单，证明我已获取对方的基本健康信息。

教练员签名：

对于练习者而言，在核心训练计划执行前，应充分了解自己的身体状况，因为这可使后面的训练具有更多的主观能动性。如果因类似伤病、差旅和赛季等特殊原因中断训练，个体在恢复训练时，也能将原始基础数据与当前情况进行对比，为接下来的复训阶段的训练确立新目标、重拾信心。

常用核心测试与评估方法

无论是核心力量训练还是核心稳定性训练，在开始训练前都需要进行测试与评估，其主要目的是估算核心区域出现受伤风险的概率（Ireland et al., 2003）。核心测试与评估内容通常包括核心区域的功能性平衡、躯干柔韧性和力量三大类。在测试与评估过程中，应注重对下背部肌群能力的观察，同时对脊柱部分尤其须小心谨慎，避免受伤。此外，还应充分考虑周围环境等客观因素、对测试者的要求、所需的工具和设备等。

核心区域肌肉能力的测试与评估通常有多种方法，如参考某项体育运动的常见动作，采用动静结合等原则进行（威拉德逊，2019）。根据不同部位肌群功能的要求，本节将分别介绍站姿基础性评估、站立功能性核心评估、站立主动活动度测试、等长肌肉力量测试等11类核心测试与评估方式。基于不同人群的需要，又进一步将这些测试分为必测和选测，同时对测试的难易程度进行划分。

练习者可根据自身的情况，选择适合的测试项目。对于自身核心能力水平较高的练习者，可以考虑完成所有的必测项目，做到全面评估，再在选测项目中选择几个进行评估，以进一步精确评估自己的能力；对于核心能力中等水平的练习者，可以选择2~3个必测项目进行评估，结合自身核心能力水平和器材条件选择选测项目；对于初学者，则建议选取1~2个难度系数较低的必测项目进行评估，如铅垂线测试、自重深蹲等。

在测试开始之前，需要适当热身。热身的内容包括简单有氧活动、协调训练、拉伸等。表2-3是一套热身活动方案的示例，练习者也可以根据自身情况自行设计热身方案。

表2-3 热身活动方案（示例）

热身项目	数量/组次	热身时间/分钟	组间间隔时长/秒
慢跑	1	5	60
50米侧方跑	4	5	60
髋关节内收	2×10	1	30
髋关节外展	2×10	1	30
臀部后踢腿	2×10	1	30
高抬腿	2×30	2	30
深蹲	2×10	1	30
弓步腿	2×10	1	30
垫上拉伸	1	5	30
热身总时长：20～25分钟			

完成热身后，可以进行测试动作的学习，每一个动作可尝试做2～3次。完成所有动作的学习后，休息10分钟，即可正式开始测试与评估。不同类型测试方法的层级划分见表2-4。

表2-4 不同类型测试方法的层级划分

测试类型	测试名称	可操作的难度系数	重要程度
站姿基础性评估	铅垂线测试	★★	必测
站立功能性核心评估	星形偏移平衡测试	★★★★	必测
	单腿下蹲	★★	选测
	自重深蹲	★★	必测
	弓步深蹲	★★	选测
站立主动活动度测试	脊柱主动活动度测试	★	选测
	髋关节活动度测试	★	选测
等长肌肉力量测试	躯干弯曲力量	★★	选测
	躯干伸展力量	★★	选测
等长肌肉耐力测试	直腿抬高测试	★★★	选测
	背伸肌测试	★★★	选测

续表2-4

测试类型	测试名称	可操作的难度系数	重要程度
等长肌肉耐力测试	屈肌耐力测试	★★★	选测
	侧向平板支撑	★★	选测
	俯卧拱桥	★★	选测
等动肌肉力量测试	卷腹	★	选测
	俯卧撑	★★	选测
抗旋转测试	鸟狗式	★★	选测
组织与复合体测试	肩胛胸壁组织测试	★★	选测
	腰椎—骨盆—髋关节复合体测试	★★	选测
核心肌肉爆发力测试	仰卧药球前方投掷	★★★	选测
综合型评估	悬吊训练	★★★★	专业运动员必测
	八级俯桥	★★★★★	必测
专项体育运动核心评估	视运动专项需求而定	视测试项目而定	选测

一、站姿基础性评估（必测项目，测试难度：★★）

说到"姿势"，很多人会联想到日常生活中经常被长辈们提醒要"坐直""站直"的情境。当我们的颈、背部因为各类原因出现劳损时，医生也会提醒我们要保持正确的身体姿势。

为什么保持正确姿势很重要？这是因为任何形式的运动，肌肉系统都会选择"最省力"的途径去维持姿势，而这种"最省力"的途径往往隐藏着巨大的健康隐患，如导致特定肌肉过度使用、肌群不平衡、关节炎、脊柱侧弯或错位等（McGill，2006；威拉德逊，2019）。

先天遗传与后天条件都会影响脊柱的形状，引发不正确的姿势。常见的引发不正确姿势的因素有三种：①职业因素，如大部分职场人士、学生等人群长时间伏案工作、学习，普遍缺少运动；②久坐导致身体习惯性地保持不良姿势，脊柱长时间承受压力；③运动方式不当。

对于核心训练而言，练习者的身体机能评估也应当从站立姿势开始，最典型的测试为铅垂线测试（McGill，2006）。

1. 测试目的

站姿基础性评估旨在了解并纠正身体姿势。

2. 测试流程

（1）在天花板或深蹲架上寻找固定点，悬挂一条铅垂线。

（2）让受试者站在铅垂线附近，铅垂线应位于脊柱曲线的凹侧。

（3）从侧面观察受试者，当受试者处于正确站姿时，铅垂线应恰好位于受试者的耳后方、骶骨前方、髋关节后方、膝关节和踝关节前侧（图2-1）。

（4）除了根据铅垂线观察受试者，还应从正前方、正后方评估姿势。

3. 标准站姿（图2-2）

（1）呈均衡直立姿势，即身体重量前后呈均匀分布。

（2）骨盆收紧，并倾斜至中立位，下背产生轻微的"S"形曲线。

（3）以上姿势不会对下背施加压力，可最大程度降低肌肉劳损的风险。

图2-1　正确站姿时，铅垂线测试线段所处位置

资料来源：Griffin J, *Clientcentered Exercise Prescription* （2nd ed, Champaign, IL: Human Kinetics, 2006），p.106.

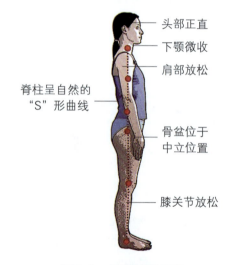

图2-2　标准站姿示意

资料来源：英国DK出版社《核心训练图解圣经：强化体质·突破瓶颈》，许育达、应充明、陈壹豪等译，旗标出版股份有限公司2014年版。

4. 错误站姿

良好的站姿可以使身体的各个关节均匀受力，而不良的站姿会影响血液循环，并可能压迫体内器官。无论是在形式上还是在外观上，不良站姿都会对身体产生不良影响。一般而言，辨别错误站姿较识别正确姿势容易，图2-3将正确站姿和常见的错误站姿进行了比较。常见的错误站姿的偏离类型包括驼背（胸椎后凸-腰椎前凸）、弓背（腰椎前凸）、平背（板样背）、摇摆背（脊柱侧弯）四种类型（表2-5）。

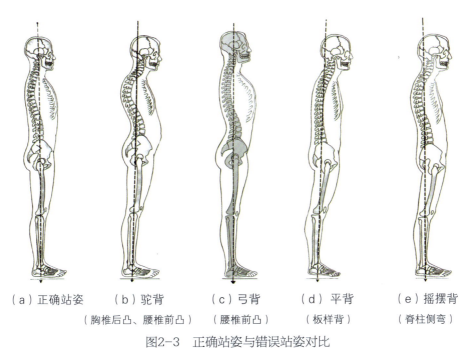

（a）正确站姿　　（b）驼背　　　　　（c）弓背　　　（d）平背　　　（e）摇摆背
　　　　　　　（胸椎后凸、腰椎前凸）（腰椎前凸）　　（板样背）　　（脊柱侧弯）

图2-3　正确站姿与错误站姿对比

表2-5　常见错误站姿的偏离类型

错误站姿	肌肉骨骼症状	图示
驼背（胸椎后凸、腰椎前凸）	①头部向前，颈椎过伸，上背部或中背部呈圆形，肩胛骨中间部分凸起，呈翼状伸展，胸椎屈曲增加（后凸），腰椎过伸（前凸），骨盆前倾。②颈部屈曲肌群，上背部竖脊肌、腹外斜肌延长且肌力不足；胸部肌肉（胸大肌、胸小肌）、股后肌群紧绷；肩胛肌、核心肌群无力；髋屈肌群缩短且紧张。③轻症呈现为低头和肩部下垂，重症则驼背明显，压迫体内器官，威胁人体健康	图2-5-1　驼背

续表2-5

错误站姿	肌肉骨骼症状	图示
弓背 （腰椎前凸）	①弓背又称"圆肩"或"拱背"。侧面可清晰表现为腰椎过伸（前凸）明显，颈椎和胸椎正常或轻度后凸，骨盆前倾。 ②下背肌、四头肌和髋屈肌群紧绷，前腹肌延长且肌力不足，腹部明显无力。 ③腰椎前凸在各年龄段中均较为常见，若矫正不及时，易导致下背疼痛和椎间盘突出	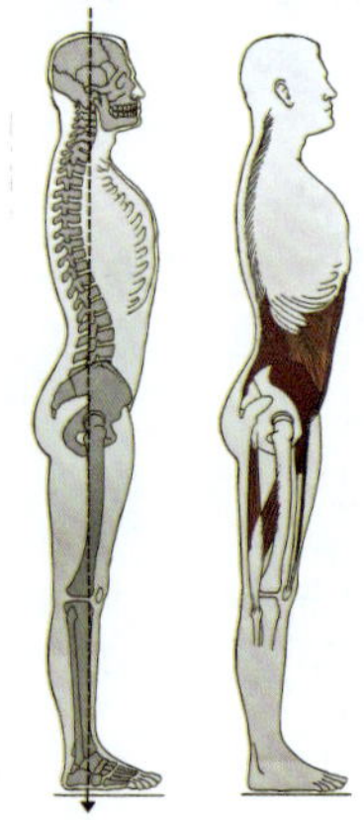 图2-5-2　弓背
平背 （板样背）	①头部向前，颈椎略伸展，胸椎上部屈曲增加（后凸）、下部变直，腰椎变直，骨盆后倾，髋关节伸展，脊柱的主动活动度丧失。从整体看，人体姿势僵硬。 ②单髋关节屈肌延长且肌力不足，股后肌群和腰伸肌紧绷，腹部肌肉持续紧张。 ③此姿势易疲劳并影响正常呼吸，且易导致颈部、肩部和中下背部周围肌肉紧张，限制上腹部肌肉、横膈膜的正常活动	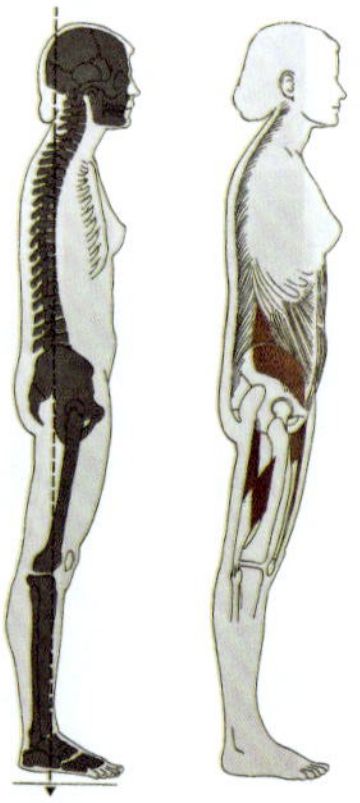 图2-5-3　平背
摇摆背 （脊柱侧弯）	①头部前移，颈椎轻微拉长，左右肩不对称、身体歪斜或单侧的肩胛骨明显凸出，胸椎或腰椎中存在至少1处侧向弯曲，骨盆后倾。 ②胸椎的凸侧肋骨隆起，凹侧肌肉紧绷；核心肌群无力。 ③通常于青少年阶段出现，严重者会出现体态差、呼吸不畅和行走障碍等问题	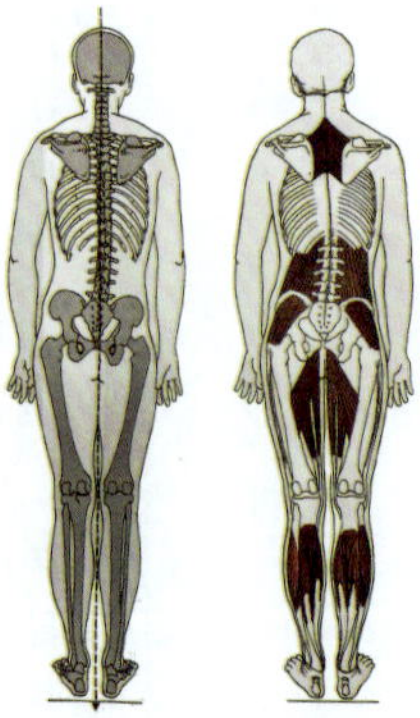 图2-5-4　摇摆背

以上对比分析提示，保持正确的形体姿态，并针对性地进行核心训练，不仅有助于减少核心区域关节部分所承受的额外载荷，还有助于减少甚至消除关节和肌肉的疼痛，改善肌肉平衡和形体姿态，较大程度地缓解肌肉劳损、脊柱侧弯等问题（布里腾纳姆 等，2019；威拉德逊，2019）。

二、站立功能性核心评估

以站立姿势对人体核心肌群能力进行的一系列功能性测试，不但操作简便，还能快速发现弱势肌肉群，对后期核心计划的制订起指导作用（McGill，2006；威拉德逊，2019）。练习者可以在执行训练计划之前以及开始训练后的3~4周分别进行一次站立功能性核心评估，并将两次评估所收集的数据进行对比，检验训练计划的有效性（布里滕纳姆 等，2019）。

常见的站立功能性核心评估有四种，分别为星形偏移平衡测试、单腿下蹲、自重深蹲和弓步深蹲。

（一）星形偏移平衡测试（必测项目，测试难度：★★★★）

星形偏移平衡测试（star excursion balance tests，SEBT）属于功能性动态测试，也属闭链运动，能够更大程度地体现机体对神经肌肉的控制能力（屈萍，2011b）。它常用于评估和测试个体的动态平衡控制能力，需要机体动用较大范围的关节活动度（range of motion，ROM）来完成（Buldbulian et al.，2000；Olmsted，2002）。该测试使用的设备简单，可操作性强。

1. 测试器材与场地布置

（1）器材：直尺、皮尺、量角器、粉笔。

（2）场地：在地面上画两对线条，第一对相互垂直；第二对则以45°的夹角经过第一对线条的交点，线条长2.4米。（图2-4）

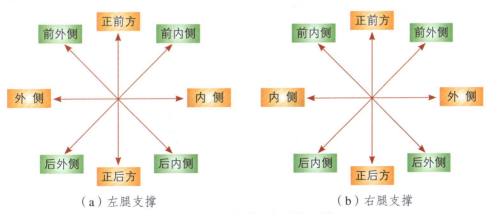

（a）左腿支撑　　　　　　　　　　（b）右腿支撑

图2-4　星形偏移平衡测试图谱

2. 测试规则

（1）受试者在平躺状态下测量全腿长度［从解剖学来讲，是指由肠骨（髂骨）前上棘下缘至胫骨内踝下端的距离］。所有受试者的全腿长度测量工作均由同一名工作人员完成。

（2）受试者先在8个方向上每个方向练习4次，然后休息5分钟，准备正式开始测试。

（3）测试时，令受试者单腿正直站立于8点星形图的中央，用非支撑腿向分别间隔45°的8个方向尽可能地伸远（图2-5）。这8个方向分别是正前方（anterior，ANT）、前外侧（antero lateral，ALAT）、外侧（lateral，LAT）、后外侧（postero lateral，PLAT）、正后方（posterior，POST）、后内侧（posteromedial，PMED）、内侧（medial，MED）、前内侧（anteromedial，AMED）。

（4）所有受试者都先以右腿为支撑腿开始测试，完成所有8个方向的3～5组测试后，应休息5分钟，再换左腿支撑进行测试。测试时，两腿均以12点方向为起点。当左腿支撑时，以逆时针方向进行测试；当右腿支撑时，以顺时针方向进行测试。每次移至下一方向前都需要将远伸的腿移回中央，恢复到双脚站立状态并休息3秒，以免影响身体平衡、降低测试的准确性。

（5）在各方向上用脚能够到最远的地方轻触一下，用最远的伸出长度与下肢长度（全腿长度）之间的比值作为评价稳定能力的指标。

（6）分别记录受试者每一次到达星形偏移平衡图谱上的刻度，重复测试3～5组，取其中3次最佳成绩的平均数进行数理统计。

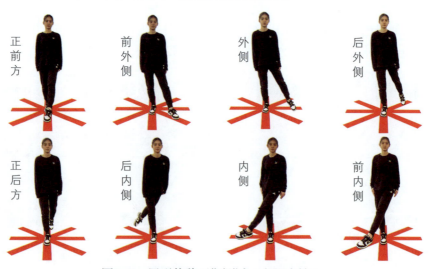

图2-5　星形偏移平衡测试（右腿支撑）

3. 评估标准（表2-6）

表2-6 星形偏移平衡测试8个方向的评估结果常模

单位：%

项目	男性	女性
正前方	79.2±7.0	76.9±6.2
前外侧	97.7±9.5	90.7±10.7
外侧	73.8±7.7	74.7±7.0
后外侧	90.4±13.5	85.5±13.2
正后方	95.6±8.3	89.1±11.5
后内侧	85.2±7.5	83.1±7.3
内侧	80.0±17.5	79.8±13.7
前内侧	93.9±10.5	85.3±12.9

注：数值为伸远距离占全腿长的百分比。

资料来源：Lanning C L, Uhl T L, Ingram C L, et al. "Baseline values of trunk endurance and hip strength in collegiate athletes," *Journal of Athletic Training (National Athletic Trainers' Association)*, 2006,41(4); Gribble P A, Hertel J. "Considerations for normalizing measures of the star excursion balance test," *Measurement in Physical Education and Exercise Science*, 2003,7(2)。

以下状况视为测试无效：①任何情况下，非支撑腿的脚跟部触碰地面；②任何情况下，身体重心失去平衡；③支撑腿从中心上移开，偏离中心；④保持开始和结束姿势短于1秒；⑤受试者在测试过程中或测试后感到疲惫。

星形偏移平衡测试通常用于评定训练与康复的效果，但已有研究证明，该评估手段还可作为康复治疗的一种方式。合理、适量地进行星形偏移平衡练习，可加强动态平衡能力和踝关节稳定功能（Chaiwanichsiri et al., 2005）。

除此之外，李萍等（2018）对星形偏移平衡测试进行了简化和改良，称为"改进星形偏移平衡测试"（m SEBT），如图2-6所示。其研究结果显示，仅通过后内侧、内侧和前内侧3个方向的表现就可以评价受试者的动态平衡性，同时，选用相对距离作为评价指标，可将受试者测试成绩分为高、中、低3个等级。

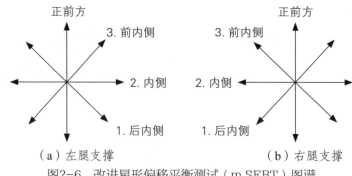

图2-6 改进星形偏移平衡测试（mSEBT）图谱

相对距离R的计算方法如式（2-1）至式（2-3）。其中，L为单侧腿伸出的距离。

$$后内侧：R_1 = \frac{L_{1\,Max}}{全腿长} \times 100 \qquad (2-1)$$

$$内\quad 侧：R_2 = \frac{L_{2\,Max}}{全腿长} \times 100 \qquad (2-2)$$

$$前内侧：R_3 = \frac{L_{3\,Max}}{全腿长} \times 100 \qquad (2-3)$$

改进星形偏移平衡测试评估标准见表2-7。

表2-7 改进星形偏移平衡测试评估标准

单位：%

项目	高		中		低	
	左腿	右腿	左腿	右腿	左腿	右腿
后内侧	96.20±1.72	95.18±1.60	87.03±2.07	85.25±3.63	76.53±2.37	75.04±3.34
内侧	89.85±4.38	88.57±3.85	78.32±6.26	77.38±3.80	68.85±5.29	65.78±3.09
前内侧	79.31±4.36	76.16±3.28	75.94±2.34	71.04±2.60	68.43±4.15	69.50±3.00

资料来源：Lanning C L, Uhl T L, Ingram C L, et al."Baseline values of trunk endurance and hip strength in collegiate athletes," *Journal of Athletic Training (National Athletic Trainers' Association)*, 2006,41(4); Gribble P A, Hertel J."Considerations for normalizing measures of the star excursion balance test," *Measurement in Physical Education and Exercise Science*, 2003,7(2)。

不管是左腿支撑还是右腿支撑，改进后的星形偏移平衡测试能够对不同动态平衡能力的受试者进行有效区分。动态平衡性好的受试者，在后内侧、内侧和前内侧3个方向上的测试成绩，会显著高于动态平衡性差的群体。后内侧、内侧和前内侧3个方向上的测试是检测受试者下肢功能缺陷灵敏性的较好指标

（Hertel et al.，2006）。该测试也能识别出受试者是否存在慢性踝关节功能缺陷（chronic ankle instability，CAI）。

（二）单腿下蹲（选测项目，测试难度：★★）

单腿下蹲（single leg squat exercise）属功能性测试，用于检查个体的髋部力量和核心控制能力是否存在机能失调（Hertel et al.，2006；Kibler et al.，2006；Willson et al.，2006）。

1. 测试规则（图2-7）

（1）受试者做膝关节弯曲45°或60°的单腿下蹲，注意双腿互不接触。

（2）缓慢而稳定地回到完全直立的姿势。重复相应的次数。

图2-7 单腿下蹲测试

2. 评估标准

单腿下蹲测试的评估标准、异常情况分别见表2-8、表2-9。

表2-8 单腿下蹲测试评估标准

测试达标	未达标
膝关节朝向正前方	膝关节内旋或外翻
膝关节与脚尖方向一致	膝关节与脚尖方向不一致
骨盆中立，与地面平行	骨盆未中立，不与地面平行
身体保持平衡	身体不能保持平衡

资料来源：Dimattia M A, Livengood A L, Uhl T L, et al."What are the validity of the single-leg-squat test and its relationship to hip-abduction strength?" *Journal of Sport Rehabilitation*, 2005, 14(2); Livengood A L, Dimattia M A, Uhl T L. "'Dynamic trendelenburg': Single-leg-squat test for gluteus medius strength," *Athletic Therapy Today*, 2004, 9(1); Plastaras C T, Rittenberg J D, Rittenberg K E, et al."Comprehensive functional evaluation of the injured runner," *Physical Medicine and Rehabilitation Clinics of North America*, 2005, 16(3)。

表2-9 单腿下蹲测试异常情况

异常情况类别	对应机能问题
特伦博伦伯格征	髋外展肌力量不足
髋关节内收/内旋	髋外展肌、外旋肌力量不足
膝盖向外翻	髋部力量不足（与受试者骨结构遗传水平相关）
胫骨向内旋	近端髋部力量不足（与受试者骨结构遗传水平相关）
足向内翻	近身体中心端的驱动内侧加速衰弱（与受试者的足结构类型有较大相关性）

资料来源：[美]杰森·布鲁米特《核心评估与训练：核心能力的精准测试与针对性发展》，王轩译，人民邮电出版社2017年版。

（三）自重深蹲（必测项目，测试难度：★★）

自重深蹲（body-weight squat exercise）属闭链运动（即肢体远端固定而近端活动的运动）。该动作强调正确利用核心肌群，实现多协同肌和关节、多平面作用力的共同发挥（Zeller et al., 2003）。20世纪90年代至今，膝关节康复治疗强调负重练习、功能渐进性恢复和多关节运动，其中，多关节运动对功能恢复最为有效（Plastaras et al., 2005）。长期进行自重深蹲练习，对下肢肌肉力量和关节功能的提高具有良好效果，可逐步改善久坐等不良生活方式所带来的危害（McGill, 2006; Han et al., 2013）。

完成测试和日常练习过程中需要专业人员进行专门指导，这样才能保证最大限度地发挥训练效果，同时将医源性损伤风险降至最低（Kulas et al., 2012）。

1. 测试规则（图2-8）

（1）受试者身体站直，双脚分开站立，与肩同宽，双臂在体前伸展。

（2）双腿弯曲身体下移，直至大腿与地面平行。臀部微微后推，同时背部挺直。

（3）脚后跟下压，恢复为直立起始姿势。重复相应次数。

2. 评估标准

自重深蹲的评估标准可分为姿势评估标准和负荷评估标准，分别见表2-10和表2-11。

图2-8 自重深蹲测试

表2-10 自重深蹲的姿势评估标准

测试达标	未达标
脊柱、骨盆处于中立位置	脊柱、骨盆歪斜、不对称
头部上抬，胸、背部挺起，身体呈一条直线	身体未呈一条直线
膝关节方向与脚尖方向保持一致	膝关节外旋、内收
膝关节未超过脚尖	膝关节超过脚尖
脚尖朝向正前方或外旋小于10°	脚尖外旋超过10°

资料来源：［美］杰弗里·M. 威拉德逊《美国国家体能协会核心训练指南》，王轩译，人民邮电出版社2019年版；［美］霍利斯·兰斯·利伯曼《核心训练：全彩图解版》，徐晴颐译，人民邮电出版社 2017年版；Comfort P, Kasim P, "Optimizing squat technique," *Strength and Conditioning Journal*, 2007, 29(6)。

表2-11 自重深蹲的负荷评估标准

单位：个/分钟

评估等级	18～25岁	26～28岁
非常好	>43	>39
好	37～43	33～39
高于平均值	33～36	29～32
基于平均值	29～32	25～28
低于平均值	25～28	21～24
差	18～24	13～20
非常差	<18	<13

资料来源：*Brian Mackenzie's 101 Performance Evaluation Tests* (London: Jonothan Pye, 2015)。

（四）弓步深蹲（选测项目，测试难度：★★）

弓步深蹲（bodyweight lunge）又称"弓箭步"，属腿部力量练习，可促进力量专项化发展，也可作为特殊情况下下肢力量训练的补充或替代方式（李双成，2001）。与自重深蹲相比，弓步深蹲的训练强度较高，对股二头肌、臀中肌和腘绳肌的激活效果更为明显（Jones et al., 2012; Hefzy et al., 2010）。

1. 测试规则（图2-9）

（1）受试者一条腿向前迈，单腿下跪，右（左）腿在体前屈膝呈90°，后腿膝盖不碰地,脚掌置于地面。

(2)保持背部挺直,同时避免膝盖过度伸展或外翻、内旋。

图2-9 弓步深蹲测试

2. 评估标准

弓步深蹲评估侧重于姿势的标准程度,评估标准见表2-12。

表2-12 弓步深蹲姿势评估标准

评估等级	分数/分	躯干	脚部	膝盖
好	3	未出现晃动	双足平稳	双膝前后呈一条直线
良好	2	出现晃动	双足不平稳	其中一侧膝盖出现外旋
合格	1	失去平衡	—	—
不合格	0	测试过程中身体某部位出现疼痛		

三、站立主动活动度测试

站立主动活动度测试通常用于评估个体的脊柱、髋部肌群活动度,可判断其日常运动的质量(布鲁米特,2017)。其中,主动活动度(active range of motion,AROM)是指个体可在无任何辅助的情况下,使用骨骼相邻肌群移动关节的相关活动范围,也可理解为因骨骼肌收缩而触发的运动范围(McCurdy et al., 2010)。核心训练中常见的主动活动度测试分为脊柱主动活动度测试和髋关节活动度测试两种。

(一)脊柱主动活动度测试(选测项目,测试难度:★)

脊柱主动活动度(spinal mobility)测试主要用于评估腰椎的主动活动度。

1. 测试规则（图2-10）

受试者呈直立站姿，按照口令做出相应动作，如60°前方主动弯曲、25°身体侧屈、25°后方主动弯曲（下腰）、站姿旋转（受试者双手置于头部后方，上身分别向左或右旋转）。

2. 评估标准

（1）使用量角器，测量并估算受试者在做弯曲、伸展和侧弯动作时，身体的整体运动限制，同时比较身体左右两侧的活动差异。

（2）若不具有充分活动程度、身体左右两侧之间存在运动不对称，则表明受试者脊柱缺乏柔韧性。该类人群易患非特异性腰痛（non-specific low back pain，NLBP）。

（a）60°前方主动弯曲

（b）25°身体侧屈

（c）25°后方主动弯曲（下腰）

（d）站姿旋转

图2-10 脊柱主动活动度测试

（二）髋关节活动度测试（选测项目，测试难度：★）

髋关节活动度测试（hip joint mobility assessment）是一种快速评估个体的髋关节活动度的有效方法（布里滕纳姆 等，2019）。

1. 测试规则（图2-11）

（1）受试者单腿站立，背部挺直，头部后收。

（2）抬起一条腿在支撑腿的前面做内旋交叉动作。

（3）回到起始位置，然后抬腿，并向外侧伸展。

（4）按照上述步骤，依次完成余下的仰卧屈曲、俯卧伸展、俯卧内（外）旋、仰卧内（外）旋、仰卧内收（外展）动作，使用量角器测量活动角度，比较身体左右两侧对称性。

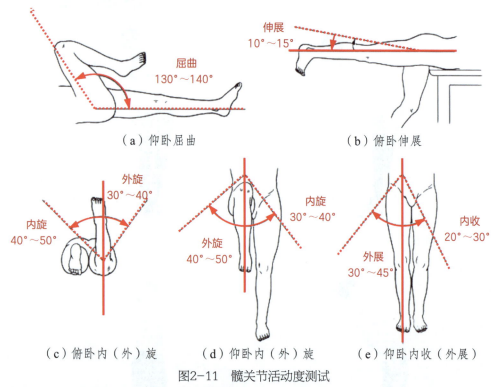

图2-11　髋关节活动度测试

2. 评估标准（表2-13）

表2-13　髋关节活动度测试评估标准

序号	动作名称	合格标准
1	仰卧外展	30°～45°
2	仰卧内收	20°～30°

续表2-13

序号	动作名称	合格标准
3	仰卧屈曲	130°～140°
4	俯卧伸展	10°～15°
5	俯卧内旋	40°～50°
6	俯卧外旋	30°～40°
7	仰卧内旋	30°～40°
8	仰卧外旋	40°～50°

注：受试者在完成动作时，如出现任何部位的疼痛，则代表该部位存在运动损伤的可能性。

四、等长肌肉力量测试

等长肌肉力量测试（isometric muscle strength testing）与体质水平、身体成分、骨骼健康状况等密切相关，测试中通常会使用手持式测力计（图2-12）。须注意，要进行多次重复的测量，以保证结果的有效性（McCurdy，2010；威拉德逊，2019；汪敏加，2019）。

（一）躯干弯曲力量（选测项目，测试难度：★★）

躯干弯曲力量（torso bending strength）是指躯干肌群收缩而长度不变的对抗阻力力量能力，需要承受较大的负荷和重量。其测试规则如下：

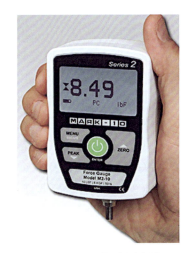

图2-12　手持式测力计

（1）受试者采取仰卧姿势，手持测力计的带子固定于受试者的躯干和医疗床之间。

（2）受试者尽力让躯干向上弯曲。

（3）当躯干弯曲程度达到受试者所认为的最大程度时，记录测力计上所显示的数字。

（二）躯干伸展力量（选测项目，测试难度：★★）

躯干伸展力量（torso stretching strength）是指伸展躯干和髋部的肌肉力量。其测试规则如下：

（1）受试者采取俯卧姿势，手持测力计的带子固定于受试者的躯干和医疗床之间。

（2）躯干部分尽力向上伸展。

（3）当躯干伸展程度达到受试者所认为的最大程度时，记录测力计上所显示的数字。

五、等长肌肉耐力测试

等长肌肉耐力测试（isometric muscle endurance test）是测试核心肌肉能力的常见方法（孔振兴，2011）。常见的等长肌肉耐力测试有直腿抬高测试、背伸肌测试、屈肌耐力测试、侧向平板支撑、俯卧拱桥5种。

（一）直腿抬高测试（选测项目，测试难度：★★★）

直腿抬高测试（straight leg raising test，SLRT）用于评估个体腘绳肌群的柔韧程度，也常应用于康复领域腰椎间盘突出症（lumbar disc herniation，LDH）的鉴别诊断（Magnusson et al.，1995；McGill，2006）。

1. 测试规则（图2-13）

（1）受试者在医疗床上呈仰卧姿势。

（2）检查者一只手抓住受试者一侧腿的脚踝，另一只手触摸受试者该侧腿的膝关节上方。

（3）受试者腿部伸直、缓慢上抬至最大角度，比较身体两侧动作的对称性。

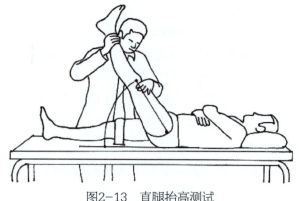

图2-13　直腿抬高测试

2. 评估标准（表2-14）

表2-14 直腿抬高测试评估标准

序号	出现疼痛的角度	测试结果
1	0°～35°	阳性
2	36°～70°	阳性
3	71°～90°	阴性

注：测试过程中，应记下出现疼痛的角度，若出现"阳性"结果，应及时给予医学干预。

（二）背伸肌测试（选测项目，测试难度：★★★）

背伸肌测试（biering-sorensen test）简称"BS测试"，是由背部伸展动作改良而来，主要用于测试下背部肌肉群的肌肉耐力，以保持规定动作的时长为主要评估指标（McGill et al., 1999；王永慧，2001；威拉德逊，2019）。

1. 测试规则（图2-14）

（1）受试者呈俯卧姿势，臀部和腿使用皮带或腰带固定于医疗床上。

（2）躯干部分探出医疗床边缘，保持悬空并平行于地面，尽可能保持长的时间。

（3）双臂交叉放于胸前，双手放于对侧肩部。

（4）检查受试者左右两侧动作是否对称，身体是否呈一条直线，并记录其保持标准姿势的时长。

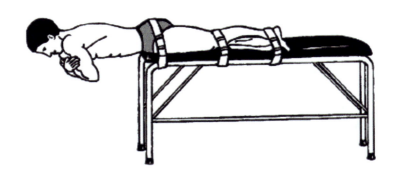

图2-14 背伸肌测试

2. 评估标准（表2-15）

表2-15 背伸肌测试评估标准

单位：秒

等级		最低指标
健康		48.8
基本健康		46.5
活动较少		42.1
基础水平	男性	20.0
	女性	23.5

（三）屈肌耐力测试（选测项目，测试难度：★★★）

屈肌耐力测试（flexor endurance testing）主要用于评估核心区域前部肌群的功能性耐力，包括腹直肌、髋屈肌和腹肌等（Ito et al., 1996）。其测试规则（图2-15）如下：

（1）受试者身体呈仰卧姿势，双脚平放于垫子上，双膝弯曲，双臂交叉放于胸前，做预备姿势。

（2）让受试者上身靠在一个边角为60°的楔形物体上，髋部和膝关节弯曲呈90°。

（3）当受试者表示已准备就绪，检查者拿开受试者背部后方的楔形物体，放置于距离受试者背部约10厘米处，同时也可用双手固定受试者的脚踝，以起到辅助稳定的作用。

（4）受试者需保持背部与地面呈60°的姿势一段时间，其间背部应保持挺直。

（5）记录受试者能够保持该姿势的时长，当受试者背部任意部分触碰楔形物体时，测试结束。

图2-15 屈肌耐力测试

（四）侧向平板支撑（选测项目，测试难度：★★）

侧向平板支撑（side-plank）是体侧肌肉组织测试的一种，同时也是核心训练中最常用的训练动作之一。日常加强该动作的练习，可起到稳固脊柱、增强肌群抗侧屈核心力量的作用（威拉德逊，2019）。

1. 测试规则（图2-16）

（1）受试者左（右）侧身体躺在垫子上，用左（右）侧肘部支撑自身体重。

（2）前臂、侧髋部缓慢抬起，收紧臀部，双脚前后放置，使得前脚跟、后脚尖接触，身体呈一条直线。

（3）胯部处于紧绷状态，保持肩胛收紧、脊柱中立，感觉到臀部受到挤压。

（4）检查者应首先确认受试者在测试期间动作是否标准（下肢、髋关节和躯干呈一条直线），并记录保持标准动作的时长。

图2-16 侧向平板支撑测试

2. 评估标准（表2-16）

表2-16 侧向平板支撑评估标准

单位：秒

序号	评估等级	完成时间
1	非常好	>90
2	好	75～90
3	平均水平	60～74
4	差	<60

数据来源：Tests for Sports：Side Plank Test（https://testsforsports.com/ebook-all-sports-tests）。

（五）俯卧拱桥（选测项目，测试难度：★★）

俯卧拱桥（plank）即肘部平板支撑，属静力抗阻和抗伸展运动，可同时测试躯干前、后方的核心肌群，常被用于核心训练的初级阶段，可改善腰背肌群力量水平。针对有腰椎间盘突出等特殊情况者，该动作可采取相对简单的跪姿支撑方式（McGill，2002；Bliss et al.，2005；李艳鸣，2014）。对于部分有运动基础者，可通过增加负重、控制脚间距等方式提升动作难度（McGill，2006）。

1. 测试规则（图2-17）

（1）受试者呈俯卧姿势，双脚背屈，肘部、前臂位于胸部下方。
（2）上提身体至离开地面，用两侧肘部、脚部支撑身体。
（3）保持手臂上部与地面垂直，肘部处于肩部正下方，双前臂向内微偏。
（4）收紧核心肌群、臀肌，保持身体整体稳定、呈一条直线。
（5）记录受试者保持标准动作的时长，当受试者身体出现晃动时，应立即终止测试。

图2-17　俯卧拱桥测试

2. 评估标准（表2-17）

表2-17　俯卧拱桥评估标准（不分年龄段）

等级	分值	男性保持标准动作时长	女性保持标准动作时长
优秀	100	2′47″	1′52″
	98	2′43″	1′46″
	96	2′39″	1′40″
	94	2′35″	1′35″
	92	2′31″	1′30″
	90	2′26″	1′25″

续表2-17

等级	分值	男性保持标准动作时长	女性保持标准动作时长
良好	87	2′21″	1′20″
	84	2′16″	1′16″
	81	2′11″	1′12″
	78	2′06″	1′08″
	75	2′01″	1′04″
及格	72	1′53″	1′00″
	69	1′45″	55″
	66	1′37″	50″
	63	1′28″	45″
	60	1′19″	40″
不及格	50	1′10″	35″
	40	1′00″	30″
	30	50″	25″
	20	40″	20″
	10	30″	15″

资料来源：*Runner's World*（https://www.runnersworld.com/training/a20844691/6-exercises-that-help-your-lower-back-pain/）。

六、等动肌肉力量测试

等动肌肉力量测试（isokinetic test）通常用于评估恒定阻力条件下肌肉力量的输出能力，多以自由重量训练的形式进行。常见的等动肌肉力量测试有卷腹、俯卧撑、仰卧起坐、滑索器械练习等（McGill，2006；布里滕纳姆 等，2019）。

（一）卷腹（选测项目，测试难度：★）

相较于仰卧起坐，卷腹（curl-up）测试有四个特点：一是减少第五腰椎在骶椎上的运动；二是减少髋屈肌的活动；三是增加外侧、内侧倾斜肌和横腹肌的活动；四是与各类仰卧起坐相比，可最大化下腹直肌和上腹直肌相对于椎间盘（负荷）的腹部肌肉活动。

1. 测试规则（图2-18）

（1）受试者仰卧在垫子上，膝盖弯曲约呈140°，双脚平放在垫子上，双腿微微分开（双脚保持平放在垫子上的同时尽可能远离臀部）；双臂伸直，与躯干平行；双手放在垫子上，手指舒展；头部接触垫子。

（2）将测试带放置于垫子上，让指尖停留在测试带的边缘。

（3）受试者在保持脚跟与垫子接触的状态下缓慢做卷腹动作，将手指划过测试带，慢慢到达另一条测试带的边缘，随后慢慢往回躺，直到头部接触垫子，指尖回到最初位置。

（4）在测试的过程中，应跟随测试音频节奏（事先调试）完成卷腹动作，测试的音频节奏调试到20个/分钟，即每3秒完成一个动作。受试者最多可以完成75个，完成后可停止测试，在此之前若出现以下情况，则停止测试，并记录此前完成的次数作为最终的成绩：

- 测试者力竭，无法跟随节奏继续完成动作。
- 头部没有接触到垫子（允许错误一次，提醒后再次出现错误将停止测试）。
- 指尖没有到达测试带的最远端。
- 如无测试带，可制作简易测试条替代测试带（用两条胶带相隔11.43厘米平行贴于垫子上）。

图2-18 卷腹测试

2. 评估标准（表2-18）

表2-18 卷腹测试健康达标评估标准

单位：个

类别	年龄/岁												
	5	6	7	8	9	10	11	12	13	14	15	16	17	17+
健康男性完成数量	≥2	≥4	≥6	≥9	≥12	≥15	≥18	≥21	≥24				
健康女性完成数量	≥2	≥4	≥6	≥9	≥12	≥15	≥18						

资料来源：张新萍、屈萍《终身体育：体适能提升与健康促进》，中山大学出版社2020年版，第62页。

（二）俯卧撑（选测项目，测试难度：★★）

俯卧撑（push-up）将上肢与躯干的训练相结合，既可徒手进行，也可借助器械变换多种练习形式，且不受场地空间的限制，适用于各类人群。

1. 测试规则（图2-19）

（1）受试者呈俯卧姿势，趴在地板上，双手分开与肩同宽，手指方向向前，肘关节指向后方。

（2）身体上抬，直至手臂完全伸展，背部挺直，肩、背、腰、踝部均呈一条直线。

（3）降低身体重心，手臂收缩，直至胸部着地。

（4）以一个合适的速度多次完成动作，直至力竭。

（5）当受试者到达推起位置时，计数1次，2次动作之间不作停顿及休息。

（6）有研究者专门为女性群体改良了俯卧撑，即把膝盖放在垫子上，双脚在后面交叉，以此作为身体的支撑，也就是后来出现的"跪姿俯卧撑"（图2-20）。

> **跪姿俯卧撑的动作要领**：在跪姿状态下，将脚踝交叉，脚尖不接触地面；面部朝下，双臂伸直；双手撑在地上，稍宽于肩部。慢慢弯曲双臂，使胸部靠近地面；在最低处停留1～2秒，然后推回至双臂完全伸直。

（a）起始动作

（b）结束动作（推起）

图2-19 俯卧撑测试

（a）起始动作/结束动作

（b）中间动作（放低）

图2-20 跪姿俯卧撑测试

注意事项　　头部、躯干与膝盖应呈一条直线，并在整个过程中保持这一状态。

2. 评估标准（表2-19）

表2-19　俯卧撑运动负荷评估标准（18～29岁）

单位：个

等级/%	18～20岁		21～29岁	
	男性	女性	男性	女性
90	56	28	57	42
80	50	22	47	36
70	44	19	41	32
60	41	17	37	30
50	37	16	33	26
40	34	15	29	23
30	30	12	26	20
20	25	9	22	17
10	21	5	18	13

资料来源：Hoffma J, *Norms for Fitness*, *Performance*, *and Health*（Champaign, IL: Human Kinetics, 2006），p.45；Nieman D C, *Exercise Testing and Prescription*: *A Health Related Approach*, 4th ed.（Mountain View, CA: Mayfield Publishing, 1999）。

七、抗旋转测试（选测项目，测试难度：★★）

抗旋转测试（anti-rotation testing）主要用于评估身体维持动作稳定的能力，可判断个体的身体两侧力量水平是否对称。进行抗旋转相关练习，可增强髋部、躯干的静态稳定性，以及躯干上半段肩部的动态稳定性，从而降低运动损伤概率、提升运动表现（ANDRE，2012；鲍伊尔，2017）。

有代表性的抗旋转测试项目为鸟狗式（bird-dog），又称"四足跪姿手脚伸展"。

1. 测试规则（图2-21）

（1）受试者双膝屈曲呈90°跪地，双手平放于地面。

（2）右臂抬起并向前伸展，左腿抬起并向后伸展，至与地面平行。
（3）保持1秒，右臂、左腿收回，然后用右肘部触碰左膝。
（4）缓慢回到伸展位置，换身体另外一侧重复相应动作。

图2-21　鸟狗式

2. 评估标准

（1）肢体伸展时，整个身体应保持平衡且呈一条直线。
（2）测试期间，若出现躯干下沉，或者失去平衡，应立即给予受试者"测试结束"的口令。

八、组织与复合体测试

组织与复合体测试由肩胛胸壁组织测试、腰椎—骨盆—髋关节复合体（LPHC）测试两大部分组成。

肩胛胸壁组织又称"肩胛胸壁关节"（scapulothoracic-joint），处于肩胛骨前方、胸廓后外侧的连接处，是由肌肉和筋膜交互错杂所形成的复杂网络（布里滕纳姆 等，2019）。它是肌肉骨骼系统中的重要一环，该组织结合骨骼系统在结构上的支撑，在机体做功能性运动时形成运动链，从而增强人体动力链的稳定性（McGill，2006；威拉德逊，2019）。

腰椎—骨盆—髋关节复合体是身体内的关键结构，也是人体力学功能、加速与变向运动动力的重要来源，它连接上肢和下肢，帮助能量进行上下传递，从局部和整体上为各种身体姿势提供稳定性支撑（布里滕纳姆 等，2019；邓树勋 等，2015）。

（一）肩胛胸壁组织测试（选测项目，测试难度：★★）

肩胛胸壁组织测试可辅助判断肩胛胸壁组织的自主收缩和下压活动能力，以及个体在静态站立或运动状态下维持当前姿势的能力。

1. 拇指向上测试（图2-22）

测试规则如下：

（1）受试者呈站立姿势，双臂伸直，手心向内，夹在身体两侧。
（2）闭上眼睛，深呼吸然后放松。不要改变手腕或双手的位置。
（3）伸展两个大拇指，进入拇指向上的姿势。
（4）睁开眼睛，眼睛看向正前方。

图2-22　拇指向上测试

评估标准：如果拇指朝向髋部或两指相对，则测试失败；如果拇指向正前方伸直，则测试通过。

2. 手臂过顶下落（图2-23）

测试规则如下：

（1）受试者从站立姿势开始，双臂位于身体两侧。

图2-23　手臂过顶下落

（2）双臂举起并向后环绕，直至举过头顶。

（3）双肩向后下方拉动，进入最佳姿势。

（4）让双臂快速向身体前方下落，回到起点位置，注意双肩应保持稳定。

评估标准：如果双臂下落后，双肩保持向前旋转，而不能保持稳定或无法正常向后下方下压、收缩，则测试失败；如果双臂向后下方拉动后仍能保持稳定，则测试通过。

（二）腰椎—骨盆—髋关节复合体测试（选测项目，测试难度：★★）

腰椎—骨盆—髋关节复合体测试又称"LPHC测试"。常见的LPHC测试包括双腿臀桥、单腿臀桥。LPHC测试主要从人体的整体动力链的稳定性和力量角度评估个体的腰椎—骨盆—髋关节复合体的机体功能协作能力、神经肌肉的效率。

1. 双腿臀桥（图2-24）

双腿臀桥（double legs glute bridge）是锻炼臀部肌肉的常见动作，其特点是活动幅度范围小、所需力量大。

测试规则如下：

（1）受试者呈仰卧姿势，双膝屈曲至90°，双脚与髋同宽，脚掌平放于地面。

（2）双手放在身体两侧的垫子上，放松头部和颈部。

（3）收紧核心部位和臀肌，髋部上抬至完全伸展，膝盖、髋、肩部呈一条直线。

（4）保持姿势一段时间，然后回到起始位置。

（5）检查动作是否规范，并记录受试者保持标准动作的时长。

图2-24 双腿臀桥

2. 单腿臀桥（图2-25）

相对于双腿臀桥而言，单腿臀桥（single leg glute bridge）的运动负荷相对较小，但对臀部肌肉的刺激会变强，这是因为双腿与地面的接触面积变小了，在体重不变的情况下，压强增大，因此对力量使用的感觉愈发明显。

测试规则如下：

（1）受试者呈仰卧姿势，双膝屈曲至90°，双脚与髋同宽，脚掌平放于地面；双手平放于身体两侧，头、颈部放松。

（2）提起一侧膝盖，使其接近胸部，双手环抱膝盖，靠近胸腔下端放一个网球，使其保持在大腿上侧位置。

（3）支撑腿背屈于地面，通过脚趾、脚跟发力推动髋部上提，直至完全伸展，且支撑腿的膝盖、髋部、肩部呈一条直线。

（4）保持姿势一段时间，然后回到起始位置；换身体另一侧，重复相应动作。

（5）检查动作是否规范，并记录受试者保持标准动作的时长。

图2-25　单腿臀桥

九、核心肌肉爆发力测试（选测项目，测试难度：★★★）

核心爆发力是指在最短时间内使器械（或人体本身）移动到尽量远的距离，强调各肌肉间的相互协调能力、力量和速度素质。核心肌肉爆发力评估的典型测试为仰卧药球前方投掷（medicine ball throwing），评估指标为药球抛出的最大距离。（图2-26）

仰卧药球前方投掷测试规则如下：

（1）受试者呈仰卧姿势，双膝屈曲至90°，双脚与肩同宽，保持肘部伸直，双手紧握药球（选用2~4千克的药球）。

（2）上身保持静止，背部挺直，双脚固定于地面。

（3）腹部、髋关节屈肌收紧，双臂将药球举过头顶后，用力抛出药球。

（4）标记药球落地的位置，即抛出的最大距离，予以记录。

图2-26　仰卧药球前方投掷

十、综合型评估

（一）悬吊训练（专业运动员必测项目，测试难度：★★★★）

悬吊训练（sling exercise training，S-E-T）是一种主动运动训练疗法，其原理为：通过强化稳定脊柱骨关节的深层肌肉，刺激人体的本体感觉和神经肌肉控制能力，恢复对感觉和运动的控制能力、肌力、耐力及心血管功能，以增加身体对压力和过度紧张的承受能力，提高人体运动中的平衡功能控制能力，并加强力量在运动链上的传导能力，以开发人体的运动潜能，使疾病得到康复（屈萍，2011b）。

悬吊训练时，练习者常使用绳索，将身体的某一部位悬吊起来，在这一不稳定的状态下进行体能训练。因处于不稳定状态，练习者需要高度集中精神，体会在做各种动作时肌肉的发力。目前，悬吊训练主要应用于核心力量训练，旨在加强中央躯干部位深层肌肉力量，提高核心肌肉群协调做功能力，增强运动中的身体姿势、运动技能和专项动作的稳定与支持能力。

以上仅简要介绍了悬吊训练，更多有关悬吊训练的知识可详见本书第五章。

（二）八级俯桥（必测项目，测试难度：★★★★★）

八级俯桥（eighth-grade abdominal bridges）主要反映练习者对身体姿态在矢状面和垂直面的控制稳定性（朱政 等，2007）。由于八级俯桥测试的难度较大，因此，建议专业运动员或运动能力较强的训练者选择本项测试，而初学者或中等水平者可以不选择本项测试。

1. **测试规则（图2-27）**

让受试者呈俯卧姿势，以肘部及脚尖为支点，将身体撑起，骨盆处于中立位，头、肩、髋、膝、踝呈一条直线，屈肘关节呈90°，前臂平行与肩同宽，然后依次按时长要求完成一级至八级的俯桥动作。

整体动作应做到以下标准：侧视时，耳、肩、髋、膝、踝始终保持呈一条直线；俯视时，身体两侧对称，不向一侧倾斜或弯曲（髋关节处）；腰背平直，顶髋收腹，保持髋部和支撑腿的稳定。

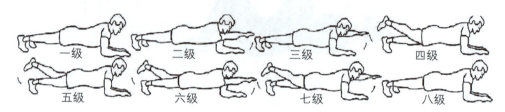

图2-27 八级俯桥测试

2. **评估标准**

（1）根据测试者能够维持标准身体姿势（身体呈一条直线，骨盆处于中立位）的时长，对照表2-20中的总时长标准进行评分。

（2）测试中，允许测试者的姿势有轻微偏差，但是如果骨盆离开中立位置（髋抬起或腰部下沉）或身体任何部分接触地面，计时应立即结束。

（3）在测试过程中，如果受试者的姿势不能达到规范要求，则评定为低一级水准。例如，在第五级的俯桥测试中不能达到升级的标准动作要求，并经提示后仍无法达到要求，则评定该受试者的成绩为第四级，即受试者的核心为"中等"水平。

表2-20 八级俯桥评估标准

项目	动作名称及保持时长	动作要求	总时长/秒	得分	核心能力水平	动作等级	动作负荷
一级俯桥	起始姿势30秒	以肘部及脚尖为支点，将身体撑起，骨盆处于中立位，头、肩、髋、膝、踝始终保持在一条直线上	30	1	较差	基础动作	低
二级俯桥	抬起右臂15秒	抬起右臂，要求直臂抬高并置于耳后	45	3	一般	初级动作	中低

续表2-20

项目	动作名称及保持时长	动作要求	总时长/秒	得分	核心能力水平	动作等级	动作负荷
三级俯桥	抬起左臂15秒	右臂收回，抬起左臂，要求直臂抬高并置于耳后	60	5	一般	初级动作	中低
四级俯桥	抬起右腿15秒	收回左臂，抬起右腿，要求直腿抬高并勾住脚尖	75	6	中等	中级动作	中
五级俯桥	抬起左腿15秒	收回右腿，抬起左腿，要求直腿抬高并勾住脚尖	90	10			
六级俯桥	抬起右臂及左腿15秒	抬起右臂和左腿，要求右臂直臂抬高并置于耳后，左腿直腿抬高并勾住脚尖	105	15	良好	高级动作	高
七级俯桥	抬起左臂及右腿15秒	收回右臂和左腿，抬起左臂和右腿，要求左臂直臂抬高并置于耳后，右腿直腿抬高并勾住脚尖	120	25			
八级俯桥	起始姿势维持30秒	回到起始姿势	150	35	优秀	—	较高

资料来源：韩春远、王卫星《核心力量训练与测评方法研究》，载《中国学校体育（高等教育）》2014年第1期。

十一、专项体育运动核心评估（选测项目，测试难度视测试项目而定）

将核心功能性评估与专项体育运动技能相结合，是评估专项核心能力的重要方法之一（威拉德逊，2019）。运用于专项体育运动中的核心训练，主要体现在将各专项的代表性动作进行分解，与练习者需要提高或增强的核心能力的部位相结合，适当地、有规律地加入核心训练规划中（McGill，2006），有意识地发展相关核心肌肉，使其功能得到协调统一，从而提升练习者的运动表现（布里滕纳姆 等，2019）。

更多关于不同专项运动员的核心训练的相关内容可详见本书第六章。

第三节 搜集数据与分析评估

一、制作核心能力评估表格

不同人群所选择的核心评估内容与类型，取决于个人需求、个人体育运动习惯和测试设施条件。测试完成后，检查者应根据个体各项测试得分，分析得分比率，从而在制订训练计划或运动处方中体现针对性、个性化。为更直观体现个体测试得分情况，可以尝试制作评估记录表。表格的制作可以参考McGill（2002）对21岁人群进行核心耐力测试的平均结果（表2-21）。

表2-21 21岁人群核心耐力测试的平均结果

单位：秒

测试内容		男性	女性
伸展		161	185
屈曲		136	134
侧向平板支撑	左侧	95	75
	右侧	99	78

资料来源：McGill S M, *Low Back Disorders: Evidence Based Prevention and Rehabilitation*（Champaign, IL: Human Kinetics, 2002）。

普通在校大学生也可参考表2-22，尝试制作一份测试评估检查表（示例见表2-23）。随着时间推进，这些被记录下的数据，将是你运动表现不断提高的见证（Saeterbakken et al., 2011）。而当需要设置新的运动目标时，这些数据也将发挥重要的参考作用（McGill, 2006）。

表2-22 耐力测试之间的得分比率

单位：%

耐力得分比较	相关比率
右侧/左侧耐力	>5
屈/伸肌耐力	>10
体侧（任意一侧）伸展耐力	>75

表2-23 核心测试评估检查（示例）

运动专项		测试时间		训练周期		第____阶段
测试类型		测试内容		具体要求		是否通过
等长肌肉耐力测试		肘部平板支撑1		≥20秒		
		肘部平板支撑2		≥60秒		
		侧向平板支撑1		≥20秒		
		侧向平板支撑2		≥60秒		
抗旋转测试		鸟狗式		·抬起左臂和右腿，伸展至与地面平行。 ·左臂和右腿收回，用左肘触碰右膝盖，然后伸展。 ·保持平衡，左右两侧各重复6次		
		旋转稳定性		·锁住双臂，头部略微抬起，眼睛正视前方。 ·身体呈一条直线，保持躯干平衡。 ·准备就绪后，双脚静止不动，抬起一只手臂与地面平行。 ·手臂下落至地面，左右两侧各重复6次		

如果受试者通过测试并获得不错的测试成绩，应进一步加强各相关部分肌群的力量与耐力练习、学习稳定性水平等理论知识，将整合后的理论知识融入现有的知识体系中，并将训练计划加以调整，形成新的训练计划以满足新一阶段的训练目标要求，从而强化、保持并提升身体能力（Saeterbakken et al., 2011）。

二、测试反馈机制

引入测试反馈机制，即运用"测试—评估—再测试—再评估"的方法对受试者的核心能力进行综合评判、审视，对其个人的核心训练计划从经验、量化角度进行评估并对促进受试者核心能力提高起关键作用。随着核心训练计划实施的不断推进，受试者不定期地进行随机测试与评估非常重要，因为受试者能够从中即刻获得训练效果的量化反馈。

不论是首次测试，还是重复测试，都应当仔细留意各种变量所带来的影响。首次测试会受制于诸多变量，这些变量会极大地影响测试评估的结果（鲍伊尔，2017）。因此，在重复测试期间，应尽可能降低外界因素对测试效果的影响，以减少结果误差（McGill，2006）。

从有效性的角度来看，重复测试的条件应与受试者的具体训练目标密切相关。例如，当训练目的是提高腰椎稳定性时，1000米跑的测试结果属于无效的（威拉德逊，2019）。

需要说明的是，对于那些没有提供具体的评估标准的测试项目，应遵循"后测比前测有提高"的原则来评估训练效果。

三、防风险措施

防风险，即对未来受伤的概率、时间或严重性进行预测与预防，此外，还需要对直接与潜在损伤相关指标进行仔细筛查（McGill，2006）。其中，运动控制水平、运动伤病史和身体两侧不对称是三个最重要的运动风险指标（刘婷，2017）。

（一）运动控制水平

运动控制是指中枢神经系统运用现有及以往的信息将神经能转化为动能，并使之完成有效功能活动的过程（Thompson et al.，2007）。人体脊柱正常姿势的稳定性与日常生活、工作等密切相关。运动时，只有在良好的神经控制下，人们才能正确且有效地完成动作，而正常运动控制主要依靠视觉、前庭器官及下肢本体感觉等信息。

运动是力学及神经控制的过程。有效的运动应以神经控制为基础，并通过肌肉活动得以反映。机体需要通过神经系统收集各类感官信息，形成本体感觉，通过本体感觉完成前馈控制。在运动的执行过程中，由于负荷或遇到意外障碍等外界因素的改变，或者由于运动程序不正确，使运动偏离预定轨迹和预定目标时，神经系统又可根据不断反馈控制，对中枢的内部和外部的感觉信息及时纠正偏差，实现运动动作校正，使运动动作达到既定的目标（许育达 等，2014）。（图2-28）

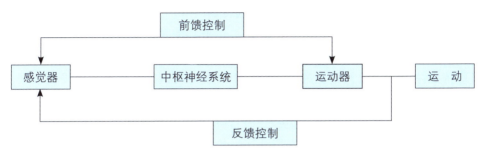

图2-28 前馈和反馈过程的运动控制

一位训练有素的运动员，必然具有很好的前馈与反馈控制能力。例如，在进行杠铃抓举训练的过程中，下肢的肌肉用力是关键因素，杠铃的加速度主要依靠下肢的发力形成。此时，需要运动感觉系统接收外界力量与加速度等信息，促使下肢相应肌群做出反应。球类运动员在比赛过程中，需要凭借本体感受和前庭功能的配合而实现有效控球。运动员的感觉系统越好，可同时接收的外界信息就越多，对运动动作的前馈与反馈调节就越有效（张通，2001）。

由此可见，个体运动控制水平的高低与其是否能在训练过程中很好地控制自身姿势密切相关。从预防运动损伤的角度来看，训练者需要提高自身的核心力量、稳定性和肌肉耐力水平，并可通过在不稳定平面进行训练的方式来加强，如悬吊训练。

（二）运动伤病史

如果训练者有伤病史，在训练过程中就需要特别注意，以防受伤。训练过程中，训练者可能会因为曾有或现有的伤病出现各类问题。比如，活动受限、肌力不平衡、平衡表现降低等。训练者的动作不能正确或有效地完成，不仅达不到训练效果，甚至会增加伤病隐患。对此，可通过设计康复式功能训练计划加以预防或复健。同时，通过基本动作的筛查，也能快速识别个体在肌肉力量、柔韧性、关节活动度和协调性等方面所存在的缺陷，对训练动作模式进行重建和优化，从而达到规避或降低运动损伤风险的效果。

（三）身体两侧不对称

由于发力习惯不同，人体两侧不对称的情况较为常见，这通常是优势侧与非优势侧的差异导致的。身体两侧不对称常见于需要单侧发力的运动项目，如各类球类项目、击剑、跨栏等。身体两侧不对称，也就是身体缺乏对称性，即身体两侧在肌肉力量、柔韧性、平衡性和生物力学方面具有相对大的差异。身体两侧不对称是一个极易造成运动损伤的危险因素，不仅影响个体的运动表现，而且会使运动损伤概率更高，应引起特别注意。

核心力量能够提升训练者的平衡能力水平，进而改善身体两侧不平衡的情况。在核心训练中，抗扭转训练包括抗屈曲、抗伸展、抗侧屈、抗旋转等，这里应特别注意的是抗扭转训练。通过抗扭转训练可以加强身体整体平衡水平，从而改善身体两侧不对称情况。另外，也可以通过悬吊进行抗扭转训练，在不稳定的平面上练习，练习者能够更有针对性地加强其弱势侧的各项能力水平。

在增加优势训练之前，应进行补齐短板式练习。例如，若抗旋转运动能力弱于抗伸展运动能力，则需要先对整个核心部位进行稳定性训练，以实现平衡能力的提高（布里滕纳姆 等，2019）。

课堂练习

2～3人组成一个小组，根据每位组员的实际情况，选取其中1～2种核心功能性评估方式进行测试评估，并指出每位组员核心能力的优缺点以及改进方式等。

课后作业

1. 列举人体核心肌群不同系统中所包含的肌肉的名称，简要说明其特点与作用。

2. 根据核心评估部分内容，选取其中两种方法，对身边1～2名同学进行核心能力评估。

3. 以你最感兴趣的运动项目为例，制订一份核心评估方案。

第三章 核心训练计划的制订

学习提要

制订一份科学、有效的训练计划，首先要思考运动训练的原则、功能和特点等。虽然针对核心区域肌群的训练方式有许多种类型，每位练习者的情况也不尽相同，但我们应始终遵循训练计划的简单性、高效性和可操作性。

本章将详细介绍核心训练应遵循的原则、常用的核心训练器械，同时给出核心训练计划示例，为练习者在日常生活中制订核心训练计划提供参考和借鉴。

第一节

核心训练的原则

核心训练是通过特定练习方式，最大限度地提高人体核心肌群稳定性、耐力和力量等活动水平的过程。核心训练计划的可行性与核心肌群各部分的能力水平关系密切。当核心肌群处于最佳状态时，计划可以安全执行；当核心肌群状态不稳定时，计划执行将受到影响，受伤风险也会增加。

任何情况下，训练计划的制订和调整都需要做到"因人而异""因材施教"，同时，应结合个体的生理特征和运动需求、伤病史，在必要情况下，还应咨询运动康复与保健专业人士（黎涌明 等，2008；郭慧，2010）。

在核心训练计划的制订过程中，应遵循动作简单、动静结合、从单平面到多平面、从开链到闭链、避免核心肌群发展不平衡、周期性训练六大原则。

一、动作简单

设定训练目标是一个不断发展的动态过程，设定的目标应具有可操作性、可实现性。训练动作应简单，核心训练的难度等级划分示例如图3-1所示。

图3-1 核心训练难度等级划分（示例）

对于初学者，可先从基础动作开始练习，以增强身体适应能力（郭慧，2010）。当身体适应能力达到一定程度时，可根据身体状况的变化调整训练计划，如增加动作的重复次数和组数、使用器械等，以发展核心肌群的综合运动能力。

为更好地理解图3-1的内容，接下来将介绍动静结合、从单平面到多平面、从开链到闭链等核心训练原则，同时配备动作与计划示例。练习者可根据自身需求，自行选择与搭配。

二、动静结合

（一）常见的动态与静态核心练习

核心肌群训练需要做到动态训练和静态训练相结合，动态力量主要起增强灵活性、降低受伤概率的作用，静态力量则起到维持稳定、保持姿势的作用。下面将介绍几种常见的动态与静态核心练习（表3-1）。

表3-1 常见动态与静态核心练习

物理状态	练习动作名称	动作图示
动态核心练习	药球投掷	 图3-1-1 药球投掷
	俄罗斯转体	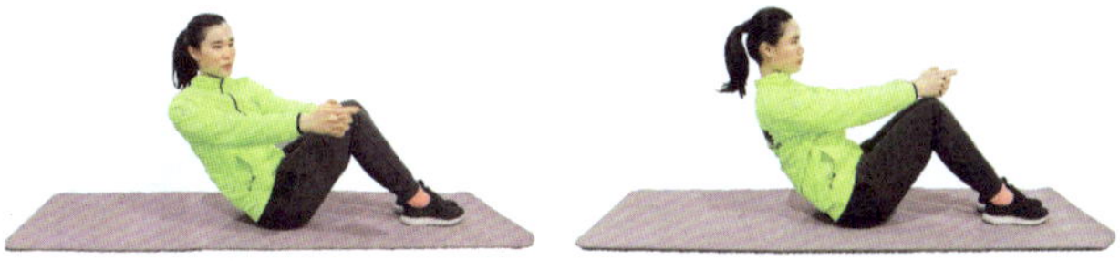 图3-1-2 俄罗斯转体
	仰卧起坐	 图3-1-3 仰卧起坐

续表3-1

物理状态	练习动作名称	动作图示
静态核心练习	阻力带前方移动	 图3-1-4　阻力带前方移动
	背部静态伸展	 图3-1-5　背部静态伸展
	三点武士式	 图3-1-6　三点武士式
	侧方平板支撑	 图3-1-7　侧方平板支撑

（二）运动负荷与强度安排

运动强度与负荷的安排通常需要遵循一定的规律，即每组之间间歇时长为

15～60秒，间歇时长越短，则运动强度越大。动态训练的动作根据难度而定，重复次数可以为8～20次，静态训练中单个动作以30～60秒为起始保持时长。若每个动作能够顺利进行3～5组，便可考虑增加负荷（运动强度或运动量）。

初学者可尝试进行一些基础静态训练，每项训练通常在3组以内，持续时长为5～10秒，间歇时长根据实际情况而定。当个体所能承受的训练负荷不断增强时，可适当降低间歇频率和/或缩短间歇时长以提高运动负荷与强度，同时，增加训练难度、训练时长。随着训练适应性的提高，以不引起肌肉疼痛为前提，可尝试单平面的动态练习。动静结合的运动负荷安排示例可参考表3-2，但依然还要考虑个体的运动能力水平和运动感受、动作难度、运动目标等影响因素。

表3-2 动静结合的运动负荷安排（示例）

恢复时长/秒	受力时长/秒	休息与训练的时长比	主要训练类型
30	5	6∶1	静态练习
60	10	6∶1	
60	15	4∶1	
60	20	3∶1	
60	25	2.4∶1	动静结合
60	30	2∶1	
53	35	1.5∶1	
40	40	1∶1	
45	45		
50	50		
55	55		
60	60		

如遇肌肉疼痛、伤病等特殊情况，则以身体无其他不适为前提，可单独进行静态类核心训练。例如，下背部疼痛的训练者可进行等长收缩静态运动训练（如侧方平板支撑）。

三、从单平面到多平面

人体所有体力活动都是在三维空间内进行的,三维空间包括矢状面(又称"侧方平面",垂直向的前后)、额状面(又称"冠状面",垂直向的左右)和横切面(又称"横断面",水平向)3个平面,以及矢状轴、额状轴和垂直轴3个基本轴(胡声宇,2000)(图3-2)。它们分别承担身体在前后、左右和水平面做相应方向的运动,常见动作有屈伸、侧屈和旋转等。

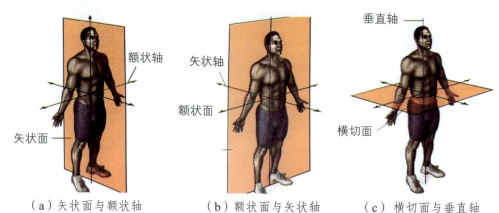

(a)矢状面与额状轴　　(b)额状面与矢状轴　　(c)横切面与垂直轴

图3-2　人体运动三平面与基本轴示意

资料来源:[美]格雷格·布里滕纳姆、[美]丹尼尔·泰勒:《核心体能训练:释放核心潜能的动作练习和方案设计》,王轩译,人民邮电出版社2019年版。

初学者应先从单平面的躯干动作练习开始,在动作熟练且标准后(一般为2周~3个月)可开始进行多平面的动作练习。训练过程中,运动间歇时长控制在60~90秒,动作重复次数在20次左右,并可根据自身情况,适当调整运动量与负荷强度。根据从单平面到多平面原则进行练习,其中,单平面训练可分为矢状面训练、额状面训练和横切面训练三大类(表3-3)。

表3-3　单平面、多平面动作练习汇总

平面位置	动作类型	动作名称
矢状面	屈曲	仰卧腹部卷屈
		仰卧反向卷屈
		"V"字仰卧起坐
		屈体

续表3-3

平面位置	动作类型	动作名称
矢状面	伸展	飞镖式
		眼镜蛇式
		背部挺身
额状面	侧屈	站姿侧屈
		侧卧侧腹卷屈
横切面	转体	仰卧超慢速单车
		髋部滚动
多平面	复合型	站姿药球下砍
		壶铃土耳其起身

（一）矢状面训练

矢状面把人体分为左右两半，常见动作为屈曲运动和伸展运动。

1. 屈曲运动（图3-3）

典型的屈曲运动动作为腰部前下弯，或者从俯卧姿势过渡到坐姿、站姿。屈曲运动可以起到强化和稳定胸腔、骨盆的作用。在练习过程中，应注意用腹部控制动作，保持颈部、肩部处于放松状态。

（1）仰卧腹部卷屈（图3-4）。

练习仰卧腹部卷屈可加强腹直肌、腹横肌、腹内斜肌、骨盆底肌。在训练过程中，应保持核心肌群稳定和肩部、头部放松。

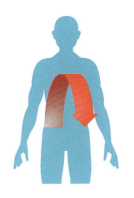

图3-3 屈曲运动的动作方向示意

（a）开始姿势

（b）腹部卷屈

图3-4 仰卧腹部卷屈

动作要领：练习者呈仰卧姿势，双腿屈膝，双脚平放于地面，双手置于头部两侧；上抬肩部、背部至离开地面，腹部收紧；保持姿势2～3秒后，缓慢回落至起始位置。

（2）仰卧反向卷屈（图3-5）。

练习仰卧反向卷屈动作可加强腹直肌、腹横肌、骨盆底肌。在训练过程中，应注意保持腹部收紧、下背挺直、肩部放松，避免对肩部、颈部产生额外压力。

（a）开始姿势　　　　　　　　　（b）反向卷屈

图3-5　仰卧反向卷屈

动作要领：练习者身体呈仰卧姿势，双手交叉放于头部两侧，双腿上举至垂直于地面；头部紧靠地面，膝盖缓慢往胸口移动，保持姿势2～3秒后，缓慢回落双腿至起始位置。

（3）"V"字仰卧起坐（图3-6）。

练习"V"字仰卧起坐动作可加强腹直肌、腹横肌、髋屈肌和骨盆底肌。

图3-6　"V"字仰卧起坐

动作要领：练习者身体呈仰卧姿势，双腿平放，双手交叉放于头部两侧；收紧核心，头部、双腿上抬，腹部卷屈，双手尽量伸向脚尖，保持上腿绷直；延伸髋、膝关节，倾斜背部以维持平衡，保持姿势2～3秒后，缓慢回落至起始位置。

2. 伸展运动（图3-7）

伸展运动可起到强化和稳定背部肌群的作用。典型的伸展运动动作为俯身向后弯曲、拱腰等，普遍用于跳高、游泳、体操、摔跤、举重等几乎所有的专项运动训练中。在练习过程中，应注意收紧核心肌群，保持稳定，身体呈中立位置。

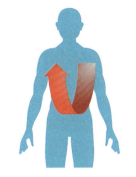

图3-7　伸展运动的动作方向示意

（1）飞镖式（图3-8）。

练习飞镖式可激活核心肌群，并加强腹横肌、多裂肌、竖脊肌、腰方肌、臀小肌、臀中肌、臀大肌和骨盆底肌，提升深层核心肌群的稳定性。

图3-8　飞镖式

动作要领：练习者呈俯卧姿势，双手伸直放于身体前侧，手背朝上，躯干、双腿放松；头部、肩部上提至离开地面，双手伸直，双臂尽量向前伸展，背部伸展，双脚并拢并伸直抬高，收紧臀部；保持姿势2~3秒后，缓慢回落至起始位置。

（2）眼镜蛇式（图3-9）。

练习眼镜蛇式同样可激活核心肌群，加强腹横肌、竖脊肌、多裂肌、腰方肌、臀大肌和骨盆底肌。在练习过程中，双手是用来维持平衡的，应避免使用手臂支撑肩关节，肩部是不受力的。

图3-9　眼镜蛇式

动作要领：练习者呈俯卧姿势，确保静止状态，头部、颈部和脊柱呈一条直线；微屈肘部，掌心朝下，核心收紧，头部向前伸展至最大程度，脊柱伸展，双肩外张，仰面朝上；使用背部肌肉将躯干抬离地面，保持姿势2～3秒后，缓慢回落至起始位置。

（3）背部挺身（图3-10）。

练习背部挺身可加强腹横肌、竖脊肌、多裂肌、腰方肌、臀大肌和骨盆底肌，提升下背部、脊椎的肌群稳定性和力量。在练习过程中，应避免用头部带动躯干、肩部而产生剧烈晃动。

图3-10 背部挺身

动作要领：练习者呈俯卧姿势，双脚并拢，肩膀放松，面部朝下，双手轻放于头部两侧；缓慢抬起上身至最大程度，保持姿势2～3秒后，缓慢回落至起始位置。

（二）额状面训练（图3-11）

额状面位于人体横轴的1/2处。典型的额状面训练动作为侧屈。侧屈可提升骨盆稳定性，塑造良好体态，常用于攀岩、滑雪、武术和壁球等专项运动训练中。

图3-11 侧屈运动的动作方向示意

1. 站姿侧屈（图3-12）

练习站姿侧屈可加强腹横肌、腹外斜肌、腹内斜肌、骨盆底肌、多裂肌、腰方肌和臀大肌，提升腹斜肌力量水平，增强躯干稳定性以对抗侧向、旋转的额外负荷。

动作要领：练习者呈站立姿势，双膝微屈，一侧手叉腰，另一侧手保持向上伸直且掌心朝对侧；身体缓慢向向上伸的手的对侧微倾，倾斜到几乎充分伸展；收缩外侧腹斜肌，回到起始的直立姿势，重复相应次数后换边。

图3-12 站姿侧屈

2. 侧卧侧腹卷屈（图3-13）

练习侧卧侧腹卷屈可强化腹直肌、腹横肌、腹外斜肌、腹内斜肌、多裂肌、腰方肌和骨盆底肌，提升核心肌群的力量水平与稳定性。练习时，应避免颈部过度用力。

（a）起始姿势

（b）侧腹卷屈

图3-13 侧卧侧腹卷屈

动作要领：练习者呈右侧卧姿势，右手伸展且掌心朝下，左手扶住头部；左侧大腿上抬，直至躯干侧弯约30°，保持腹斜肌呈收紧状态，头部和肩膀抬高至最大程度，手肘尽量抬起碰到同侧膝盖。

（三）横切面训练（图3-14）

典型的横切面训练动作为腰部旋转、转体，常用于高尔夫球、羽毛球、篮球、足球、排球、棒球、铅球等专项运动训练中。

1. 仰卧超慢速单车（图3-15）

练习仰卧超慢速单车要求柔软度、耐力与活动度的有机结合，避免头部晃动。

图3-14 旋转运动的动作方向示意

（a）左侧蹬

（b）右侧蹬

图3-15 仰卧超慢速单车

动作要领：练习者呈仰卧姿势，骨盆处于中立位，髋、膝关节呈90°弯曲，双手放于头部两侧；左手肘缓慢向右膝移动，躯干向右旋转，左腿伸展；保持姿势2～3秒后，缓慢回至起始位置，接着换边练习。

2. 髋部滚动（图3-16）

练习髋部滚动可增强腹部、下背肌群的力量水平和整体活动度。在练习过程中，应保持上背与肩膀的稳定，避免因腿部、髋部移动而带动全身左右晃动。

初学者可尝试用双手支撑以辅助稳定，并可在练习过程中，凝视天花板上一个固定点。

图3-16　髋部滚动

动作要领：练习者呈仰卧姿势，下背保持中立位，双手向外伸展，手掌心朝下并平放于瑜伽垫上；双膝并拢，举起双腿直至与地面呈90°；右侧臀部与腿部上抬，然后向左侧滚动，双手保持稳定，在右方上背部抬起前停止滚动；缓慢回至中立位后，换边练习。

（四）复合型训练（图3-17）

复合型训练又称"多平面运动"，相对于单平面运动而言更为复杂，与人体日常生活中各种身体活动有着密切联系。多平面训练动作可归属为复合型训练。复合型训练综合了单平面训练中的2～3种动作，因此，大多数体育运动中的动作都可以归为复合型训练动作。

1. 站姿药球下砍（图3-18）

练习站姿药球下砍可发展旋转肌力、爆发力、躯干控制能力，提升双腿、肩部以及核心区域的力量水平。在练习过程中，应注意身体左右两侧保持相对平衡。

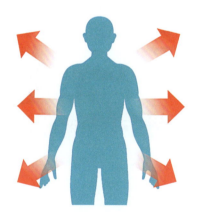

图3-17　复合型训练的动作方向示意

（a）起始姿势　　（b）药球下砍

图3-18　站姿药球下砍

动作要领：练习者呈站立姿势，核心收紧，双脚分离至与肩同宽，双手持药球；将药球上举至头部上方，双臂伸直至最高点；下肢顺势屈膝屈髋向下，联动腹部，带动手臂做下砍动作。

2. 壶铃土耳其起身（图3-19）

练习壶铃土耳其起身需使用壶铃（或轻重量的小型杠铃片）。在练习过程中，应注意平衡分配身体左右两侧的负荷，两侧须分别练习。图3-19以右手举壶铃为例。

（a）　　（b）　　（c）

（d）　　（e）　　（f）　　（g）

图3-19　壶铃土耳其起身（以右手举壶铃为例）

动作要领：练习者呈仰卧姿势并右手握壶铃，右臂向上伸直并将壶铃举于头部正上方；右脚屈腿踩实地面，左脚与身体呈45°、伸直，左臂与身体呈45°、伸直、掌心朝下；右手举起壶铃，左臂肘支撑起上身，再转为左手手掌支撑身体；顶髋，左手、右脚用力向下撑；左脚收腿摆至身体下方转为跪姿；左手收手离开地面，贴至体侧；右脚、左膝用力向下支撑身体至起立，最终呈站立姿势，此时壶铃仍位于头部正上方；保持姿势2～3秒，按相反顺序回到起始位置。

通过本部分的介绍，相信你应该已经对"从单平面到多面"这一核心训练原则有所了解。这将有助于你在今后的自主练习中选择做单平面运动，或者是单平面与多平面相结合的运动，制订个人训练方案（示例见表3-4）。

表3-4 单平面、复合型训练的个人训练方案（示例）

练习时间	单平面力量练习			复合型训练	
周一	仰卧腹部卷屈	飞镖式	"V"字仰卧起坐	瑞士球、旋转卷腹	悬挂三向抬膝
周三	站姿侧屈	侧卧侧腹卷屈	背部静态伸展	复合劈砍练习	背部伸展、侧向弯曲
周五	俄罗斯转体	坐姿扭转药球	三点武士式	站姿药球下砍	壶铃土耳其起身

四、从开链到闭链

（一）理论依据

从开链到闭链的核心训练原则与"链接""运动链"理论相关。"链接"的概念，最初是由"运动链之父"德国工程学家若洛克斯·弗朗兹（Reuleaux Franz）于19世纪70年代在其著作《机械运动学》中提出；到20世纪30年代，汉斯·冯·贝耶尔（Hans von Baeyer）将"链接"概念首次引入人体科学领域（转引自李世明，2004）。

运动链又称"关节运动链"，包括肩关节、脊柱、髋关节等，其含义不是各部分的结合，而是肌肉在人体中连续分布的脉络状链式结构（Myers，2014；刘展，2016）。该理论把核心肌群看作提供稳定性与力量的整体，并认为人体中每一部分的活动都会通过链式的相互作用，进而影响身体其他部分的活动。

Boyle（2010）和Cook（2011）依据人体主要关节的分布，按照其稳定性与灵活性的不同，将运动链分为上肢运动链（又称"稳定关节"，包括肩带、上臂、前臂、肘关节、髋关节等）和下肢运动链（又称"灵活关节"，包括髋关节、大腿、小腿、膝关节、踝关节等）。Janda（1987）依据人体的关节功能与结构，将关节链种类分为姿势链（postural chains）和动力链（kinetic chains）。Boyle（2010）认为，灵活关节代表的是活动度和产生力量的范围较大，所以动力链的流畅程度代表着稳定关节维持平衡的能力和灵活关节产生力量的能力。

在核心训练计划中，运动链理论主要指动力链。近年来，运动链理论逐步得到发展和推广。布莱克本·乔纳森·R（Blackburn Jonathan R）研究发现，人体动力链有两种基本运作方式：一种是开链运动（open kinetic chain exercise，OKC），指肢体的近端相对固定、远端（手、脚）相对运动的运动形式（图3-20），远端的活动范围、速度大于近端。开链运动强调肢体的灵活度、爆发力和速度，常用于排球、网球、标枪或铁饼等专项运动的训练中。坐姿膝关节屈伸、鞭打等都是常见的开链运动练习（刘展，2016）。另一种是闭链运动（closed kinetic chain exercise，CKC），指肢体的远端相对固定、近端相对运动的活动形式（图3-21），强调关节的压缩能力和稳定性，主要体现于下肢部分的练习中。双臂屈伸、俯卧撑、深蹲、硬拉等，都是常见的闭链运动练习（Floyd，2009）。

本部分将根据运动链理论的相关内容，对核心训练中常见的开链运动和闭链运动练习进行对比、举例与分析，以加深读者对于开链、闭链运动的认识与理解。

开链运动和闭链运动的主要区别见表3-5。

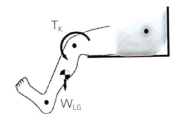

图3-20 开链运动原理示意

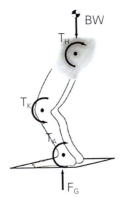

图3-21 闭链运动原理示意

表3-5 开链运动和闭链运动的主要区别

项目	开链运动	闭链运动
肢体固定	远端肢体呈游离状态	远端肢体固定
关节运动	单一关节运动，附近关节无运动	多关节运动，附近关节有运动
近端、远端运动	关节远端身体运动	关节近端、远端身体运动

续表3-5

项目	开链运动	闭链运动
肌群收缩	只有运动肌收缩	近端、远端多肌群收缩
身体重量运动	较少出现身体重量作为负重参与运动	大部分有身体重量作为负重参与运动
阻力应用位置	运动肢体远端	多个运动关节
动作难易程度	动作相对较简单	动作难度相对较大，适用于早期康复和功能训练

（二）开链运动

大部分自由重量、固定力量器械的练习都属于开链运动练习。它能对相应肌群起到独立刺激和强化作用，其动作相对较易掌握。根据使用器械、近远端位置的不同，本书将开链运动练习分为上肢练习和下肢练习。常见的开链运动练习（示例）见表3-6。

表3-6 常见的开链运动练习（示例）

类别	名称	动作要领	注意事项	动作示范
上肢练习	哑铃飞鸟	・呈仰卧姿势，双脚紧贴地面，收紧臀部、腹部，肩胛骨后缩下沉，肩部、背部紧贴长凳。 ・手心朝前，双手握哑铃，手臂垂直于地面。 ・胸部发力，双臂外旋至胸部产生挤压感，停顿2～3秒后，缓慢回落至与胸部同一高度	・回落时，胸部有轻微拉伸感。 ・肩部应始终后缩下沉	 （a）起始动作  （b）结束动作 图3-6-1 哑铃飞鸟

续表3-6

类别	名称	动作要领	注意事项	动作示范
上肢练习	平板卧推	·上身平躺，胸部位于卧推架杠铃正下方，双腿自然屈曲，脚部平放于地面。 ·握距比肩稍宽，双臂上推，从杠铃架上取下杠铃。 ·缓慢下放杠铃，双臂屈曲至上臂与地面平行，上推杠铃，回到起始姿势	·杠铃推起时不得偏斜。 ·腹部、背部收紧	 （a）起始动作  （b）结束动作 图3-6-2 平板卧推
	高位下拉	·坐于杆正下方的座位，双手比肩稍宽并握住横杠手柄，胸部、背部挺直，腹部收紧。 ·吸气沉肩，夹紧肩胛骨，下拉过程中始终保持核心收紧，可轻微后仰，加大上背部发力感；肘关节外展，呼气向后拉，横杠下拉至胸前并保持2～3秒的顶峰收缩。 ·保持与杆对抗的力，缓慢伸展背肌，不完全放松	·先做沉肩动作，保持肩胛稳定，上背部肌群在紧绷状态时才下拉。 ·将杆紧贴面部向下拉，保持手腕与小臂的方向不内扣或外翻，从侧面看保持小臂与整个绳索的轨迹在同一平面上（否则易形成反关节运动，使身体代偿）	 （a）起始动作  （b）结束动作 图3-6-3 高位下拉

续表3-6

类别	名称	动作要领	注意事项	动作示范
下肢练习	悬吊抬膝	·双臂伸直，与肩同宽，双手抓握单杠。 ·身体悬吊腾空，保持躯干稳定、双腿并拢。 ·双膝抬起，直至与髋部、膝关节呈90°，保持姿势2~3秒，缓慢回落至起始位置	在练习过程中，避免使用惯性；背部有伤病者禁止做该项练习	 图3-6-4　悬吊抬膝
	板凳"V"字抬腿	·坐于平躺椅上，双手握住坐垫以支撑身体，双腿并拢并缓慢抬起，脚部绷直。 ·双腿屈膝并靠近胸部，躯干略微向前至最大程度	在训练前，应确保平躺椅或长凳稳定	 图3-6-5　板凳"V"字抬腿
	坐姿腿屈伸	·练习者坐于腿部伸展器上，手紧握座椅后方边沿或握柄，背部挺直，腹部收紧，脚背面紧贴脚踝垫，脚尖上勾。 ·双腿缓慢伸展至最大程度，然后缓慢回落	·大腿、小腿之间的夹角不应小于90°。 ·膝盖不要完全伸直。 ·上身保持相对静止	 （a）起始动作  （b）结束动作 图3-6-6　坐姿腿屈伸

续表3-6

类别	名称	动作要领	注意事项	动作示范
下肢练习	仰卧下压抬腿	・呈仰卧姿势,躯干位于中立位,双手位于身体两侧。 ・膝盖和脚并拢,双腿举起至与上身呈90°,然后缓慢回落至起始位置	・双腿抬起时,核心收紧。 ・背部下压,避免下背部抬起	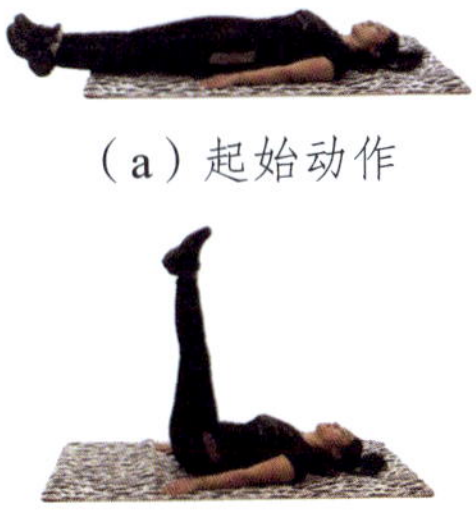 (a)起始动作 (b)结束动作 图3-6-7 仰卧下压抬腿

(三)闭链运动

闭链运动多用于功能性训练,多以墙面、地面或专业器械作为支撑点,部分练习需对近端肢体施以简单负重,会给予肌腱、韧带等部分一定负荷,关节与周围组织、本体感受器所接受到的刺激会相对明显(Šmite,2017)。加强闭链运动练习,有利于发展关节的稳定性,维持身体平衡,协调各部分肌群、机体组织合理运作(Ubinger et al.,1999;Prokopy et al.,2008;Ucar et al.,2014)。常见的闭链运动练习(示例)见表3-7。

表3-7 常见的闭链运动练习(示例)

名称	动作要领	注意事项	动作示范
仰卧屈膝提髋	・呈仰卧姿势,双手放于身体两侧。 ・双膝微屈,背部挺直。 ・上提髋部至与地面平行,大腿和小腿之间呈90°后,缓慢下落	保持核心肌群收紧	 图3-7-1 仰卧屈膝提髋
登山式	・俯身,双手撑于地面,与肩同宽,双臂伸直并垂直于地面。 ・身体上抬,仅双脚前脚掌、脚趾和双手接触地面。 ・上提一侧膝盖,向胸部位置移动,然后回到起始姿势,换边练习	・避免髋部下沉、骨盆和臀部拱起。 ・内收下颚	 (a)右腿在前 (b)左腿在前 图3-7-2 登山式

续表3-7

名称	动作要领	注意事项	动作示范
俯卧撑	·呈俯卧姿势，双手放于地面，与肩同宽，双腿并拢。 ·双臂与地面垂直，耳、肩、髋、膝盖和脚踝呈一条直线。 ·身体下降，双臂屈曲，然后向上撑起，回到起始姿势	·避免肩部、头部过度前倾。 ·保持核心肌群收紧，髋部中立	 图3-7-3　俯卧撑
平板支撑	·呈俯卧姿势，面部朝下，手肘放于身体两侧。 ·臀部收紧，身体上提并呈一条直线，保持当前姿势约1分钟，后缓慢回落	·避免肩部、头部过度前倾。 ·保持核心肌群收紧，髋部中立	 图3-7-4　平板支撑
深蹲	·呈站立姿势，肩胛骨后缩、下压，双脚略微分开，比肩稍宽。 ·双手交叉放于头后，肘部向后拉伸，胸、背挺直。 ·臀部后坐至大腿与地面平行，小腿垂直于地面，缓慢回到起始姿势	·膝盖不应超过脚尖。 ·身体重心应处于脚的后半部分。 ·避免膝盖内扣或外翻	 图3-7-5　深蹲
站姿提踵	·呈笔直站立姿势，双手自然放于身体两侧，掌心向内，膝关节伸直。 ·吸气，向上提起脚跟，保持当前姿势3~4秒。 ·呼气，缓慢回到起始姿势	·避免膝盖和身体弯曲。 ·避免身体重心前移，可在脚下放置一块杠铃片	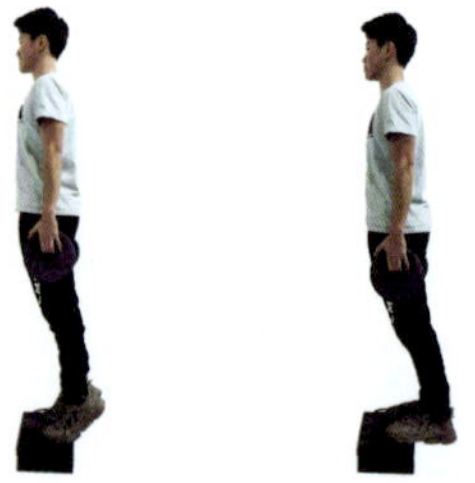 （a）吸气提踵（b）呼气落踵 图3-7-6　站姿提踵

如需要在闭链练习中进阶难度，可采取缩短双脚间距、加入不稳定平面的方式。以深蹲姿势为例，动作进阶、难度逐渐递增的方式有双脚间距比髋关节宽、双脚间距与髋关节同宽、双脚间距窄于髋关节、双脚并拢。此外，也可以通过泡沫垫、平衡气垫等器械创造不稳定平面的练习条件来增加训练难度（Hasegawa，2005；Willardson，2008）。

五、避免核心肌群发展不平衡

核心肌群平衡发展对形成良好体态、养成健康生活方式起重要作用，而核心肌群发展不平衡则会引发诸多身体问题，如动作变形、力量和耐力水平下降、出现伤病、脊柱前凸等。在学习、工作中，长时间的不良姿势会导致肌肉发展不平衡，如脊柱前凸、腹壁切口疝、腰椎间盘滑脱等（Zatsiorsky，1995）。

在体育活动中，特定动作的重复也可能导致肌群发展不平衡，从而造成动作模式欠佳，引发运动损伤。对于运动员群体，伤病会使其在训练、比赛过程中不能正常发力，肌肉力量逐渐变弱，形成体能下降、伤痛加重的恶性循环（Allen et al.，2002；Cook，2003；陈方灿，2006）。

因此，在制订核心训练计划时，应关注改善肌群的不平衡发展状况。通过核心的能力测试与评估、核心训练，识别主导发力肌群、力量相对薄弱的肌群，以及不正确的姿势（如脊柱前凸、后凸等），并应以此为依据，适时调整和完善训练计划主导发力肌群、力量相对薄弱的肌群，以及不正确的姿势（如脊柱前凸、后凸等），并应以此为依据，适时调整和完善训练计划（Richardson et al.，1995；苏浩 等，2009；Lederman，2010；Hibbs et al.，2011）。

六、周期性训练

（一）周期性训练的规律

"训练周期"最初由马特维耶夫在苏联备战奥运会时期的经验总结中提出的，是指在一段较长的时间内合理安排训练的过程（Matveev，1977；何蕊，2008）。我国对训练周期划分的关注则始于20世纪80年代末（吴焕群 等，1982）。

周期性训练原则指人体运动技能形成具有阶段性的生成规律（图德 等，2019；田麦久 等，2012）。其实质在于系统地重复各个完整的训练单元课，以及各种不同类型的训练周期，从而使运动训练的负荷水平呈波浪式、阶段式发展和螺旋形上升。个体运动状态的形成遵循周期性规律，在适宜的运动负荷下，会发生"负荷—恢复—提高"的适应性变化。由于人体的保护机制会参与到训练过程中来，在一段时间内保持高度紧张状态之后，需要休息、恢复以消除疲劳。这便是周期性训练所遵循的循环往复发展规律（Matveev，1977）。

（二）训练周期的划分

依据弗拉基米尔·伊苏林（Vladimir Issurin）的板块分期理论，适用于一一般人群的核心训练计划，应包含大周期、小周期、微周期3种。其中，大周期（macro cycle）的时长通常超过1年，大周期可分成几个小周期（meso cycles）；小周期的时长可为几周到几个月；而每个小周期又可分为多个时长为1～4周的微周期（micro cycles）（李庆 等，2004）。小周期作为连接大周期和微周期的中间环节，起着承上启下的重要作用，应具备适应、负荷、冲击、赛前、比赛和恢复六大要素（表3-8）（Matveev，1977；陈小平，2016）。

表3-8 小周期核心训练各要素的目的、负荷水平、特征与持续时长

要素	目的	负荷水平	特征	持续时长/天
适应	对适宜负荷的初始适应	中	逐步增加训练负荷	5～7
负荷	发展素质	次最大→高	使用大负荷和次最大负荷	5～9
冲击	运用极限训练刺激发展能力	非常大→极限	极限负荷的使用和总和	4～7
赛前	赛前准备	中	使用专项方式来测试或比赛	5～7
比赛	参与比赛	高→非常高	运动游戏和专项竞技能力	2～7
恢复	积极恢复	低	运用各种恢复手段	3～7

而在实际的训练过程中，对于不同类型的人群，训练周期的划分具有不同的标准。对于普通人群而言，核心训练周期可分为稳定性、力量和爆发力3个阶段，不同阶段的练习均包括抗伸展、抗旋转、肩胛胸壁、腰椎—骨盆—髋关节复合体四大部位。设计、制订普通人群的核心训练计划可参考表3-9。

表3-9 普通人群的核心训练计划（示例）

阶段	部位	练习	组数	时长或重复次数
稳定性阶段	抗伸展	肘部平板支撑	3	35秒
	抗旋转	髋部滚动	3	12次，每侧6次
	肩胛胸壁	斜凳俯卧肩胛骨收缩和下压	3	12次
	腰椎—骨盆—髋关节复合体	单侧平板支撑	3	24次，每侧12次
力量阶段	抗伸展	瑞士球平板支撑	4	10次，每侧5次

续表3-9

阶段	部位	练习	组数	时长或重复次数
力量阶段	抗旋转	半跪姿侧向抗阻前推	4	10次，每侧5次
	肩胛胸壁	拉开阻力带	4	10次
	腰椎—骨盆—髋关节复合体	髋部上抬、肩部上提	4	10次
爆发力阶段	抗伸展	药球过顶下砸	4	8次
	抗旋转	龙卷风式药球旋转	4	8次
	肩胛胸壁	俯卧负重肩胛胸壁组合练习（YTA）	4	16次
	腰椎—骨盆—髋关节复合体	爆发力上台阶	4	16次

而针对专业运动员，则可根据其肌肉能量代谢的特点，将核心训练周期分为核心稳定性、核心耐力以及核心爆发力3个维度。设计、制订专业运动员的核心训练计划可以参考表3-10。如果需要结合专项，获得更深入、更切合该专项运动特点的核心训练计划，可参考本书第六章"不同专项大学生运动员的核心训练"。

表3-10 专业运动员的核心训练计划（示例）

内容	核心稳定性	核心耐力	核心爆发力
训练目的	提高核心稳定性和核心肌肉耐力，改善神经肌肉系统控制能力，强调腰椎中立位置的保持	巩固肌群，增强耐力和力量，提高运动综合表现	增加核心运动能力和稳定性，最大限度地发挥力在四肢的传导，提高爆发力、爆发耐力
训练特点	以静力性动作为主，中、低强度，动作重复次数多，逐渐增加持续时间	增加动力性动作，进行不同方向的练习	在动作反馈和速度方面，增加力量传导
动作举例	瑜伽垫上反船式、悬吊仰卧屈膝静力伸髋、悬吊单腿仰卧静力撑肘	悬吊俯卧撑肘屈膝、抱球"V"字两头起、悬吊俯卧反复撑肘	双人抱球对抗、单腿球上弓步滑行、悬吊俯卧收髋画圈
训练周期	2周	4周	2周
练习负荷	每组5次，30～120秒/次，共4～5组	每组5～10次，5～10秒/次，共4～6组	每组10～15次，共5～6组
使用器械	徒手或单一器械（瑞士球、悬吊器械等）	瑞士球、平衡气垫、杠铃片、悬吊器械等	瑞士球、平衡气垫、杠铃片、悬吊器械、杠铃、哑铃等

第二节

核心训练的常用器械

高质量的核心训练，不仅需要在训练理念上有所创新，还应适当运用专业器械提高训练效率。目前，国内外用于发展核心力量和稳定能力的常用器械见表3-11。本节将对部分有代表性的核心训练器械进行重点介绍，为后续制订核心训练计划和选择器材提供指南。

表3-11 核心训练的常用器械

器械名称	英文名	图示	别名与外观	用途类型	可承载动作
平衡垫	balance cushion, inflated pad, core balance disc	 图3-11-1 平衡垫	又名"充气垫""稳定气垫"，为空心结构的可充气式圆盘，可通过阀门进行充、泄气，以调整需要的厚度	增强身体的稳定性、平衡能力，端正姿势	桥式、超人式、飞镖式等
波速球/半抗力球	BOSU balance trainer	 图3-11-2 波速球	由充气半球和塑料平底两部分组成。充气球的任意一面均可作为支撑		棒式、桥式、单脚站立水平平衡等
平衡板	balance board, wobble board, reebok core board	 图3-11-3 平衡板	又名"摇板""平衡盘"，分木质、塑料两种类型，为一个可360°任意倾斜的平台		核心板旋转、俯卧前滚等

续表3-11

器械名称	英文名	图示	别名与外观	用途类型	可承载动作
阻力滑板/滑行盘	slide board	 图3-11-4 阻力滑板  图3-11-5 滑行盘	通常为PP、PVC、ABS材质，分为有轮和无轮两类。盘面常见形状有椭圆形、三角形和矩形	增强身体的稳定性、平衡能力，端正姿势	俯卧单手滑行、俯撑提髋、俯撑双收腿
瑞士球	Swiss ball, physio ball, physical ball	 图3-11-6 瑞士球	为PVC材质的大型可充气球体	提高身体稳定性、本体感觉和平衡能力	下背伸展、俯卧前滚等
S-E-T悬吊器械	sling exercise training	 图3-11-7 悬吊器械	由平衡环、固定环、调节卡扣、手柄、脚套五部分组成。可依据所处空间，将器械固定于不同平面，固定工具有门锚、悬索桥锚等	加强躯干中部、髋部深层肌群力量水平，改善柔韧性；促进运动损伤康复	侧向单臂转身、卷腹、摆钟、平板支撑、俯身提膝等
壶铃	kettle bell	 图3-11-8 壶铃	外壳为PP、橡胶或铸铁材质。常用的壶铃重量为5 kg、10 kg、15 kg、20 kg、25 kg、30 kg等	稳固核心肌群，提升肌力、肌耐力和爆发力	风车式、壶铃绕身体摆动、深蹲、弓箭步蹲等

续表3-11

器械名称	英文名	图示	别名与外观	用途类型	可承载动作
药球	medicine ball	 图3-11-9 药球	由橡胶或乳胶制成，分有把手、无把手两类。大小类似足球，重量通常为2~3 kg	增强身体的平衡性，提高躯干、臀部肌肉力量	双人抛接、站姿药球灌篮、俄罗斯转体、墙面侧抛等
杠铃片	plate	 图3-11-10 杠铃片	主要成分为铁，外表分为橡胶、电镀或烤漆三类，用于增加杠铃或哑铃的重量，也可单独使用。常见杠铃片的重量为2.5 kg、5 kg、10 kg、15 kg和20 kg	提升各锻炼部位肌群力量水平，也可用于热身	仰卧拱桥直臂下压、站姿杠铃片转体等
杠铃	barbell	 图3-11-11 杠铃	由杠铃片、杠铃杆和卡扣三部分组成，通常配有安全卡扣	提升上下肢力量水平、爆发力等	深蹲、箭步蹲、卧推等
哑铃	dumbbell	 图3-11-12 哑铃	由生铁、铸铁浇筑加工而成，分为固定重量、可调节重量两种	提升上肢、腰腹部肌群的力量水平，增强肌耐力	扩胸、侧向弯曲、腹背训练等
罗马椅	Roman chair, back hyperextension	 图3-11-13 罗马椅	又名"罗马凳""健身椅"，由泡棉、真皮和钢管等材料制成	提升下背部、臀部、腿部等力量水平	下背伸展、侧屈、山羊挺身

续表3-11

器械名称	英文名	图示	别名与外观	用途类型	可承载动作
臀腿下背训练椅	glute-hamstrings-developer sit-up	 图3-11-14 臀腿下背训练椅	又名"大罗马椅",用于固定腿部	主要用于开发核心和后侧链	仰卧起坐、臀腿下背伸展、髋关节扩展等
跳箱	jump box	 图3-11-15 跳箱	又名"健身箱",是一种简单的固定工具,有不同的大小与高度	增强动作稳定性、爆发力	仰卧腹部卷屈、股四头肌伸展、垂直跳跃等
沙袋	sand bag	 图3-11-16 沙袋	由结实的粗布或帆布缝制而成,上下各10层,分为方形、圆形两种类型	增强负重能力	沙袋上举
泡沫轴	form roller	 图3-11-17 泡沫轴	由PVC、泡沫等材料制成的圆柱体,标准直径为15厘米,常见长度有36厘米、46厘米和92厘米。有齿轮的泡沫轴又名"狼牙棒"	改善肌肉柔韧与平衡能力,辅助伸展	背部、臀部、梨状肌、腰椎、阔筋膜肌等部位的伸展与放松
弹力带	band	 图3-11-18 弹力带	由橡胶材料或天然乳胶制成,重量轻,可随身携带	提升身体灵活性、抗阻能力	坐姿划船、侧踢式深蹲、阻力带滑行等

续表3-11

器械名称	英文名	图示	别名与外观	用途类型	可承载动作
龙门架	crossfit	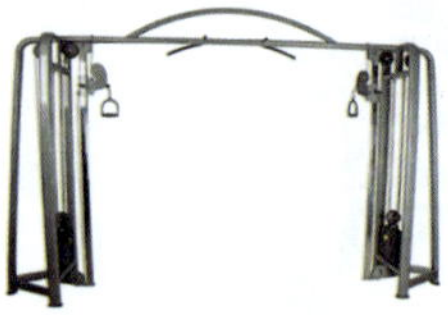 （a）正视图 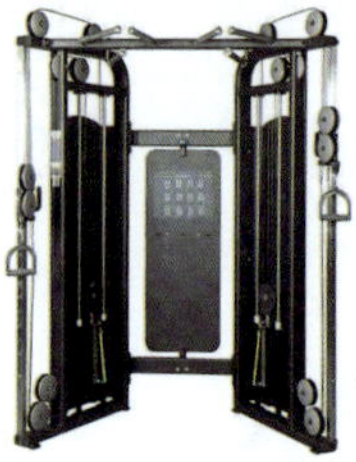 （b）侧视图 图3-11-19 龙门架	又名"拉力训练器"，分为大型和小型两种类别，含滑索、直杠、曲杠等小器械	强化腿部、手臂、背部、胸部和腹部的力量	绳索夹胸、直臂下压等
瑜伽垫	Yoga mats	 图3-11-20 瑜伽垫	通常由橡胶、PVC、TPE等材料制成，可卷曲贮存	放松伸展、热身活动	平板支撑、一般放松伸展
斜凳	incline bench	 图3-11-21 斜凳	又名"哑铃凳"，可折叠与调节靠垫角度	提升上肢、后背、腰腹部的力量	哑铃俯身飞鸟、卧推、哑铃划船等
健腹轮	ab roller	 图3-11-22 健腹轮	又名"滑轮""滚轮""腹肌轮"，由轮、手柄、泡沫垫三部分组成	锻炼腰腹部肌群，减少脂肪、塑形，增强身体协调性与平衡性	滑轮前推

续表3-11

器械名称	英文名	图示	别名与外观	用途类型	可承载动作
战绳	battle rope	 图3-11-23 战绳	一般由化纤、棉、麻三种材质构成，区别在于其软硬度，从硬到软的顺序分别是化纤＞麻＞棉，其训练难度则是由难到易	锻炼爆发力、力量、耐力、协调性、核心稳定性，同时能冲击心肺极限	单手交替纵向小波浪、双手纵向小波浪、屈髋下砸等
振动训练仪	power plate	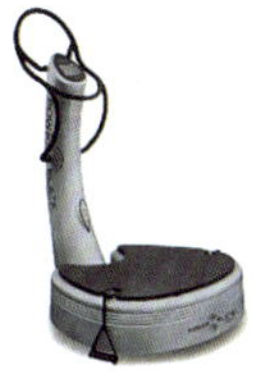 图3-11-24 振动训练仪	主要由扶手和振动台组成，提供精准的谐波振动	振动台的振动刺激使人体产生适应性反应	深蹲、肱二头肌弯举、提腿俯卧撑等

核心训练器械能够增加动作的阻力，带来环境的不稳定性，从而提升训练难度。需要注意的是，在运用器械提升动作阻力和创建不稳定环境前，应确保自己已熟悉基础的训练动作，能够正确运用相关肌群。在选择核心训练器械时，首先考虑的应是徒手的、自重的基础动作，一般选择的是瑜伽垫、跳箱、臀腿下背训练椅、罗马椅等器械；若想增加动作阻力，则可以选择壶铃、药球、杠铃、哑铃、沙袋、弹力带、龙门架等器械；若想增加动作不稳定性，则可以选择瑞士球、悬吊器械、健腹轮、振动训练仪等器械；在运动能力继续提高后，可以选择多种器械组合，同时提高动作的阻力和环境的不稳定性。下面重点介绍瑞士球、壶铃、杠铃、泡沫轴等九种常用的核心训练器械。

一、波速球

波速球起源于德国，是由大卫·维克（David Weck）于1999年发明的一种锻炼身体平衡性的器械，它是由瑜伽球所衍生出的运动康复健身器械，常用于核心力量训练。

随着现代运动训练理论、方法与手段的发展，各种训练器械应运而生，在这样的大背景下，利用波速球可进行综合、协调的整体动作练习，提高身体平衡能力，促进大脑、肌肉和神经系统之间的联系，增强运动能力、活跃思维、重塑身体（马晴，2013）。

波速球也叫"半抗力球""博速球""稳定半球""平衡半球"，"BOSU"即"both side utilized"，可翻译为"双面利用"。该器械平均承重为150千克，自重达6.5千克，直径为60～63厘米、高度为22～25厘米，由PVC材质半球和ABS或木质圆形平底两部分组成，底部设两个凹槽（胡亚川，2013）。

波速球双面均可使用，能够使人体在非稳定状态下进行力量训练，募集更多运动单位，增强本体感觉输入（Celletti et al.，2011；孙文新，2012）。使用波速球进行练习，可激活兴奋性较低的腹部深层肌群和小肌肉群，协助大肌肉群发力，起到稳定身体姿势、强化运动技术的重要作用，此外，它还可与其他器械进行搭配、组合，从而提升运动的趣味性（Duman et al.，2012）。

二、瑞士球

瑞士球源于19世纪60年代的意大利，由玩具制造商阿奎利诺·科潘（Aquilino Cosan）发明，最初叫"Pezzi Ball"（Otterli et al.，1996）。后来，欧洲理疗学家玛丽·基东（Mary Quiton）和苏珊·克莱因·福格尔巴赫（Susan Klein Vogelbach）发现，这一塑料球体对人体各项运动功能的康复起着较大的作用，便开始将其运用于儿童和成年人的康复训练中（Carriere，1999）。

19世纪80年代，美国理疗学家在瑞士参观塑料器具加工厂，发现了这一塑料球体的巨大作用，将其带回美国，并称之为"Swiss Ball"（Carriere，1999）。瑞士球由此诞生，并逐渐在理疗诊所、康复中心推出和使用（Drake et al.，2006）。

到了19世纪90年代，瑞士球逐渐为健身行业所接受与运用（Callaghan et al.，1998）。

瑞士球又称"瑜伽球""健身球""抗力球"，是一种PVC材质的大型可充气球体，通常直径为45厘米、55厘米和65厘米，最大可承受压力为400千克（魏永敬 等，2009），适用于不同体型、不同年龄段和不同运动需求的人群。

相关研究成果表明，由于瑞士球具有不稳定性，使用该器械练习可调动核心大部分肌群、肌纤维参与协作，有效提升人体的核心稳定、平衡与反应能力，增强力量水平、柔韧性，目前瑞士球已广泛应用于健身、减肥和有氧运动中（Lehman et al.，2005；Lehman et al.，2006；Escamilla et al.，2010）。也有许多国外体育教练员将其引入田径、球类、体操、游泳、举重等运动专项中，作为训练方案的重要组成部分。

三、悬吊器械

悬吊系统最初起源于第二次世界大战时期的士兵康复治疗领域（Marjorie et al.，2000）。当时，吊带（sling）作为一种辅助工具，用于帮助受伤士兵进行康复训练，例如，当士兵出现肩膀脱臼时，医务人员用吊带将其手臂吊起。此前，德国学者汤姆森（Thomsen）发明了简易悬吊床，用于士兵的伤病治疗和复健训练，以防止肌肉萎缩（胡智宏 等，2016）。第二次世界大战后，小儿麻痹症在欧洲大规模爆发，英国医护人员利用悬吊床和水疗救助小儿麻痹症患者。

20世纪90年代初，挪威的物理治疗师与医务人员合作，提出一系列关于悬吊训练的全新理念与原则，悬吊训练进一步得到了发展与推广，并在此基础上形成了全新的悬吊运动治疗（sling exercise therapy）体系。1999年，挪威人研发出了Record红绳悬吊训练系统，应用于骨骼肌疾病的治疗（孙景召，2010）。2000年后，悬吊训练逐步应用于运动员的体能训练和康复锻炼中（李建臣 等，2010），以提高运动员核心肌群、躯干的稳定性，增强运动员的平衡能力、协调控制能力和爆发力，从而提高运动成绩，保持良好竞技状态。

悬吊训练，又称"悬吊运动疗法""悬索训练""悬吊系统"等，是一种基于神经肌肉反馈的重建技术，通过使用无弹性或有弹性的悬吊带形成的辅助训练系统。该训练系统排除人体自身重量的影响，使练习者在不稳定的状态下进行主动或被动训练，不断调整自身的肌肉紧张度，以达到躯干肌肉强化、核心肌群力量增强的目的，从而提高身体的平衡与步行能力（Michael，2005；杨合适 等，2008）。

如今，已有超过20个国家的医疗专家、康复人员在运用悬吊设备和技术开展主动治疗或功能训练（卫小梅 等，2006），进而达到预防、治疗慢性肌肉和骨骼系统疾病的目的（胡智宏 等，2016）。在北欧，有很多物理治疗室都会配备悬吊装置，悬吊训练已成为康复训练中一种常见的训练方式和手段（贾海涛，2010）。通过使用该装置，训练可以在无痛条件下进行无副作用、安全性高的治疗，且效果显著。

如今，悬吊训练被应用于更加广泛的领域，包括医学领域的康复与治疗、健身与业余锻炼、专业运动员训练、特殊运动项目的训练、保健等。在竞技体育领域，悬吊训练的功能有三个方面：一是能够有效地增强肌肉的力量和对肌肉的控制能力，尤其对核心力量的训练及其稳定性能起到积极的作用；二是能够提高运动员的静态、动态平衡能力；三是在提升力量素质的同时，能够促进运动员的核心稳定性的提升。近年来，由于悬吊训练对运动员运动能力的提升有巨大的帮助，尤其对技能主导类运动项目能力的提升起着积极的作用，因而受到了广泛关注。（关于悬吊训练的详细介绍见本书第五章。）

四、壶铃

壶铃的起源说法不一。但著名的俄罗斯壶铃起源于17世纪，最初在市场上被用作称重工具。当节假日来临或休市时，农民、商人便会晃动或高举壶铃，以展示他们健壮的体魄和力量水平。人们逐渐发现，通过这种"互动"，能使自身肌肉力量得到锻炼。后来，克拉夫斯克医生也发现壶铃锻炼有益于身体健康，因而倡导和鼓励人们继续进行这项练习。壶铃因此逐步成为苏联民众的日常体育活动之一，也成为军人的必修训练项目。

1913年，畅销健身杂志《大力士》将壶铃称为"大众的减脂利器"。1948年，现代壶铃举升运动成为苏联的一项民族运动。1985年，苏联成立了壶铃委员会，并于同年举行国家级壶铃比赛，壶铃运动从此正式成为有规可循的竞技体育项目。1990年初，壶铃运动传播到欧美地区，逐渐为全世界人民所熟知。

壶铃由球体部分和一个把手组成，分为经典壶铃和竞赛壶铃两种。经典壶铃为实心结构，内部填充泥沙固化物；竞赛壶铃则为空心结构，通常由铸铁制成。常见壶铃的重量有10千克、15千克、20千克、25千克、30千克等（陈正，2010）。如今，市场上出现外部由PP塑胶、电镀等材料包裹的壶铃，这些包裹壶铃的材料主要起到保护和美观的作用。

壶铃能够为练习者提供不稳定力量，实现推、举、摆动和蹲跳等多平面的复合性训练，可增强练习者前臂抓握能力和肩关节的稳定性、爆发力，提升心肺能力和肌肉耐力（刘明 等，2001；McGill，2011；Henkin et al.，2018）。壶铃动作练习不受空间、场地的限制，相关动作简单易学。

五、药球

药球的起源可追溯到3000年前的古希腊，名医希波克拉底让人用动物毛皮包裹并密缝成一个球体，以沙粒填充，让他的病人来回投掷该球体，以达到损伤愈合、防止复发、机能恢复的作用。当时的摔跤手也常用这种实心球体来锻炼身体。在文艺复兴时期，希罗尼穆斯·马奇尔里斯（Hieronymus Mercurialis）在他的著作 De Arte Gymnastica 中建议用某个器械做 "Medicinal Gymnastics"（医药体操、健康体操），以治伤防病、强健身体。其中，他所写的"某个器械"就是药球。

"药球"的正式命名是在1889年，罗伯茨（R. J. Roberts）教授在《科学美国人》上的一篇文章中提出"medicine ball"这个词，指代可用于强身健体、辅助肠胃消化、保持强健体魄的球体。"health"和"medicine"在当时属于同义词，所以该球体被称为"medicine ball"，这便是现代药球的起源。

药球又称"能量球""实心球""健身球""重力球"，表层由乙烯基、尼龙组成，球体内部有防裂网和高密度物质（如重量沙粒），具有体积小、使用简单、重量可调整的特点（刘耀荣 等，2011）。部分生产商会在球体表面增加手柄，以保护手的安全。

药球在体能训练、运动康复领域占据重要地位，通过科学、合理地使用，能够有效提高个体肌群的力量和爆发力，适用于许多专项运动的素质训练（Ikeda et al., 2005；Smith et al., 2012；牛声宇，2015）。对于初学者而言，药球是功能多样化的运动器械，既能对身体各部位进行锻炼，又能用于各种物理治疗。

六、杠铃与杠铃片

杠铃的起源可追溯到11世纪的印度，当时的摔跤运动员用一种带有手把的圆木进行训练，以增强自身的力量水平和综合运动能力，这便是杠铃的最早雏形。后来，该训练器械演化为铁质杠铃（图3-22），由横杠、金属球两部分组成，是在横杠两头安装金属球，金属球为空心，练习者可通过增减球体内的铁砂来调节杠铃重量。因杠铃起落时，会发出"叮叮当当"的响声，"杠铃"的命名也就由此而来。

图3-22 最早的铁质杠铃

19世纪中期，铸铁哑铃已在世界大部分城市中普及，但杠铃却极为罕见。20世纪初，杠铃开始在欧洲流行，1902年，艾伦·卡尔弗特（Alan Calvert）以古希腊著名运动员"米洛"命名在美国费城创建米洛杠铃公司，这是美国首个引进杠铃并将其进行商业化经营的公司。1908年，米洛杠铃公司推出了的三种力量训练装备，与如今我们看到的杠铃不同，那时候的米洛杠铃两端是空心的铃铛（图3-23），练习者需要先拧开铃铛两侧，再放入杠铃片以增加重量。1910年，在法兰克福游戏展览会上，纽伦堡人卡斯佩尔·贝格首次展出其作品——片状杠铃，成为杠铃演化史上重要的里程碑，片状杠铃一直沿用至今。

图3-23　1908年米洛杠铃公司所推出的训练设备

杠铃是一种重量训练器材，可分为标准杠铃和非标准杠铃两种。标准杠铃由横杠、杠铃片和卡扣三部分组成；非标准杠铃则分为男子杠铃、女子杠铃，通常需搭配杠铃片使用。男子杠铃横杠长2.2米，直径为2.8厘米；女子杠铃横杠长2.15米，直径2.5厘米。

杠铃片的常见重量有25千克、20千克、15千克、10千克、5千克和2.5千克，可根据实际力量水平与训练需求进行选择。使用方法为在横杠两端内侧添加重杠铃片，外侧添加轻杠铃片。

杠铃作为一种传统力量训练器械，在运动训练领域占有重要地位。使用杠铃进行负重练习，能够调动多关节、多肌群参与运动，有效提高人体下肢、核心肌群的力量水平，增强身体平衡与协调性（Cosio-Lima et al.，2003）。同时，杠铃练习不仅能有效改善双侧肌肉力量的平衡性，更能有效提高肌肉肌腱系统的弹性与可承受强度。

与杠铃配套的杠铃片，也可单独使用，主要训练方式为持握负重，可提升手部抓握能力，刺激腕部、前臂的肌群。

七、哑铃

哑铃健身源于古希腊，有着悠久的历史。当时的哑铃被古希腊人称为"哈特利斯"（图3-24），该器械两头大、中部小，可单手抓住，运动锻炼时非常方便，这便是现代哑铃的原型。随着健身运动的不断发展，哑铃的外形与使用方法也得到了完善。

图3-24　哈特利斯

除了古希腊，古罗马的许多角斗学校和军队也用哑铃来训练角斗士。角斗士们之所以具有发达、有力的肌群和敏捷的行动，与他们使用哑铃进行训练有着密切的关系。

我国历史上也有使用哑铃的相关记载。在我国，哑铃最早的形式是石锁（图3-25）（崔兆新，1999），民间习武之人、军队的士兵会使用石锁进行训练，以增强手臂力量，提高战斗力。

图3-25　石锁

关于"哑铃"一词的来源，有如下的说法："哑"有呆笨、笨重之义，也指物体具有一定重量；"铃"则是指响声。起初，人们习惯用哑铃进行负重练习，在练习当中，铁杠两端的哑铃片互相碰击，会发出"叮叮当当"的响声，故称其为"哑铃"。后来出现了固定重量的哑铃，多被橡胶和塑料包裹着，因此，哑铃在练习中不会出现响声，但人们早已习惯性地称其为"哑铃"（姚大为等，2013）。

哑铃是增强肌肉力量的辅助器械，常用于举重项目、日常健身中。其内部由铸铁、生铁等材料制成，外部由橡胶或电镀包裹，长度为40～45厘米。哑铃分为固定重量、可调节重量两种类型，固定重量哑铃由生铁铸成，由铁棒、实心圆球组成；可调节哑铃的结构与杠铃类似，可在铁棒两端套上重量不同的圆形铁片进行练习。此外，还有木质哑铃、塑料哑铃，它们主要用于培养协调性和节奏感，如用木质哑铃编排体操表演、有氧哑铃操等（Alzahrani et al., 2012）。

使用哑铃进行训练，可锻炼上肢肌肉及腰部、腹部肌肉，降低体脂含量，增强力量水平（崔兆新，1999；Ashmore，2003）。对于因运动麻痹、疼痛、长期不活动导致肌力低下的患者，使用哑铃进行基础力量练习、复合动作或抗阻训练，可延缓肌肉萎缩、改善肌力（Yaacob et al., 2016）。

八、泡沫轴

练习者可使用泡沫轴完成自重动作，达到放松筋膜的目的。泡沫轴属按摩类核心训练器械，也是一种常用的康复器材。泡沫轴起源于欧洲，最早由木质材料做成（Craig，2011）。20世纪50年代，作为一种理疗工具，泡沫轴逐渐被应用于骨科、运动康复领域。20世纪70年代，随着科学技术的推进，泡沫轴的材质逐渐改为重量轻、硬度与弹性适中的泡沫颗粒（Hamm et al., 2010）。

20世纪80年代，人们开始将泡沫轴作为一种强身健体的训练工具，用于提升机体力量、平衡能力和柔韧性（克诺夫，2019），并用于促进肌肉能力的恢复与放松。经过几十年的发展，如今，泡沫轴已广泛应用于康复医学、物理治疗、竞技体育、大众健身等领域（Beardsley et al., 2015）。

泡沫轴又称"瑜伽柱""瑜伽棒""按摩滚筒""泡沫滚筒""瑜伽轴"，由重量轻、富有缓冲弹性的高纯度EVA、PVC等材料制成，通常用于训练前后的按摩、伸展与放松。

泡沫轴的外形分为圆柱体和半圆柱体，其表面分为有齿轮和无齿轮两类，常见长度为36厘米、46厘米和92厘米，适用于不同体型、不同年龄段的人群，具有轻便、实用、简便、经久耐用的特点。

泡沫轴的设计运用了肌肉自我抑制原理（autogenic inhibition，AI）和自我肌筋膜释放机理（self-myofascial release，SMR）。

自我抑制原理是指练习者利用自身体重给予相关肌肉一定压力，肌肉纤维张力随之增加。高尔基腱器官因受到刺激而产生兴奋反应，兴奋反应沿着感觉神经传入中枢，拮抗肌的作用增强，促进肌肉的舒张与放松（Robertson，2008；Hamm et al.，2010；黄志基 等，2011；MacDonald et al.，2014）。

自我肌筋膜释放机理是指通过刺激、拉伸特定肌群，恢复弹性势能，分解筋膜各层之间的堆积粘连物质，改善软组织粘连症状（Thompson，2015 & 2017；Cheatham et al.，2018），同时，增加血液的流动和软组织循环，从而缓解或消除肌群在高强度训练后的疲劳、酸痛症状，促进瘢痕组织愈合，降低运动损伤的发生率（Mori et al.，2004；Curran et al.，2008）。

九、弹力带

弹力带起源于20世纪六七十年代，最早的弹力带由外科手术用的管子制成，主要用于伤病患者的康复训练。当时的康复治疗师们发现，许多慢性病患者的肌肉力量水平很低，不适合进行传统的力量训练。同时，他们还发现，通过进行"橡皮带"训练，可以顺应康复者对于负荷、幅度、角度的自我控制，不仅操作简单，而且能够有效提升肌肉力量水平（Anderson et al.，2005）。因此，有关弹力带的各种练习动作与方法、手段得到了传播。20世纪90年代，弹力带开始在健身市场上推出，并逐渐普及。

弹力带又称"橡皮带""阻力带"，由橡胶材料或天然乳胶制成，具有伸展性、弹性，便于使用和携带（Ikeda et al.，2007；王康康，2014）。弹力带分为传统阻力带、编织阻力带、扁平阻力带和超级阻力带四种类型，不同使用难度的阻力带具有不同的厚度。传统阻力带通常为长圆柱形，末端安装有塑料手柄，适用于基础力量训练；编织阻力带与传统阻力带类似，由4根股管交错编织而成，适用于户外训练；扁平阻力带较为轻便，通常用于伤病患者的理疗康复和老年人的身体锻炼；超级阻力带则主要用于引体向上等难度较大的动作练习，适用于有运动基础的人群，如运动员。

与传统的负重力量练习不同，弹力带所提供的阻力力量曲线，与人类关节运动力量曲线较为相似，会随着练习者拉动带子长度的变化而变化，能提供合适且渐进、多方向、多角度的阻力，可同时锻炼大小肌肉群，提升脊柱和关节的稳定性，增强动作控制能力，常用于普拉提、瑜伽等健身活动中。在欧美国家，弹力带练习已经成为一种大众化的健身运动（Anderson et al.，2005；Yvonne et al.，2008；黄志基，2010；张艳芝 等，2013；王康康，2014；郑翔，2017；Krause et al.，2019）。

课堂练习

选一种自己感兴趣的训练器械,分别列举单平面练习、复合型练习、开链/闭链训练和动静/静态练习的动作。

课后作业

1. 根据所学内容,结合自己喜爱的运动专项,制订一份在赛季准备期的训练方案。

2. 请列举开链和闭链训练的常见动作,并选出其中的2~3个动作进行练习,记录自己的感受和体会,列举训练的收益。

3. 1~2人为一组,通过个人基本信息、身心特征,互相为对方制订训练方案(需体现多平面、开闭链结合、动静结合原则),并进行训练实践,在训练过程中,需要征集同伴反馈,记录训练方案的优缺点。

第四章

核心训练动作指导

学习提要

　　经过前三章对核心训练理论、核心训练测试与评估、核心训练的原则与规律、核心训练器械的选择等基本知识的介绍，在大家的脑海中可能已初步搭建了一个训练计划的框架。本章将通过介绍核心训练中的常见动作，来帮助大家科学、有效、个性化地填满此框架。核心训练有多种动作分类方式，根据核心力量的不同类型，本章将介绍核心训练的相关基础动作及其变式。动作介绍将按照从简单到复杂、从基础到变式的顺序进行，适用于不同运动基础的所有人群，既包括大众人群、健身爱好者，也包括专业运动员。练习者可根据自己的核心能力水平、锻炼需求或运动目标、训练设施条件，自行挑选动作和制订训练计划。

　　本章介绍的内容主要为核心训练的基础动作及其变式，具体包括核心肌力与肌耐力训练，以及核心爆发力训练。

核心肌力与肌耐力训练

核心肌群是指包绕腰椎—骨盆—髋关节复合体（LPHC）的所有肌肉。对于这些肌群的训练应遵循渐进式原则，即从核心稳定性（即维持运动姿势稳定）到核心力量练习（即增强肌肉的功能性收缩），最后到核心爆发力练习（即在爆发性发力的运动中，将核心肌群的力量传递到身体各部分的能力）。因此，核心训练动作指导分为核心肌力与肌耐力训练，以及核心爆发力训练（图4-1）。核心肌力与肌耐力训练的目标是维持髋关节、脊椎、肋骨的姿势，巩固肌群，增强耐力和力量，提供肢体稳定的基础，使动作能有效率地进行，提高运动综合表现。核心力量较为薄弱的初学者可以先从核心肌力、肌耐力的训练开始。核心爆发力训练的目标是增加核心运动能力和稳定性，最大限度地发挥力在四肢的传导作用，提高爆发力、爆发耐力。因此，核心爆发力训练更适合有核心训练经验的人群。

图4-1　核心训练动作指导分类

本章内容适用于所有不同运动基础的人群。为了在训练各阶段能够高质量地完成针对性强、可操作性高的核心训练动作，在新手训练初期，可采用简单基础的训练方法来应对训练场地有限或者训练器械不足等问题；有一定经验的训练者则可选择基础动作的进阶版本来获得更强、更高效的训练刺激效果。

在运动初期或当身体经过训练产生了一定的适应性后，或者在选择的动作难度不适合自身当前状况时，练习者常常对该动作进行进阶或退阶变化，以保持合适的训练强度刺激。当然，练习者也可尝试不同动作的变式转换，以使自己不但能在核心训练中体会到更多运动的乐趣，还能感受到核心肌群发力的改变。核心肌力和肌耐力进阶训练方式具有多样性变化的特征，练习者可通过自重、负重（抗阻）、增加不稳定性等方式进行进阶（表4-1）。其中，自重核心训练中，可以通过改变手或脚之间的间距、改变发力部位（姿势不变）、改变姿势动作、提升动作难度等方式进行调节。而负重（抗阻）核心训练以及增加不稳定性的核心训练则多借助辅助器械来实现。

表4-1 核心肌力与肌耐力训练的进阶方式

自重	改变手或脚之间的间距、改变发力部位（姿势不变）、改变姿势动作、提升动作难度等
负重（抗阻）	哑铃、杠铃、壶铃、弹力带等
增加不稳定性	波速球、瑜伽球、瑞士球、平衡板、滚轴、悬吊器械、弹力带等

为了更清晰帮助练习者学习和梳理核心训练动作，本节将起始姿势划分为"站姿""俯卧""侧卧""仰卧"四种基础体位，随后从每个起始体位的基本动作逐一延伸出其变式动作（表4-2）。下面将详细介绍这四种起始体位下发展核心肌力与肌耐力的基础动作及其变化（动作变式、进退阶变化、器械变化等）。在进退阶变化中，可通过增减负重、是否借助器械、改变握法或握距、增加或减少不稳定性等方法形成基本动作的变式。虽然变式动作的要求与基础动作要求基本一致，但是本节也将分别详细说明。

如果没有特别指出，变式多为基础动作的进阶（增难）版本。关于基础动作或变式动作中的负重器械，可以根据个体能力和设施条件灵活更换，比如，哑铃常可以换成壶铃、杠铃（片），甚至可以用袋装大米或瓶装矿泉水等负重物代替。

表4-2 核心肌力与肌耐力训练的常见基础动作及其变式

动作分类		站姿		俯卧		侧卧	仰卧	
		深蹲	硬拉	俯卧撑	平板支撑	侧平板支撑	收腹	仰卧挺髋
核心肌力与肌耐力训练	自重/徒手	窄距深蹲、相扑深蹲、手枪式深蹲、高脚杯深蹲、保加利亚深蹲	直腿硬拉、相扑硬拉、单腿硬拉、罗马尼亚硬拉	宽/窄距俯卧撑、上/下斜轴俯卧撑、泡沫轴俯卧撑、蜘蛛俯卧撑	平板支撑单臂交替举、平板支撑对侧手脚交替举、平板支撑开合跳	屈膝侧平板支撑、单腿侧平板支撑、侧平板支撑下伸	死虫姿势、抬腿卷腹、反向卷腹、抬腿直腿卷腹、上斜反向卷腹、俄罗斯斯转体、仰卧式仰卧交替抬腿、剪刀式仰卧交替抬腿、坐姿收腹、坐姿交替收腹	单脚仰卧挺髋
	负重	哑铃深蹲、杠铃深蹲、过头杠铃深蹲、泽奇式深蹲	哑铃硬拉、杠铃硬拉	杠铃片俯卧撑	杠铃片平板支撑	杠铃片侧平板支撑	杠铃片卷腹、杠铃片俄罗斯转体	杠铃仰卧挺髋
	不稳定性	波速球深蹲	波速球硬拉	悬吊俯卧撑、瑞士球上/下斜俯卧撑、波速球上/下斜俯卧撑	悬吊平板支撑、双瑜伽球平板支撑、瑞士球平板支撑、波速球平板支撑	悬吊侧平板支撑、瑞士球侧平板支撑、波速球侧平板支撑	瑞士球卷腹、波速球卷腹	瑞士球仰卧挺髋、波速球仰卧挺髋、悬吊仰卧挺髋

一、站姿

（一）自重深蹲

目标肌群包括股四头肌、内收肌、臀大肌、腘绳肌、竖脊肌、腓肠肌。

1. 基本动作（图4-2）

动作要领：双脚开立，与肩同宽，脚尖向外微张但不超过30°（脚尖朝正前方为0°，下同）。抬起双臂在身体前方伸直，保持与肩膀同高，以维持平衡。核心收紧，下背部自然拱屈，骨盆保持中立，目视前方。屈膝，屈髋关节，感受大腿发力，直到大腿与地面平行。此时，背部与地面形成的夹角应小于膝盖后侧形成的夹角，停顿2～3秒，然后慢慢站起，回到起始位置。

（a）起始动作/结束动作　　　（b）深蹲

图4-2　自重深蹲

①在整个动作过程中，受力点应该保持在脚后跟而不是脚趾（可略微抬起脚趾避免重量完全落于脚后跟）；②收紧核心；③下蹲时，手臂始终保持与肩膀同高；④下背部不要外拱；⑤慢下快上。

知识延伸

深蹲时，关于脚尖是否应该超过膝盖的问题一直存在争议。有学者对比了两种深蹲的技术并发现，对于膝关节不超过脚尖的深蹲，膝关节屈曲角度小，可在降低髌骨关节面和胫骨关节面承载负荷的同时，加大了躯干前倾角度，使胸腰椎所受负荷加大；而膝关节超过脚尖的深蹲，臀大肌的激活状态明显，但股直肌激活状态不够明显。由此可见，两种训练技术各有优势。对于竞技体育运动员而言，可根据体育项目的特点选择合适的深蹲技术；对于健身者而言，可根据本次训练目的和训练的目标肌群来选择深蹲技术；而对于膝关节损伤的练习者而言，膝关节屈曲角度小（即膝关节不超过脚尖）的深蹲更适用于康复训练（Robertson et al.，2008）。

无论是健身爱好者还是专业健美运动员都认为，深蹲是对股四头肌与臀大肌围度最具针对性的训练方法之一，是一个自始至终贯穿于初级到专业训练计划的练习动作，同时也是大学生运动员最热衷的练习之一。深蹲可以对全身的肌肉发展产生错综复杂的系列影响，比如，深蹲可以触发大量神经冲动，而这种向上的神经冲动对调动肌肉非常有利，深蹲甚至可以影响手臂训练质量。综上所述，深蹲不仅是一个全能型训练动作，而且是最常用的力量训练动作之一。

2. 变式1——波速球深蹲（不稳定性动作）

动作要领：站在波速球的平面一侧上，两脚之间保持与肩同宽的距离。挺胸收腹，头部朝向正前方，下蹲直到大腿与地面平行，停顿一下，然后慢慢站起，回到起始位置。

3. 变式2——自重靠墙深蹲（图4-3）

动作要领：身体靠墙，将双手抬起，手臂在身体前面伸直，保持至肩膀高度。双脚与肩膀同宽，在身体前，距离墙约1.5个脚长。保持上身紧靠墙面，微微屈膝，使身体逐渐向下10～15厘米，每个位置停顿3～5秒，持续4～5次，直至大腿平行于地面为一组动作。

停顿中，如果出现无力而导致的双腿晃动，是正常现象，应坚持。静态发力对于增强腿部肌肉有良好的促进作用。

图4-3　自重靠墙深蹲

4. 变式3——手枪式深蹲（图4-4）

动作要领：采用站姿，双臂抬起伸直，保持与肩膀同高，右腿抬高伸直，身体重心转移到支撑脚，向后屈髋，降低身体，直到支撑腿的大腿后侧紧贴小腿，腹部紧贴支撑腿的大腿，停顿1~2秒，然后站起。

（a）起始动作/结束动作　　　　（b）深蹲

图4-4　手枪式深蹲

①躯干尽可能挺直；②降低身体重心时，右腿逐渐抬高，保证右腿不触碰地面；③动作应慢上慢下，以减少对膝盖的冲击；④不要借助惯性起身；⑤保持下颌内收。

5. 变式4——窄距深蹲

动作要领：双脚开立，略窄于肩，挺胸收腹，收紧臀部，下蹲直到大腿与地面平行；停顿一下，然后慢慢站起，回到起始位置。

6. 变式5——相扑深蹲

动作要领：双脚开立，两倍肩宽，双脚外展的幅度在45°~60°，挺胸收腹，收紧臀部，下蹲直到大腿与地面平行；停顿一下，然后慢慢站起，回到起始位置。

7. 变式6——保加利亚深蹲（图4-5）

动作要领：双脚一前一后，保持双肩的宽度，一条腿后搭在矮凳上，保持身体直立，调整好站姿，保持身体重心稳定于臀部位置，膝盖不要内扣，保持前脚脚尖跟膝盖方向一致；下蹲时，当前面大腿跟小腿垂直的时候，停顿，然后恢复站姿。

（a）起始动作/结束动作　　　　（b）深蹲

图4-5　保加利亚深蹲

8. 变式7——杠铃深蹲（图4-6）

动作要领：双脚与肩同宽，脚尖微张不超过30°，杠铃处于肩膀后方，将肩膀后拉，让杠铃处在斜方肌的位置上。眼睛平视前方，核心收紧，屈膝，屈髋关节，感受大腿发力，直到大腿与地面平行，停顿1～2秒后将身体抬起，完成一次动作。

（a）起始动作/结束动作　　　　（b）深蹲

图4-6　杠铃深蹲

①初学者担心杠铃下滑，常将杠铃放置的位置太过靠上，导致后颈受到挤压而产生疼痛感。此时，可将双手握距增宽，有利于固定杠铃和发力（对于初学者来说，合适的杠铃位置需要练习者不断的尝试，才能最终固定下来）。如果动作标准依旧产生疼痛，可以借用杠铃颈垫来缓解疼痛。②在起身举起杠铃时，应保持双脚踩实地面，脚跟持续发力。

9. 变式8——垫高脚跟杠铃深蹲（图4-7）

动作要领：双脚脚后放一片重量为20千克的杠铃片，其余动作参考杠铃深蹲，此动作由于脚后跟被垫高，更能提高股四头肌的感受度，增强锻炼效果。

（a）起始动作/结束动作　　　　（b）深蹲

图4-7　垫高脚跟杠铃深蹲

10. 变式9——过头杠铃深蹲（图4-8）

动作要领：正握杠铃，将杠铃举在头顶，双手距离约为肩宽的2倍，将双臂贴近耳朵；双臂完全伸直，双脚与肩膀同宽，降低身体，直至大腿与地面平行，停顿1~2秒，回到起始动作。

（a）起始动作/结束动作　　　　（b）深蹲

图4-8　过头杠铃深蹲

在此过程中，不要让杠铃向前移动。

11. 变式10——哑铃深蹲（图4-9）

动作要领：双脚与肩膀同宽，双手握住一对哑铃，手臂垂在身体两侧，掌心相对；核心收紧，下蹲、屈髋、屈膝，大腿平行于地面，停顿1～2秒，回到起始动作。

（a）起始动作/结束动作　　（b）深蹲

图4-9　哑铃深蹲

①手臂始终垂直于地面，不要因身体的下蹲而使哑铃摆动；
②练习过程中，应保持身体重心在脚跟，而不是脚趾发力。

12. 变式11——高脚杯深蹲

（1）普通版高脚杯深蹲（图4-10）。

动作要领：双脚与肩同宽，双手握住哑铃的一头贴近在胸前，肘关节指向地面；将身体下蹲，停顿1～2秒，回到起始动作。

（a）起始动作/结束动作　　（b）深蹲

图4-10　普通版高脚杯深蹲

下蹲过程中，肘关节应该擦到双膝内侧。此时，双膝被外推是正常的。

（2）宽距站姿高脚杯深蹲。

动作要领：双脚约为普通版高脚杯深蹲的2倍宽，脚尖适当打开其余动作同普通版高脚杯深蹲；将身体下蹲，停顿1~2秒，回到起始动作。

13. 变式12——泽奇式深蹲（图4-11）

动作要领：同其他深蹲一样，挺胸，膝盖向外打开，臀部向后，屈肘，杠铃放在双臂弯曲处；双手交叉紧握，核心收紧，下蹲、屈髋、屈膝，降低身体，直至大腿与地面平行，停顿1~2秒，回到起始动作。

（a）起始动作/结束动作　　　（b）深蹲

图4-11　泽奇式深蹲

双手保持在一定高度，不让杠铃深蹲到最低点时碰到股四头肌。

（二）自重弓步蹲

目标肌群为股四头肌、臀大肌。

1. 基本动作

动作要领：双脚与肩同宽，胸部挺起，肩膀后收，脊柱保持自然中立状态，双膝打开，双手放在臀部高度；弓步下蹲，前腿膝盖不超过前脚尖，后腿膝盖几乎触到地面，后脚的前脚掌着地，让身体重心处于双脚之间即可，然后回到起始动作；双脚靠拢，交换前后腿继续进行此步骤。

下蹲过程中，保持躯干挺直，前面小腿近乎垂直于地面。

2. 变式——哑铃弓步蹲（图4-12）

动作要领：双脚与肩膀同宽，双手握住一对重量相同的哑铃，手臂垂直在身体两侧，掌心相对；核心收紧，腿部动作参考自重弓步蹲。左右腿应交替下蹲或平衡双侧运动量。

（a）起始动作/结束动作　　（b）弓步蹲

图4-12　哑铃弓步蹲

（三）杠铃硬拉

目标肌群为股二头肌、股四头肌、下背部肌群、上背部肌群、腹肌、腹斜肌、臀大肌。

1. 基本动作（图4-13）

动作要领：双脚与肩同宽，将杠铃放置身前，处在脚掌的正上方；身体前倾，腰背挺直收紧（不要弓腰），屈膝（髋部略高于膝盖）。双手正握杠铃，大拇指环绕杠铃杆，膝盖尽量保持不要超过脚尖，屈膝并使膝盖前伸到胫骨刚刚碰到杠铃杆的位置。挺胸，开始用腿部和臀部力量将杠铃提起，此时要确保杠铃杆贴近身体向上移动，直到身体完全直立。挺胸收肩，收紧臀部，将杠铃放回地面。

（a）起始动作　　　　（b）拉起杠铃　　　　（c）结束动作

图4-13　杠铃硬拉

注意事项 双臂时刻保持伸直，不要弯曲而进行发力。

知识延伸

问：为什么硬拉能帮助"丰胸"？

答：硬拉可以有效地锻炼背部，而背部训练能改善圆肩、驼背，最终使身姿挺拔，胸部也就自然挺拔。

2. 变式1——波速球硬拉（不稳定性动作）

动作要领：站在波速球的平面一侧上，双脚之间保持与肩同宽的距离；挺胸收腹，头部朝向正前方；正握杠铃，双手距离略大于肩宽；臀部向后，略往外凸；肩膀后拉，肩胛骨收紧，腰背挺直，膝盖微屈；在尽量不改变膝盖角度的情况下俯身，将杠铃贴近身体下放直至身体与地面平行；停顿1~2秒，起身。

3. 变式2——罗马尼亚硬拉

动作要领：正握杠铃，杠铃起始位置为臀部高度；双肩向后，背部拱起，双膝轻微弯曲；放低杠铃，尽可能向后推髋，保持杠铃接近身体（但不要碰到）；头部看向身体正前方，双肩向后，保持背部姿势，将杠铃贴近身体下放直至最低点，杠铃不接触地面；停顿1~2秒，起身。

4. 变式3——宽握杠铃硬拉

动作要领：双手正握哑铃，握距约为肩宽的两倍，双脚与肩同宽；其余动作同杠铃硬拉，将杠铃贴近身体，起身拉起杠铃。

知识延伸

杠铃硬拉因与奥运会上的举重项目进行抓举时所用的握法相同，故也被称为"抓举硬拉"。加宽的握距可以调动更多上背部和手臂的肌肉参与运动，最终达到各肌群得到训练的目的。

5. 变式4——相扑硬拉（图4-14）

动作要领：双脚距离为肩宽的两倍，脚尖微张，正握杠铃，双手握距略小于杠铃硬拉的,将杠铃拉起,停顿1~2秒,缓慢贴近身体放下杠铃。

图4-14 相扑硬拉

6. 变式5——直腿硬拉(图4-15)

动作要领:正握杠铃,双手距离略大于肩宽,臀部向后,略往外凸,腰背挺直,肩膀后拉,肩胛骨收紧,膝盖微屈,在尽量不改变膝盖角度的情况下俯身,将杠铃贴近身体下放直至上身与地面平行,停顿1~2秒,起身。

(a)起始动作/结束动作　　　　(b)拉起杠铃

图4-15 直腿硬拉

注意事项:双目直视前方,背部始终保持挺直,避免背部隆起。

> **知识延伸**
>
> 直腿硬拉可以帮助提高腿后肌的柔韧性,也可以更好地刺激下背部肌肉。做该动作会出现腰酸,这是正常现象,不用担心。硬拉对于刺激臀部肌肉非常有效,臀大肌的主要功能就是髋伸展,硬拉锻炼的正好就是髋关节的伸展,特别是直腿硬拉对臀部的刺激会更有效。练习时一定要注意,背部要呈一条直线,千万不可塌腰弓背。女生在做硬拉时,不要用力太大,应选择轻重量去练习,每次做12～15个,站起时发力呼气,向下吸气。

7. 变式6——单腿哑铃直腿硬拉（图4-16）

动作要领：身体保持直立，重心移到左侧，右腿向后抬起，上身挺直并向前屈，使躯干与右腿保持在一条直线上，尽可能与地面平行，双手持哑铃自然下垂，做硬拉动作。还原时，躯干与右腿迅速还原到起始动作，始终保持腰背挺直。然后交换支撑腿练习。

（a）起始动作/结束动作　　　　（b）直腿硬拉

图4-16　单腿哑铃直腿硬拉

二、俯卧

（一）俯卧撑

俯卧撑又称"平板俯卧撑"，练习的目标肌群为上背部肌群、腹直肌、腹横肌、腰方肌、上肢肌群。

1. 基本动作（图4-17）

动作要领：采用俯卧姿势，面部朝下，用双手撑住地面，双手略宽于肩膀，双臂伸直；双脚脚尖着地，双腿向后蹬直并拢，臀部与脊椎保持在同一直线上。弯曲双臂，使胸靠近地面，停顿1~2秒，然后双臂推回完全伸直。

（a）起始动作/结束动作　　　　　　（b）俯卧下压

图4-17　俯卧撑

注意事项：避免弓背、塌腰、髋部下塌，身体保持一条直线。

知识延伸

俯卧撑可以同时锻炼上肢肌群和腹部、下背部、上背部、臀部的肌肉，这是其他动作难以比拟的。因此，俯卧撑是一个训练效果非常好的核心训练动作。

2. 变式1——下肢悬吊俯卧撑（不稳定性动作）

动作要领参见本书第五章第六节的"下肢悬吊俯卧撑"。

3. 变式2——跪姿俯卧撑（图4-18）

动作要领：采用跪姿将脚踝交叉，面部朝下，用双手撑住地面，双手略宽于肩膀，双臂伸直；弯曲双臂，以膝盖作为支点，靠近地面，停顿1~2秒，然后双臂推回完全伸直。

（a）起始动作/结束动作　　　　　　（b）俯卧下压

图4-18　跪姿俯卧撑

注意事项　从头部到膝盖保持一条直线。

4. 变式3——上斜俯卧撑（图4-19）

动作要领：双手放在训练凳（椅子或墙）上，其余动作与平板俯卧撑一样。此动作属于平板俯卧撑的退阶，训练凳越高动作越简单。

（a）起始动作/结束动作　　　　　（b）俯卧下压

图4-19　上斜俯卧撑

5. 变式4——瑞士球/波速球上斜俯卧撑（不稳定性动作）

动作要领：双手撑于瑞士球（波速球的平面一侧）两侧，弯曲双臂，使胸靠近球面，停顿1~2秒，然后推回完全伸直。

6. 变式5——下斜俯卧撑（图4-20）

动作要领：将双脚垫高，其他动作与平板俯卧撑一样，此动作属于平板俯卧撑的进阶，双脚高度越高，动作难度越大。

（a）起始动作/结束动作　　　　　（b）俯卧下压

图4-20　下斜俯卧撑

7. 变式6——瑞士球/波速球下斜俯卧撑（不稳定性动作）

动作要领：双脚撑于瑞士球（波速球的平面一侧）上，弯曲双臂，使胸靠近地面，停顿1~2秒，然后推回完全伸直。

8. 变式7——负重俯卧撑

动作要领：在保持平板俯卧撑的同时，将一片杠铃片放置于肩胛骨，进行俯卧撑。

9. 变式8——宽距俯卧撑（图4-21）

动作要领：在平板俯卧撑的基础上，调宽双手的距离，约为肩宽的2倍。双手距离越远，胸部发力的感受将会越强烈，但同时也会增强对肩部的压力。若手指指向外侧，则效果更明显。

图4-21　宽距俯卧撑

10. 变式9——窄距俯卧撑（图4-22）

动作要领：在平板俯卧撑的基础上，调窄双手距离与肩同宽（双手距离越近对于肱三头肌的效果越明显）。当弯曲双臂、降低身体重心的时候，将肘关节靠近身体，停顿1～2秒，然后双臂推回完全伸直。

（a）起始动作/结束动作　　　　　　（b）俯卧下压

图4-22　窄距俯卧撑

11. 变式10——泡沫轴俯卧撑（图4-23）

动作要领：双手支撑于泡沫轴上（增加不稳定性），躯干与下肢呈一条直线，并以双脚尖撑地，然后完成俯卧撑动作。

（a）起始动作/结束动作　　　　　　（b）俯卧下压

图4-23　泡沫轴俯卧撑

12. 变式11——钻石俯卧撑（图4-24）

动作要领：双手支撑地面，食指和拇指形成一个钻石形状，身体下放，直到手臂完全折叠，停顿1~2秒，推回原位。

（a）手势　　　　（b）起始动作/结束动作　　　　（c）俯卧下压

图4-24　钻石俯卧撑

13. 变式12——蜘蛛俯卧撑（图4-25）

动作要领：采用俯卧姿势，面部朝下，双臂伸直，双手略宽于肩膀并撑住地面，双脚脚尖着地，向后蹬直并拢，臀部与脊椎保持在同一直线上；双腿用力向前蹬地，同时侧向迈出一条腿；胸大肌上部发力制停身体，同时将身体推回。

（a）起始动作/结束动作　　　　（b）俯身下压

图4-25　蜘蛛俯卧撑

（二）平板支撑

目标肌群为腹直肌、腹横肌、腹外斜肌、前锯肌。

1. 基本动作（图4-26）

动作要领：俯卧身体平直，用四肢支撑身体，其中双脚尖着地，双前臂肘关节弯曲，大臂垂直于地面，小臂相互平行并平放在地面上。注意：要将身体重心均匀放在前臂，而不是放在双手，收缩腹部，收紧核心（上背部微弓，以缓解脊椎压力）。

图4-26　平板支撑

注意事项：身体离开地面，躯干伸直，头部、肩部、胯部、踝部保持在同一平面，避免出现塌腰、严重弓背等情况。

2. 变式1——杠铃片平板支撑

动作要领：在保持平板支撑的基础上，在肩胛骨位置放置一片杠铃片。

3. 变式2——悬吊平板支撑（不稳定性动作）

动作要领参见本书第五章第四节的"俯卧平板"。

4. 变式3——瑞士球/波速球平板支撑（不稳定性动作）

动作要领：双手撑于瑞士球（波速球的平面一侧）两侧，进行平板支撑练习。

5. 变式4——45°平板支撑（图4-27）

动作要领：双臂支撑在训练凳（椅子或墙壁）上，使身体与地面约呈45°，保持大臂垂直于地面。此动作属于基本动作的退阶版。

图4-27　45°平板支撑

6. 变式5——跪姿平板支撑（图4-28）

动作要领：采用跪姿将脚踝交叉，双脚自然抬起。注意保持肩膀到膝盖呈一条直线。此动作属于基本动作的退阶版，对于上肢力量较弱的女性练习者是一种很好的锻炼方式。

图4-28　跪姿平板支撑

7. 变式6——平板支撑交替手摸肩膀（图4-29）

动作要领：呈俯卧撑姿势，收紧腰腹，身体不要出现左右晃动，保持躯干与下肢呈一条直线，双手交替支撑，非支撑手摸对侧肩膀。避免朝对侧旋转身体，双脚分开会比较简单，欲增加练习难度可以逐渐并拢双腿。

（a）起始动作/结束动作　　　（b）左手支撑　　　（c）右手支撑

图4-29　平板支撑交替手摸肩膀

8. 变式7——平板支撑单臂交替举（图4-30）

动作要领：双脚分开，间距略大于肩宽，向斜前方抬起一只手臂，拇指向上。动作持续5～10秒，交换手臂。

图4-30　平板支撑单臂交替举

9. 变式8——平板支撑对侧手脚交替举（图4-31）

动作要领：双脚分开，间距略大于肩宽，对侧的手和脚同时抬起，身体中段没有拱起与下落。动作持续5～10秒，交换另一侧的手和脚。此动作属于变式7——"平板支撑单臂交替举"的进阶版。

图4-31　平板支撑对侧手脚交替举

10. 变式9——平板支撑开合跳（图4-32）

动作要领：双肘撑地，俯身在垫上，双脚开合跳跃。起跳时，臀部微微下沉，膝盖不要弯曲，双腿与上身尽可能绷紧，收缩核心部位，收紧臀部。臀部上下运动幅度越小越好。

（a）起始动作　　　　　　　　（b）结束动作

图4-32　平板支撑开合跳

（三）十字挺身（图4-33）

目标肌群为竖脊肌。

动作要领：俯卧，双臂向前伸直，双腿向后伸直，保持身体在一条直线上。左腿和右臂同时抬起并尽量抬高，保持1～2秒，感受背部肌肉的发力，然后缓慢放下回到原始位置。再换右腿和左臂同时抬起并尽量抬高，重复以上动作。

（a）右腿和左臂抬起　　　　　　　　（b）左腿和右臂抬起

图4-33　十字挺身

 不要将头部用力后仰，应保持身体核心收紧、腰背挺直。须缓慢完成动作，而不是借助爆发力或惯性完成动作。

（四）俯身跨步登山（图4-34）

目标肌群为腹直肌。

动作要领：采用俯卧撑姿势，双臂完全伸直；右脚支撑、左脚从地板上抬起来，膝盖尽量靠近肘部（速度可自行调节）；左脚触地，返回起始位置；换脚交替进行。

（a）起始动作/结束动作　　（b）右腿支撑跨步　　（c）左腿支撑跨步

图4-34　俯身跨步登山

 膝盖靠近胸部时，臀部可以微微抬起（不需要完全保持平直），但不要改变下背部的姿势。练习过程中，手臂应自然垂直于地面，膝盖与脚尖保持同一方向。

（五）立体爬行（图4-35）

目标肌群为腹直肌、腹横肌、竖脊肌，此动作有助于提高核心稳定性。

动作要领：首先将身体站直，双手放置于身体两侧；向前弯腰，双手放在地上，略宽于肩膀；保持脚的位置不动，膝关节尽可能保持伸直，身体重心逐渐前移，同时缓慢移动双手向前爬行；当双手爬行到个体可及的最远位置后（双手间距略远于肩宽），双手缓慢后撤，回到起始位置。

错误动作：髋关节挺起过高导致身体重心向颈部倾斜。

（a）准备姿势　（b）起始动作/结束动作　（c）双手向前爬行　　（d）爬行至最远

图4-35　立体爬行

 保持双腿伸直且动作应该保持平稳。在练习过程中，如果出现肩关节疼痛，应立即终止训练。

（六）俯卧两头起（图4-36）

目标肌群为竖脊肌、菱形肌、臀大肌。

动作要领：俯身在垫上，双臂向前伸直，双腿向后伸直；低头，抬起手臂和腿部直至最高点，收紧臀肌，停留1~2秒后，四肢回到起始状态。

动作进阶：在大腿之间夹一个网球或一支笔。

（a）起始动作/结束动作　　　　　　（b）两头起

图4-36　俯卧两头起

不要将头部用力后仰，应保持身体核心收紧、腰背挺直。臀部、腿部的动作应随着身体的抬起而抬起，并应缓慢进行，而不是靠爆发力完成。

三、侧卧

常见的侧卧核心肌力与肌耐力训练为侧平板支撑。

目标肌群为腹横肌、竖脊肌，此动作有助于改善躯干的稳定性。

1. 基本动作（图4-37）

动作要领：右侧侧卧，双腿伸直、相互平行，肘关节弯曲呈90°，右手指关节指向前，用右肘和前臂支撑上身。用力收缩腹部，收紧身体核心，左臂垂直上伸，抬起髋部，直到整个身体从肩部到脚踝呈一条直线。动作保持30秒左右，换身体另一侧练习。

（a）起始动作/结束动作　　　　　　（b）侧平板

图4-37　侧平板支撑

在身体推起后，要感觉髋部和手臂的发力均衡，避免身体局部过度发力，以及肩膀压力过大。

2. **变式1——杠铃片侧平板支撑**

动作要领：在保持侧平板支撑的基础上，在腰部位置放置一片杠铃片。

3. **变式2——屈膝侧平板支撑（图4-38）**

动作要领：在侧平板支撑姿势的基础上，将膝盖弯曲呈90°。手臂上伸并抬起髋部时，从肩部到膝盖应呈一条直线。动作保持30秒左右，换身体另一侧练习。

（a）起始动作/结束动作　　　　　（b）屈膝侧平板

图4-38　屈膝侧平板支撑

4. **变式3——单腿侧平板支撑（图4-39）**

动作要领：在侧平板姿势的基础上，将上面的腿尽可能抬高。整个过程中，应收紧身体核心。动作保持30秒左右，换身体另一侧练习。

图4-39　单腿侧平板支撑

5. **变式4——侧平板支撑下伸（图4-40）**

动作要领：在侧平板姿势的基础上，左臂抬起直至与躯干垂直，左手穿过身体下方，然后将手臂恢复到起始位置。换身体另一侧练习。

（a）起始动作/结束动作　　　　　（b）手臂下伸

图4-40　侧平板支撑下伸

注意事项 练习过程中，目光跟随手臂的上伸或下伸移动，以避免颈部发力。

四、仰卧

（一）卷腹

目标肌群为腹直肌。

1. 基本动作（图4-41）

动作要领：仰卧在垫子上，屈膝，双脚平放在地面上，双臂弯曲，手指轻轻放在双耳两侧；抬高头和肩膀，同时收缩腹肌，胸腔朝着骨盆卷曲，背部离开地面10~15厘米，停顿1~2秒并感受腹部发力，然后慢慢下放身体至起始位置。

（a）起始动作/结束动作　　　　　（b）卷腹

图4-41　卷腹

注意事项 双脚踏实地面，不要抬起。卷腹幅度不用过大，上背部离开垫子即可。

2. 变式1——波速球卷腹（不稳定性动作）

动作要领：仰卧于波速球的球面一侧，双腿在髋关节、膝关节处屈曲，两手抱头，进行卷腹练习。

3. 变式2——负重卷腹（图4-42）

动作要领：在做卷腹时，放一片杠铃片于胸前，从而增加负重。

图4-42　负重卷腹

微收下颚，避免颈部发力。

4. 变式3——对角线卷腹（图4-43）

动作要领：在卷腹动作的基础上，双手扶于两耳旁，用腹肌的力量将肩部和上背部卷离地面，同时转动上身将手肘朝前送，交替触碰对侧膝盖；下背部保持紧贴地面，手肘保持向外打开固定；用力提膝，将膝盖靠近手肘；另一侧腿在下放的同时应保持伸直，脚跟不要触碰地面。

（a）起始动作/结束动作　　　　　　（b）卷腹

图4-43　对角线卷腹

避免动作过快，借用背部、腿部力量带动身体。

5. 变式4——直角腿卷腹（屈腿90°，双小腿与地面平行）（图4-44）

动作要领：躺于垫上，双腿并拢，屈膝抬起，大腿与地面呈90°，小腿与地面平行，双手放于身体两侧；卷腹起身时，下背部用力贴紧地面，双腿挤压腹肌并在最高点稍作停留后还原。

（a）起始动作/结束动作　　　　　　（b）屈膝卷腹

图4-44　直角腿卷腹

避免用力伸头导致的颈部疼痛。

6. 变式5——抬腿直腿卷腹（图4-45）

动作要领：采用仰卧姿势，抬起双腿至与地面呈90°，伸直脚掌朝向天花板，卷腹，双臂抬起垂直于地面，头部和肩部抬高，手指伸向双脚；头部和肩部下放回到起始位置。

图4-45　抬腿直腿卷腹

7. 变式6——瑞士球卷腹（不稳定性动作）

动作要领：双脚夹住瑞士球两侧，进行卷腹练习。

8. 变式7——反向卷腹

（1）普通反向卷腹（图4-46）。

动作要领：仰卧，双腿弯曲，下背部离开地面；卷腹骨盆朝着胸腔，将膝盖抬向胸部，膝盖弯曲呈90°，臀部稍微抬高离开地面，停顿1～2秒，身体下放返回到起始位置。重复以上动作。

（a）起始动作/结束动作　　　　（b）抬起双腿　　　　（c）卷腹抬臀

图4-46　普通反向卷腹

（2）上斜反向卷腹（图4-47）。

动作要领：仰卧在训练凳上，髋部低于头部，双手抓住横杠，双腿并拢；卷腹，膝盖朝向胸部提起，直至下背部离开训练凳，放下双腿且不触碰凳子。

（a）起始动作/结束动作　　　　　　　（b）卷腹

图4-47　上斜反向卷腹

（3）泡沫轴反向卷腹（图4-48）。

动作要领：仰卧，双手放在身体两侧，掌心朝下，在大腿和小腿之间放置泡沫轴，提起大腿至与地面垂直；卷腹，抬起髋部，将膝盖靠近胸部，停顿1~2秒，恢复至大腿垂直于地面。

（a）起始动作/结束动作　　　　　　（b）卷腹抬髋

图4-48　泡沫轴反向卷腹

（二）俄罗斯转体

目标肌群为腹直肌、腹内斜肌、腹外斜肌、竖脊肌。

1. 基本动作（图4-49）

动作要领：身体呈坐姿，双膝屈曲，双手握紧，下背挺直，上背自然放松，核心收紧，双脚离开地面。通过转动双肩来带动手臂的移动，上身向右转直至双手几乎要触碰到右侧地面，然后向左转，如此交替，目光跟随双手移动。如果需要增加难度，可双手共持一只小哑铃或一片杠铃片进行动作练习。

（a）起始动作/结束动作　　　　　　（b）坐姿转体

图4-49　俄罗斯转体

如果腹肌力竭而腰部开始借力就应休息，不必硬撑。练习过程中，感受腹部始终有紧迫感，以及转体时侧腹部出现的收缩挤压感。脚后跟应离地，且应避免耸肩、弓背。

2. 变式——杠铃片俄罗斯转体

动作要领：双手握住一片杠铃片，进行俄罗斯转体练习。

（三）仰卧挺髋（动态臀桥）

目标肌群为股二头肌、半腱肌、半膜肌。

1. 基本动作（图4-50）

动作要领：仰卧，双腿弯曲（大腿、小腿之间呈90°），双脚分开，与肩同宽，踩实地面，脚趾朝向正前方，手掌平放在地面上。保持双肩与双脚之间的距离不变，核心收紧，用力将骨盆缓慢向上顶起并离开地面，直至膝、髋、肩呈一条直线，臀部肌肉完全收紧，略停1~2秒后，身体下放返回起始位置。重复以上动作。

（a）起始动作/结束动作　　　　　　　（b）挺髋

图4-50　仰卧挺髋

①避免完成动作时骨盆伸展使腹肌超过大腿，避免颈部发力（避免下巴内收）；②避免抬髋过高，否则易使腰椎承受过大的压力。

2. 变式1——杠铃仰卧挺髋

动作要领：上背部靠在凳子上，下背部凌空，将杠铃架在髋部的位置，双脚与肩同宽，平放在地面上，膝盖弯曲，双手正握扶住杠铃，进行挺髋练习。

3. 变式2——单脚仰卧挺髋（图4-51）

动作要领：仰卧，将左脚从地面抬起屈膝，直到大腿垂直于躯干，右脚跟踩实地面并挺髋发力，直至右侧大腿和躯干呈一条线，保持1~2秒后，缓慢下放身体至臀部几乎触地（但不触地）。换另一侧腿练习，重复以上动作。

（a）起始动作/结束动作　　　　　（b）挺髋伸腿

图4-51　单脚仰卧挺髋

保持上背部贴紧地面。做完一侧，记得换身体另一侧练习，中间无须间歇。

4. 变式3——瑞士球/波速球仰卧挺髋（不稳定性动作）

动作要领：双脚撑于瑞士球（波速球的平面一侧）上，进行挺髋练习。

5. 变式4——悬吊仰卧挺髋（不稳定性动作）

动作要领：仰卧，双足跟下压悬吊握带，进行挺髋练习。

（四）仰卧交替抬腿

目标肌群为腹直肌。

1. 基本动作（图4-52）

动作要领：仰卧在地面上的垫子上，双手伸直放在身体两侧，掌心向下。双腿伸直，抬起至离地10厘米左右。双腿上下交替抬至45°的高度，保持腹部持续发力，练习期间双腿不要接触地面。

图4-52　仰卧交替抬腿

保持背部始终贴紧地面，收紧下颚，避免颈部发力。双腿尽量保持伸直，不可过度弯曲。

2. 变式——剪刀式仰卧交替抬腿（图4-53）

动作要领：仰卧姿势，保持双腿伸直，然后从髋关节摆动双腿，以身体中间为中线双腿上、下变换。重复以上动作。

（a）起始动作/结束动作　　　　　　　　（b）腿部交叉

图4-53　剪刀式仰卧交替抬腿

（五）坐姿收腿

目标肌群为腹直肌。

1. 基本动作（图4-54）

动作要领：坐在垫子上，双腿微屈向前伸出，手掌撑于地面，上身向后倾斜，与地面呈45°。这是动作的起始位置。弯曲双腿并向身体方向蜷缩，同时，躯干向膝盖靠拢，收缩腹肌并呼气。保持收腿状态1秒钟，然后双腿慢慢回到起始位置，同时吸气。

（a）起始动作/结束动作　　　　　　　　（b）收双腿

图4-54　坐姿收腿

当腿向胸靠拢做向心运动时，应尽可能快；而将腿推伸出做离心运动时，应尽可能慢，以求达到更好的锻炼效果。

2. 变式——坐姿交替收腿（图4-55）

动作要领：此动作比坐姿交替基本动作对协调性要求更高。保持基本动作的起始动作，当随后一侧腿屈膝收回至胸腔时，另一侧腿伸直。双腿依次交替进行。

（a）起始动作/结束动作

（b）收单侧腿

图4-55　坐姿交替收腿

（六）死虫姿势（图4-56）

目标肌群为腹直肌。此动作对于控制核心肌群和掌握正确的脊柱位置有很大作用。

动作要领：仰卧，背部紧贴地面，双臂打开并垂直向上伸直，双腿弯曲呈90°，大腿与地面也呈90°；核心收紧异侧手臂和腿分别下放，直至其与地面平行。

（a）起始动作/结束动作

（b）异侧臂腿下放

图4-56　死虫姿势

注意事项　练习过程中，感受脊椎的位置，调整呼吸，一旦脊椎产生屈伸，就代表动作做错了。

核心爆发力训练

现代体育运动中,绝大多数运动项目都要求有爆发力。爆发力主要是指已经开始张力增加的肌肉以最快的速度进一步发展肌肉力量的能力。核心爆发力主要指核心区域肌肉以最快的速度进一步发展核心区域肌肉力量的能力。核心爆发力的训练对核心基础力量的要求较高,基础力量较弱的初学者训练时可能会出现训练效果不佳,甚至导致受伤的情况发生,因此,核心爆发力的训练需要在自身核心肌力与核心稳定性有一定基础的情况下进行。核心爆发力的训练主要是为了提高核心肌力的生成效率,只有良好的核心力量生成效率才能在运动中迅速提供稳定的核心支撑,提高运动表现。

在核心爆发力训练过程中,全身的肌纤维处于紧张状态,能够募集到更多的肌肉参与其中,运动潜能因而得到充分发挥,使身体变得更加稳定。本节依据使用杠铃、单杠、药球、固定绳索、跳箱等不同的器械,对核心爆发力训练中常用动作及其变式进行介绍。核心爆发力训练的常用动作及其变式见表4-3。

表4-3 核心爆发力训练的常用动作及其变式

基础动作		杠铃	单杠	实心球/药球	固定绳索	跳箱
核心爆发力	自重/徒手	—	反握引体向上、正握引体向上、窄距反握引体向上、直握引体向上、宽距正握引体向上、弹力带反握引体向上、手臂悬垂抬腿	—	—	跳深、跳高
	负重	杠铃高翻	—	药球下砸、药球侧抛、药球前抛、药球后抛、药球单臂前推	—	—

续表4-3

基础动作		杠铃	单杠	实心球/药球	固定绳索	跳箱
核心爆发力	不稳定性	波速球站姿杠铃高翻	—	—	绳索核心前移、跪姿稳定劈砍、站姿稳定劈砍、跪姿稳定反向劈砍、站姿稳定反向劈砍	—

注:"—"表示不适用。

一、杠铃

杠铃高翻是使用杠铃的常用核心爆发力训练动作。目标肌群为股四头肌、股二头肌、腹直肌、腹外斜肌、腹内斜肌、腹横肌、竖脊肌、肱二头肌、肱三头肌、斜方肌、背阔肌。

1. 基本动作

动作要领:双脚略比肩宽,肩膀超过杠铃杆1/3,顺势蹲下,让身体靠近杠铃杆。注意腰背挺直,双手置于双腿两侧(一个大拇指距离)。全程分为三个部分:一是提杆,髋膝协同发力,将杠铃提到膝盖上端,杠铃保持靠近胫骨,双肘完全伸展;二是翻杆,将杠铃贴近身体向上提拉,肩关节向上做耸肩姿势,借用下肢的爆发力将杠铃完全提升起来,肘部朝向前方;三是揭杆,将杠铃提升到最高处迅速翻转前臂,将杠铃揭在三角肌前束上,屈髋屈膝,以吸收杠铃的重量。

翻杆时,不要用双手发力将杆向前甩;揭杆时,手不要握实,三根手指的指尖抬住杠铃即可;全身需要垂直发力。如上肢过分发力,则身体并非垂直发力,会造成身体前后移动、重心不稳。

2. 变式——波速球站姿杠铃高翻(不稳定性动作)

动作要领:站于波速球的平面一侧,进行杠铃高翻练习。

二、单杠

（一）反握引体向上

目标肌群为背阔肌、肱二头肌、核心肌群。

1. 基本动作（图4-57）

动作要领：双手与肩同宽，反握杠铃，双臂伸直，膝关节微屈，将胸部拉近单杠，肩胛骨后拉，下巴触碰到单杠后，停顿1~2秒，然后反方向缓慢移动到起始位置。

（a）起始动作/结束动作　　　　（b）引体向上

图4-57　反握引体向上

 避免身体摇摆。

2. 变式1——正握引体向上（图4-58）

动作要领：双手略宽于肩，正握单杠，从起始位置将胸部拉向杠铃，停顿1~2秒。

图4-58　正握引体向上

3. 变式2——窄距反握引体向上

动作要领：双手距离略窄于肩，反握单杠，停顿1～2秒。

4. 变式3——对握引体向上（图4-59）

动作要领：抓住单杠上面的平行手柄，掌心相对，从起始位置将胸部拉向杠铃，停顿1～2秒。

（a）起始动作/结束动作　　　　　（b）引体向上

图4-59　对握引体向上

5. 变式4——宽距正握引体向上（图4-60）

动作要领：双手距离约为肩宽的1.5倍，正握单杠，从起始位置将胸部拉向杠铃，停顿1～2秒。

（a）起始动作/结束动作　　　　　（b）引体向上

图4-60　宽距正握引体向上

6. 变式5——弹力带反握引体向上（图4-61）

动作要领：将弹力带的一端扣住单杠，将弹力带的另一端穿过弯扣，使弹力带挂在单杠上，将双膝放在弹力带上；双手于肩同宽反握单杠，双臂伸直，将胸部拉近单杠，肩胛骨后拉，胸部触碰到单杠后，停顿1～2秒，放回到起始位置。

（a）腿部　　　　　（b）手部

图4-61　弹力带反握引体向上

借助弹力带的引体向上是一种退阶的引体向上，其他方式的引体向上也可以借助弹力带来进行退阶练习。

引体向上的基础动作及相关变式汇总见表4-4。

表4-4　引体向上的基础动作及相关变式

项目	名称	进阶/退阶	功能区别	动作要领	图示	注意事项
基本动作	反握引体向上	—	反握能够刺激到下斜方肌、肱肌、肱二头肌、肱三头肌、胸肌、背阔肌以及腹肌	双手与肩同宽，反握杠铃，双臂伸直，膝关节微屈，将胸部拉近单杠，肩胛骨后拉，下巴触碰到单杠	图4-4-1 反握引体向上	避免身体摇摆
变式1	正握引体向上	退阶	正握刺激的肌群是中下斜方肌、肱肌、肱桡肌、背阔肌、菱形肌以及竖脊肌	双手略宽于肩，正握单杠，从起始位置将胸部拉向杠铃	图4-4-2 正握引体向上	保持身体挺直。静止，活动的部位应当局限于肩膀和胳膊肘
变式2	窄距反握引体向上	进阶	窄距反握引体向上可较好的锻炼肱二头肌	双手距离略窄于肩，反握单杠	—	双手握位越近，双臂尤其是二头肌越受力

158

续表4-4

项目	名称	进阶/退阶	功能区别	动作要领	图示	注意事项
变式3	对握引体向上	—	让肩部更稳定能减少对肩膀的压力，同时也能减少肩关节受伤的风险	抓住单杠上面的平行手柄，掌心相对，从起始位置将胸部拉向杠铃	 图4-4-3 对握引体向上	腕关节处于中立位，不需要过多活动
变式4	宽距正握引体向上	进阶	宽距正握引体向上更能考验上背部肌群的发力；同时，它对三角肌后束的刺激更强、训练效果更好	双手距离为肩宽的1.5倍，正握单杠，从起始位置将胸部拉向杠铃	 图4-4-4 宽距正握引体向上	背要反弓，拉至胸口
变式5	弹力带反握引体向上	退阶	相较于其他变式，弹力带引体向上更适合新手，通过借力弹力带可以更好地完成训练动作	将弹力带的一端扣住单杠，将弹力带的另一端穿过弯扣，使弹力带挂在单杠上，将双膝放在弹力带上。然后借助弹力带的回拉力做反握引体向上	 图4-4-5 弹力带反握引体向上	合理控制弹力带的长度与宽度

（二）手臂悬垂抬腿（图4-62）

动作要领：双手张开，正手握住单杠，双手间距与肩同宽，面向前方身体悬空，双臂完全伸直，收缩腹肌使双腿上提，直至膝关节屈曲90°。如需增加难度，可使小腿始终垂直于地面，快速上提，缓慢下放。

图4-62 手臂悬垂抬腿

三、实心球/药球

（一）药球下砸（图4-63）

动作要领：双腿张开，间距略宽于肩膀。双手位于胸部正前方，掌心相对，握住药球，肘关节微屈，指向地面。通过伸展踝关节、膝关节、髋关节、躯干和上肢将药球举过头顶，同时脚尖点地，用爆发力尽可能将药球砸向正前方的地面。

（a）起始动作　　　　　　（b）结束动作

图4-63 药球下砸

（二）药球侧抛（图4-64）

动作要领：身体侧对墙站立，将药球置于右侧髋关节，弯曲手臂使其靠近躯干，将身体重心移到后侧腿上。后腿蹬地，同时旋转髋关节和肩关节使躯干朝向墙面，抛出药球，紧绷前腿，后脚尖点地，完全抛出后，手臂完全伸直。

（a）起始动作　　　　　　　（b）结束动作

图4-64　药球侧抛

（三）药球前抛（图4-65）

动作要领：双脚与肩同宽，双手持球于双膝之间，核心收紧，伸髋。利用腿部、臀部的力量瞬间向上传导力量，将药球向前上方抛出，全程加速。

图4-65　药球前抛

（四）药球后抛（图4-66）

动作要领：双脚与肩同宽，双手持球置于双膝之间，核心收紧，伸髋。利用腿部、臀部的力量瞬间向上传导力量，将药球向后上方抛出，全程加速。

（a）起始动作/结束动作　　（b）向后抛球

图4-66　药球后抛

（五）药球单臂前推（图4-67）

动作要领：以右侧为例，左脚在前、右脚在后，右侧手持球位于耳后，通过转动胯部，将右侧手的药球向前推出。

图4-67　药球单臂前推

四、固定绳索

（一）绳索核心前移（图4-68）

动作要领：以右手握手柄练习为例。将手柄绳索连接到绳索练习器的中间位置，身体右侧靠近滑轮。双手交叠握住手柄，双脚开立与肩同宽，膝盖微屈。右手拉紧绳索手柄，手贴近下胸位置，手部慢慢向前推绳索，直到手臂完全伸直，停顿1～2秒，然后放松手臂回到起始位置。双侧手臂交替练习。

（a）起始动作/结束动作　　　　　　（b）前推绳索

图4-68　绳索核心前移

（二）跪姿稳定劈砍

1. 基本动作（图4-69）

动作要领：将绳子安装到绳索练习器一侧的高位滑轮上，调整绳索设备到最高位置。身体采用跪姿，右侧靠近器械，双手正握绳索手柄，肩部转向绳子，身体朝前，将绳子拉过左髋，然后缓慢放松手臂回起始位置。不要移动或旋转躯干，重复以上动作。随后将绳子安装到绳索练习器的对侧高位滑轮上，练习身体另一侧。

（a）起始动作/结束动作　　　　　　（b）下拉劈砍

图4-69　跪姿稳定劈砍

2. 变式——站姿稳定劈砍

动作要领：双脚前后分开，身体采用弓步站立，其余动作同跪姿稳定劈砍动作，不移动躯干将绳子拉向身体对侧髋部。

（三）跪姿稳定反向劈砍

1. 基本动作（图4-70）

动作要领：将绳子安装到绳索练习器一侧的低位滑轮上。身体采用跪姿右侧靠近器械，双手正握绳索手柄，肩部转向绳子，身体朝前，将绳子拉过左肩，然后缓慢放松手臂回到起始位置，重复以上动作。随后将绳子安装到绳索练习器的对侧低位滑轮上，练习身体另一侧。

（a）起始动作/结束动作

（b）上拉劈砍

图4-70 跪姿稳定反向劈砍

2. 变式——站姿稳定反向劈砍

动作要领：双脚前后分开，身体采用弓步站立，其余动作同跪姿稳定反向劈砍动作，不移动躯干将绳子拉向身体对侧肩部。

五、跳箱

（一）跳深（图4-71）

动作要领：站立在箱上，跳箱与膝盖同高，双脚同时或以交叉步跳下箱子，并顺势下蹲（预伸展）。跳跃过程中，摆动双臂，腿部充满能量，踝关节、膝关节、髋关节同时伸展，身体拔地而起向前、向上爆发跳起。落地时，以脚尖落地过渡，同时臀部向后、屈髋屈膝并顺势深蹲作为缓冲。注意保持膝盖和脚尖同一方向，控制好冲力不要过于往前。

①双手自然摆动以维持平衡;②落地缓冲时,应主动用肌肉吸收压力,而不是以韧带和被动关节结构来承担压力;③臀部向后,膝盖不超脚尖,让重量落在大腿和臀部铰链,分担膝盖受力;④膝盖不内扣。

(a)起始姿势　　　　　　　(b)落地下蹲

图4-71　跳深

> **知识延伸**
>
> 膝外翻(knee valgus collapse)很容易导致膝关节内侧韧带受伤,因此,为了提升安全性,增强运动表现,膝盖运动轨迹应循着脚掌稳定的着地方向。

(二)跳高

动作要领:双脚站于跳箱前准备,屈膝屈髋下蹲,摆动双臂向前、向上跳至跳箱上,伸髋伸膝、直立身体,转身沿原跳跃轨迹走下,回到起始位置,再次重复以上动作。

①腰背挺直,双手摆动以提高跳跃力;②落地屈膝缓冲时,应主动用肌肉吸收压力,而不是以韧带和被动关节结构来承担压力;③臀部主动后伸,膝盖不超脚尖,让重量落在大腿和臀部铰链,分担膝盖受力;④膝盖不内扣。

课后作业

1. 根据本章介绍的动作,结合本书第一章至第三章的理论知识,制订一套适合自己的核心训练计划。

2. 在实施核心训练计划的同时,记录每次训练时候的心得(如组数、重量、感受等),以便于看到自己的进步,并对以后的训练进行改进。可参照附表4-1做好训练记录。

附表4-1 训练记录

训练日期:		训练部位:	
训练动作	运动时长(组数)	运动强度(重量)	备注(感受等)

3. 对1~2名同学进行核心训练教学,理论结合实践,教会他们完成3~5个核心训练标准动作,并让他们理解这些动作的作用及其变式。

第五章

悬吊训练

学习提要

通过对本书第四章核心训练方法的了解,大家可能会发现,无论是徒手自重还是有器械的核心训练,在日常锻炼中可能都已有所涉猎。本章将详细介绍大众人群可能接触并不多,但是在康复领域和竞技体育中已经得到广泛应用的一种高效核心训练方法——悬吊训练。悬吊训练源于医学康复领域,并逐渐应用于运动医学和竞技体育运动训练。在运动医学领域,悬吊训练对缓解身体疼痛及改善体态方面都有良好效果。在竞技体育运动训练应用中,相较于传统的徒手自重或大部分的使用器械的核心训练方法,悬吊训练可以在非稳定状态下更好地刺激深层稳定肌群,增加神经肌肉控制,从而更高效地锻炼核心肌群。

本章介绍的主要内容包括悬吊训练的起源,悬吊训练的国内外研究与应用发展,悬吊训练的特征、分类和原则,利用悬吊训练设备进行核心评估的简易方法,以及针对大众人群和不同运动项目运动员的悬吊训练思路、动作示例等。

第一节
悬吊训练的起源与发展

一、悬吊训练的起源

吊带（sling）很早就被用于辅助患者进行康复、治疗与训练。比如，肩膀脱臼时，用吊带把手臂吊起。第二次世界大战前，德国学者汤姆森（Thomsen）发明了简易的悬吊床，用来帮助受伤的士兵做伤口治疗和复健运动。第二次世界大战后，欧洲大规模爆发了小儿麻痹症，英国利用悬吊床和水疗池救助了不少小儿麻痹症患者。这一时期，为了治疗受伤的战士，医务工作者使用简易的悬吊装置对受伤的战士进行肌肉放松治疗。这时，悬吊装置仅作为一个辅助性的治疗手段，用于战士的急性战争创伤恢复，其目的是加快机体功能恢复、缩短恢复进程，以及防止因急性损伤而带来的相关并发性功能衰退。

20世纪60年代以来，吊带在北欧的挪威就已被用于辅助治疗患有肩关节和髋关节等关节活动度受限的慢性疾病患者。用吊带治疗关节方面的慢性疾病时，患者主要通过主动训练来增加关节的活动度。当患者在吊带的辅助下进行主动训练时，其身体受重力的影响已大大削弱，患者切身感受到自己能有效地控制运动且受到全面的保护，因而能够使肌肉和关节逐步活动到最大范围，甚至能进一步得到牵伸。这一时期的悬吊训练已经作为一种独特的治疗疾病的方法，其治疗效果得到了初步的认可，但缺乏持久的治疗效果，疾病易复发。

20世纪90年代初，挪威的物理治疗师和医生发现，运动的治疗效果比治疗师给予患者按摩或者推拿更好。因此，他们萌生了对传统的吊带治疗进行改革的想法。他们把对肌肉关节的诊断评估加入原本的吊带运动治疗中，让这个治疗模式更加完备。物理治疗师把患者的脚用吊带吊起，用一只手摆在患者的大腿关节上，一方面可以了解患者大腿的活动能力，另一方面也可以在此姿势下进行复健运动。挪威的物理治疗师和医生建立了密切的合作关系，再加上与其他国家的专家的共同研发，促进了悬吊运动治疗理念的进一步发展。挪威康复工作者在对生物力学深入研究后，于1992年创造性地提出了悬吊运动治疗的理念与原则；并在此基础上，通过大量的临床试验与实践，发展出全新的悬吊训练体系，于1999年正式提出悬吊训练或悬吊疗法（sling exercise therapy/training，S-E-T），应用于骨骼肌器官疾病的主动治疗和运动中（Kirkesola，2000）。

其中，最有代表性的理念就是"弱链接"理念。弱链接是从生物力学的角度出发，把肢体的运动看作由一个个关节构成的运动链上的传递。在一个动作中，当某肌肉（通常是局部稳定肌）和其他肌肉一起工作时，因其太弱以至于不能发挥其应有的那部分作用，这样力的传递会受到干扰，临床表现为动作完成不正确或患者感到局部疼痛。该时期的运动治疗体系以持久改善运动系统疾病为目的，后来进一步推广用于治疗脑卒中和其引起的精神疾病，以及儿童发展训练和健康体适能提升等。（Cholewicki et al., 1999；Jensen et al., 2000；McGill, 2001；McConnell, 2002；Hirashima et al., 2002；Hodges, 2003）。

2000年以来，随着竞技体育体能训练重要性的凸显以及核心力量训练的逐步发展，悬吊训练逐渐应用到运动训练领域（Fontana et al., 2005）。悬吊训练在竞技体育运动中的应用主要通过提高运动员的躯干核心稳定性、平衡能力、下肢爆发力、协调控制能力以及预防运动损伤等方面，来达到提高运动员的运动成绩并保持其良好的竞技状态的目的。

2002年，研究人员发现了悬吊治疗的瞬时效果，其有利于在短时间的治疗后即刻发现身体的好转。2003年，挪威物理治疗师及医师发明了一种新型、独特的悬吊康复疗法——Neurac（神经肌肉激活技术）。在悬吊训练过程中，训练者通过感觉运动刺激和矫正训练，刺激神经肌肉系统，增强运动控制，缓解运动中的疼痛，使其重获正常功能。该技术具有独特的疗效，被广泛应用于神经系统及运动系统疾病的康复治疗。该方法能够定位功能上的受限制部分，并激发人体自身的能力来控制运动，是一种有效和无创的治疗方案，用以减轻疼痛、恢复肢体正常的运动范围，并提高功能运动模式。2004年，神经肌肉激活技术正式作为治疗方案，应用于评估、治疗和训练三个方面。2007年，该悬吊产品被重命名为Redcord（红绳），同时开始开展Neurac课程培训，与近52个国家和地区合作进行30余年的实践应用、科研及发展，致力于强化人类的功能及运动表现。据不完全统计，悬吊训练于2007年进入中国康复研究中心，应用于医疗康复领域；于2008年与国家体育总局和北京体育大学、上海体育学院等合作，应用于专项体育领域；同时进入了其他医院、企事业单位、私立康复中心、健身俱乐部、工作室等。

二、悬吊训练国内外研究与应用进展

（一）悬吊训练在康复医学领域的相关研究进展

肌肉、骨骼疾病是临床上最为常见的疾患之一（卫小梅 等，2006）。早些年，悬吊训练被大量应用于运动系统疾病，尤其是慢性背痛、腰痛、颈痛、骨盆痛及肩关节患病的治疗，作为一种特殊的个体运动体操（包括对抗重力的影响）治疗，目标是持久改善肌肉骨骼疾病，以主动训练和康复治疗作为关键要素（Kirkesola，2000）。Kyeoung（2019）发现在急性脑卒中患者中，悬吊训练可有效减轻肩关节半脱位，改善本体感觉，改善上肢功能。Moe等（2004）的研究发现，对分娩后骨盆疼痛的患者进行专门的稳定性训练，其疗效要明显优于以往的常规治疗。O'Sullivan等（1997）的实验显示，对腰背痛患者进行腹横肌低负荷悬吊训练具有显著疗效。Fontana等（2005）的研究证实，运动器官的慢性疾患往往与机体的生理改变有关，如感觉运动控制能力失调及肌力下降等。由于悬吊治疗的有效性、实用性以及治疗的多样性，该疗法在肌肉骨骼系统以及神经系统疾患康复中显示出广阔的应用前景。现在，超过20个国家的医疗专家，特别是物理治疗师和医生推荐使用悬吊设备技术开展科学的主动运动治疗与功能训练，进而达到预防、治疗慢性肌肉和骨骼系统疾病的目的。在北欧，很多物理治疗室都有悬吊装置，使用悬吊装置是一种非常常见的训练方式。而且，这种训练已经进一步推广用于中风偏瘫、小儿脑性瘫痪、脊髓损伤及其他神经性问题等临床常见疾病的治疗，还用于儿童早期干预、康复训练以及健体运动等（Kirkesola，2000）。由于该训练是在无痛条件下进行，无任何副作用，安全性高且效果显著，因此，悬吊训练的方法已经被越来越多的物理治疗师、运动训练队的教练员和优秀运动员、军队的体能教练员、温泉疗养院、健康管理机构的专业人员所认识，并且将这项新技术运用于各自的相关领域中。

然而，相对于一些传统物理治疗方法，悬吊训练并非对所有的神经肌肉功能失调疾病都显现出绝对的治疗优势。比如，挥鞭样损伤（whiplash injury），也称颈椎屈曲/伸展损伤（flexion / extension injury）或加速/减速损伤（acceleration / deceleration injury），是由后方或侧方车辆撞击所致的颈部加速/减速机制所造成的骨或软组织损伤，颈部和头部的神经肌肉控制能力会明显下降。Vikne等（2007）对214名挥鞭相关性疾患（whiplash-associated disorders）患者进行了悬吊治疗和传统物理治疗的随机对比实验，并从疼痛、功能缺陷、心理压力、病假情况、生理状态等方面进行评估。评估结果显示，经过4个月的治疗，各组之间并无统计学和临床上的差异，说明悬吊训练治疗和传统物理治疗的疗效相当，并无显著性优势。

近年来，在我国临床康复医学上，悬吊疗法也有一些探讨和有益的应用。卫小梅等（2006）综述了悬吊运动疗法作为一种新型主动训练疗法来治疗肌肉骨骼疾患的相关内容。时华静等（2007）自制上肢悬吊带，针对上肢骨折患者进行治疗，取得了满意效果，并指出此疗法具有效果可靠、应用简单、操作方便的优点。马诚等（2007）在悬吊牵引下对腰椎间盘突出患者进行步行训练治疗，患者的临床症状和体征以及视觉模拟（visual analogu scale，VAS）评分均较治疗前有明显改善。而患者在发病期间，其腰肌保护性痉挛、脊柱侧弯、不良姿势等可能导致躯干肌的肌力和协调性降低。治疗半年后，患者神经根的受压状况得以改善，神经根的传导功能得以恢复，近期和远期疗效均满意。其机制为悬吊牵引下进行下肢主动运动，两侧腰肌受力均匀，缓解腰部肌肉和骶棘肌的紧张状态，使腰肌痉挛得以缓解，相应的松弛或增宽了椎间隙，降低间盘内压，有利于膨出的纤维环借椎间盘自身的负压作用得以回纳，从而减轻突出物对神经的机械压迫，促进损伤神经的修复，同时纠正了不良姿势及步态，增强了躯干肌的肌力和协调性（马诚 等，2007）。高宝龙等（2008）对29例因运动引起腰痛的患者进行了为期8周的悬吊运动治疗和传统推拿治疗的比较，在实验开始和结束时进行VAS评分和血清CK（肌酸磷酸激酶）、LDH（乳酸脱氢酶）测试。结果表明，悬吊训练技术对运动性腰痛有着较好的治疗效果，具有明显缓解疼痛症状和治疗作用，同时还有降低血清LDH指标的效果，作为较新的无创理疗技术值得推广使用。卢玮（2009）对慢性腰痛患者进行4周核心训练，研究表明，悬吊训练能有效缓解慢性腰痛、改善失能状况，且改善的效果优于20 RM的力量训练。此外，他还发现这种以悬吊为主要手段的核心训练具有良好的后续作用，在停训1个月后仍具有减轻疼痛、改善功能的效果。

（二）悬吊训练在竞技运动领域发展的研究

悬吊疗法一般由接受过专业培训且拥有资质的专业人员出具治疗处方。根据个性化的训练方案和训练进度，可以借助于设备对悬吊训练进行不断的调整，从而能够加快功能的恢复并防止损伤再次发生。悬吊训练技术的精髓在于应用现代知识于评估治疗中，现有的悬吊训练观念已拓展到先针对个案实施完整评估后，再给予个性化治疗或训练；其应用的广泛度也从以往只在医院、诊所、物理治疗室等医疗场所治疗病患，扩充至有组织的团体进行定期训练的小区化或家庭化的健康体能运动中，甚至职业运动员的伤后复健。一周2～3次，每次20～50分钟的治疗时间，即可获得显著的疗效。

作为核心训练的重要方法之一，悬吊训练具备核心训练的所有作用，但也有其侧重点，包括：①稳定脊柱和骨盆核心肌群，保证高质量技术动作的完成；②改善脊柱和骨盆核心肌群控制力和平衡性，提高运动技术效果；③提高能量输出，形成有效的动量传递；④提高肢体协调工作效率，进行更加协调、流畅的技术动作；⑤降低能量消耗，避免无谓的能量损耗；⑥预防运动损伤，促进伤后恢复。在近十年的研究中，悬吊训练在竞技体育中的作用着重体现在增强运动员的肌肉力量，增强其平衡和稳定能力，改善其神经肌肉的控制能力、治疗，以及预防运动损伤、提高专项运动能力等方面。

1. 增强运动员的肌肉力量

采用悬吊训练，尤其是在悬吊训练中进行闭链训练，能在较短的周期内提高运动员的核心力量和专项力量能力。Seilerd等（2008）的研究证明，在悬吊训练中采取闭链训练后，手球运动员在不稳定支撑的俯卧撑测试成绩较对照组有显著性提高，所以，悬吊训练能明显增强上肢功能力量。Prokopy等（2008）将全美大学体育联盟第1级（NCAA Division I）的14名优秀垒球运动员分为闭链运动组（悬吊训练）和开链运动组（负重哑铃），并在12周的训练周期前后测试垒球测试卧推（1 RM），以及肩部屈、伸、内旋、外旋的等速峰力矩和力等指标。结果表明，在各项力量测试中，闭链运动组的力量有显著性提高，但是，由于实验样本量较小，并无统计学意义。杨合适等（2008）和李建臣等（2010）以北京队11名跳水运动员为研究对象，对其进行3个月以悬吊训练为主的体能训练，结果发现，跳水运动员的下肢爆发力有明显增强。

2. 增强平衡能力和稳定能力

悬吊训练是在不稳定晃动的吊带上完成各项动作，因此，该训练可以提高运动员的平衡能力。张凤仪（2005）利用悬吊式绳索的不稳定性对风浪板运动员进行了7天的平衡能力训练，实验数据显示，平衡能力在第2天便有所改善，平衡能力最佳效果出现于第3天，这是我国体育界对悬吊训练的较早尝试。杨合适等（2008）和李建臣等（2010）的研究证实了悬吊训练能较大程度提高跳水运动员的平衡能力与核心稳定能力。孙霞（2010）发现，将悬吊训练内容运用到常规力量训练中，只改变力量训练的方式，不改变力量训练的内容，依旧可以得到很好的效果。也就是说，在常规力量训练中穿插悬吊训练，不仅可以增强运动员对训练的积极性，还可以从根本上提升运动员协调能力、平衡能力，以及运动员肌肉的核心力量发展，增强运动时的能量由核心向四肢肌群的输出效果。胡雨琦（2018）以舞者作为研究对象进行悬吊训练法，发现使用吊带对促进舞者核心力量具有积极作用，效果优于地面徒手训练。另外，她还发现，对于单侧支撑的动作，实验前测数据较低的一侧在经过一段时间的悬吊训练后能够提升至与另一侧相同的水准，说明悬吊训练对于舞者身体左右两侧的能力起到一定的均衡作用。由此可见，悬吊训练不仅可以增强运动员的肌肉力量，而且可以帮助调节其自身肌肉的不对称性。

3. 改善神经肌肉的控制能力

非稳定条件下的力量训练是悬吊训练的主要练习方式，这种训练方式更加有利于促使肌肉的收缩与放松、身体平衡与不平衡之间的快速转化以及产生机体内在的用力感觉，有效提高神经对肌肉的控制能力，改善神经肌肉的协调性，提高神经募集肌肉的能力，从而提高肌肉的最大肌力和爆发力。Prokopy等（2008）在对垒球运动员进行悬吊训练的研究中指出，神经肌肉的控制和适应能力的改善是悬吊训练闭链运动提高各项测试结果、增强运动能力的主要原因。Stray-Pedersen等（2006）采用悬吊训练进行功能力量训练是增强神经肌肉控制能力和关节稳定能力的一项有效方式。杨合适等（2008）认为，悬吊法体能训练能较好地改善肌肉内部和肌肉之间的协调性，提高运动员的平衡性与稳定性，尤其对优秀跳水运动员核心肌群协调做功、空中身体姿势的控制、运动技能和专项技术动作的提高有显著效果。李建臣等（2010）认为，悬吊训练是一种非常有用的、能够激发身体潜能的训练方法，它对于年轻运动员效果更为突出。任满迎等（2009）对2008年全国体操锦标赛跳马冠军郭佳浩在冬训期间进行传统核心训练结合核心控制训练（悬吊训练练习和实心球控制练习）研究，在训练前后采用BIODEX等速肌力测试系统、HUR测力台和BTE力量训练及针对性的体能测试诊断系统，结果证明，此训练方法可有效提高神经支配能力、腹背肌的最大肌和爆发力。陈翀（2014）对中国中学生希望队的34名U-17足球运动员进行悬吊训练之后发现，悬吊训练能显著提高足球运动员非稳定状态下的快速移动能力、非稳定状态下的传球及头顶球控制能力。

4. 治疗和预防运动损伤

临床经验表明，悬吊训练可以为解决广泛的、与运动有关的问题提供帮助，如肌肉骨骼系统和慢性疼痛病症（Burkhart et al., 2000; Kibler et al., 2003; Elliott et al., 2003; Leetun et al., 2004）。Stray-Pedersen等（2006）的实验证明，8周的悬吊训练显著缓解了4名慢性后背疼痛的足球运动员的症状，训练前后的临床脊柱转动稳定性测试显示有显著性差异（$P<0.01$）。解为见（2018）证实，8周的悬吊训练可以有效降低残疾人游泳运动员过用性腰疼，且可有效增加核心力量及稳定性（$P<0.05$）。另外，在训练中有针对性地采取悬吊训练方式，不仅可以有效地减少运动伤病的发生，还可以提高运动能力。运动员定期参加悬吊训练可以有效预防腰背部运动损伤。韩国奥林匹克委员会早在数年前引进悬吊训练器材，不仅作为运动员加强力量、提高平衡能力的手段，而且解决了诸如射箭运动员腰痛、体操运动员肩痛等问题。由于该器材轻便、易于携带，欧洲一些运动员经常在比赛期间携带其作为牵引放松和力量训

练的手段，北欧很多大学生运动员的家里都安装了悬吊器作为日常的力量训练和牵引放松用器材。

5. 提高专项运动能力

作为发展核心训练的一种有效方法，悬吊训练在国内外优秀运动员中做了一些测试，实践证明，悬吊训练确实能提高多个项目运动员的运动能力。

Seiler等（2006）认为，个性化、高水平的功能稳定性训练计划应包括增加髋部、躯干扭转力的渐进性不稳定训练和闭链训练等要素。Stray-Pedersen等（2006）应用悬吊训练（以核心部位和旋转平衡训练为主要内容）和普通力量训练对18名专业青年高尔夫运动员的头杆最大击球速度进行了对比研究，结果表明，悬吊训练组运动员的头杆最大击球速度提高了3.8%，而普通力量训练组仅提高了1.2%。Stray-Pedersen等（2006）还使用了挪威Nordisk Terapi AS公司研发的悬吊训练器材，对12名挪威优秀足球运动员进行为期8周以髋部和躯干为重点训练区域的悬吊训练，结果显示，悬吊训练显著提高了足球运动员的定点起脚踢球速度，悬吊训练组平均提高3.3千米/小时（$P<0.05$），带助跑踢球速度提高1千米/小时。Seiler等（2006）和Stray-Pedersen等（2006）的研究可能是最早将核心训练直接发展为专项运动能力的受控实验。

Seiler等（2008）的另一项研究指出，核心稳定性对于手球运动员的意义在于保持其髋部和躯干旋转扭力的能力，只有强而稳定的核心区才能在多片段运动中产生出高旋转速度，25名高中女子手球运动员经过为期7周的悬吊闭链运动训练后，出手速度比对照组高出4.9%。Prokopy等（2008）的研究表明，悬吊闭链训练比负重哑铃开链训练能更显著地提高垒球运动员的上肢力量和控制能力，12周的对比训练结果显示：闭链运动组的出手速度提高了3.4%，而开链运动组仅提高了0.5%。彭云钊等（2009）等对6名高水平武术运动员运用平衡球、平衡板和悬吊绳等器械进行核心训练，测试结果表明，所有受试者的武术专项力量素质、专项基本功、完成高难跳跃动作的落地稳定性，乃至武术套路技术水平均得到了提高。

因此，悬吊训练能够有效地增强运动员的肌肉力量以及运动员对肌肉的控制能力，尤其是对其核心力量的训练及稳定性起到积极的作用；能够提高运动员的静态、动态平衡能力；在提升力量素质的同时，还对运动员的核心稳定性存在一定的提升作用。经过对文献的归纳整理发现，悬吊训练是近年来较受关注的一种有效训练手段，对运动员运动能力的提升有着巨大的帮助，尤其对技能主导类运动项目能力的提升起到积极的作用。

第二节

悬吊训练的基本概念、功能及优势

一、悬吊训练的相关概念

（一）悬吊训练的定义

悬吊训练进入体育训练领域后，人们对它有了全新的解读。于红妍、李敬勇等（2008）认为，悬吊训练是将身体的某一部位利用绳索悬置于空中，营造一种天然的不稳定状态，以此来刺激深层肌肉并通过这种刺激动员更多的肌纤维来参与训练，最终提升本体感觉的一种训练手段。杨合适等（2008）认为，悬吊训练是将身体某部位腾空，在不稳定条件下进行各种训练，使得肌肉产生神经冲动，激活肌纤维的收缩张力，进而达到体能训练效果的一种方式。

国内学者季磊（2011）在《功能性力量训练的实质及其训练方法探析——基于悬吊训练、振动力量训练、核心力量训练、本体感觉功能训练》一文中指出，悬吊训练和核心力量训练均属于功能性力量训练的范围，其最终都是以提高人体肌肉工作的能力为目的；在功能上，主要用于增强和传导人体力量和控制发力，并且具有预防运动损伤的功能；悬吊训练的目的是提高人体肌肉群的力量并增强身体自身的柔韧性，其作用是提升神经系统控制肌肉群的能力。

国外学者Hinds等（2012）认为，悬吊训练是可以培养运动员自身感觉的一种综合性训练悬吊训练时，身体处于不稳定的情况下，使用一定器械可刺激身体的肌肉群以及深层肌肉力量并进行运动，以此提高人体在运动中的平衡、控制能力和稳定状态。而Fontana等（2005）提出悬吊训练可以被用于闭链运动和开链运动。（开链运动，是指利用相关器械在肌肉放松不承受重量情况下所进行的练习；闭链运动，则是指通过练习肌肉的动力性，不断增加运动负荷或者是增加运动难度，改变悬吊绳与身体的位置和角度，在非稳定状态下进行运动的方式。）杜震城（2007）认为，悬吊训练是突出运动感觉的综合训练，强调在极不稳定的状态下所进行闭链运动是为了达到对感觉运动器官的最佳诱发效果。

综合国内外相关研究可见，从生理解剖学的角度来看，悬吊训练不同于以往简单地对大肌肉群进行力量刺激的训练，其更加重视对小肌肉群的刺激，这些肌肉群通常对运动员的身体稳定性和平衡性起到至关重要的作用。与传统的力量练习相比，悬吊训练的力量练习更加全面和系统。从悬吊训练的工作原理来看，传统的力量练习要求身体重心处于相对平衡的状态下完成动作，这种平衡状态是通过器械或地面提供的稳定支撑反作用力来实现的；悬吊训练强调的是稳定和平衡，强调核心深层次小肌肉群的固定作用以及神经对肌肉的支配能力，它是依靠神经支配肌肉控制动作，这样可以更好地增加运动员的本体控制感。在悬吊训练过程中，虽然核心肌群并不都直接参与运动发力，但是几乎所有的运动都离不开核心肌群的稳定控制。悬吊训练对核心力量的要求，是以前传统力量训练所无法提供的。此外，悬吊训练是在传统力量训练的基础上形成，是针对传统力量训练中核心肌肉力量发展不足的补充。因此，悬吊训练具有一般力量训练的性质和专项力量训练的作用，还可以理解为一种将身体借助悬吊训练绳等运动器材吊起，并处在一种非常不稳定状态的方法，目的是刺激身体的深层肌肉群被动发力，使人体的神经和肌肉活动，进而训练身体的稳定性。

（二）神经肌肉控制的定义

神经控制单元改变肌肉募集顺序而维持关节稳定，失去神经控制就会导致肌肉的失衡和功能的紊乱，神经的反射会影响肌肉的平衡和功能。在体育运动中，常见的是神经肌肉运动组织的控制问题。神经肌肉控制运动是人体在有意识控制下进行的，神经肌肉控制的改变是肌肉、骨骼疼痛或神经肌肉疾病患者的主要特征之一。因此，恢复和（或）增强功能运动模式，优化神经肌肉控制是必不可少的。悬吊训练通过强化核心而充分调动神经肌肉控制系统，通过不稳定支撑练习提高核心肌群力量，改善神经肌肉控制效率，顺利完成对各种运动的控制。通过加强核心肌群力量，躯干能够得到更稳固的支持，四肢的应力也能够随之减小，肢体就能够游刃有余地进行更加协调的技术动作。同时，人体核心区域主动稳定来源于多块肌肉的协同工作，这是一个复杂而精细的神经支配过程。对于错综复杂的竞技体育运动而言，核心区的稳定并不是运动的目的，而是为不同肢体的运动创造支点，为不同部位力量的传递建立通道（详见本书第一章第二节"肌肉系统"及"神经系统"）。

（三）本体感受的定义

本体感受在广义上可以被定义为身体在移动时对空间所处环境与位置的感知。从某种意义上讲，运动感觉就是本体感受。所有关于身体平衡、位置、肌肉骨骼系统结构完整性的感觉信息，都会通过神经纤维传递到中枢神经系统，中枢神经系统会做出相应的反馈（详见本书第一章第二节"肌肉系统"及"神经系统"）。

（四）神经肌肉激活技术的定义

神经肌肉激活技术（Neurac）是由挪威物理治疗师及医师发明的一种新型、独特的康复疗法，包括"诊断"和"治疗"两个方面，被广泛应用于神经系统及运动系统疾病的康复治疗。Neurac以生物力学原理为核心将科学的知识理念与运动训练相结合，使运动生物力学链在承担自身体重的闭链功能性运动中进行激活和训练，通过刺激神经肌肉系统，增强运动控制和缓解运动中的疼痛。定位功能上的受限制部分，并激发人体自身的能力来控制运动。

Neurac诊断用来评价运动力学链的神经肌肉功能，评估运动中深层的局部关节稳定肌群和外层整体运动肌群的结合能力水平。在Neurac临床诊疗活动中，需要定期使用Neurac功能评价方法对患者进行主观和客观的临床评估。神经肌肉激活技术特有的功能评价方法被称为"弱链测试"，也是利用Redcord悬吊系统在承担自身体重的闭链功能性运动中进行测试的。Neurac诊断是一个标准化的测试程序，这是在临床检查的一个组成部分。这个测试会给受试者有关生物力学链中的薄弱环节的详细信息，找到弱链则是Neurac治疗的基础。Neurac治疗是个体化的，可以很容易地根据个性化需求调整到不同的功能训练水平。因此，该方法广泛适合用于临床上各种运动控制受影响的患者。

Neurac治疗采用闭链运动，强调多关节的协同，更接近于功能性康复；通过静态训练，激活局部稳定肌；通过重复性训练，重建神经肌肉控制模式。在训练过程中，增加可控的振动刺激或负荷，最大限度地激活肌肉，保持训练过程中没有疼痛或至少不增加现疼痛，并减少不良信号的输入。

二、悬吊训练的功能及优势

众所周知，核心部位对上下肢体的协同工作及整合用力起着承上启下的枢纽作用。因此，悬吊训练的意义在于提高核心肌肉群协调做功，同时对于运动中的身体姿势、运动技能和专项技术动作起着稳定和支持作用。悬吊训练是一种融合了心灵和肉体的训练，它最令人满意之处在于，运动员可以因地制宜地开展训练，而且无论他多么强壮，都可以根据情况不断给出使练习者提高的恰当负荷（李建臣 等，2010）。根据运动队教练员、运动员和队医的要求，悬吊训练器的大小和适用范围越来越广泛，总体而言，它具有安全舒适、效果明显、操作简单、不占空间四个优势。同时，悬吊训练具备改善控制能力、提高核心肌群的稳定性、提高身体的协调功能、提高人体平衡能力等功能。

（一）改善控制能力

1. 本体感觉

运动的一切技能都是在本体感觉的基础上形成的。经过训练，个体本体感觉能力提高，对肌肉运动的分析能力提高，其神经对肌肉的支配能力增强。本体感觉的信息由传入神经纤维传至中枢后可决定肌肉的紧张度。本体感受器存在于肌肉和关节内，并可被躯体运动的刺激所兴奋，来自本体感受器的传入信息与运动的自动调节有关。

本体感觉是包含关节运动觉和位置觉的一种特殊感觉形式，主要包括三个方面的内容：①关节位置的静态感知能力；②对关节运动或加速度的感知能力；③反射回应和肌张力调节回路的传出活动能力。前两个内容反映本体感觉的输入能力，第三个内容反映其输出能力。退化的本体感觉会导致身体对位置变化的感知有失精准，从而增加运动过程中受伤概率，并且在行使本体感觉功能活动时，一段时间错误或者紊乱的生物力学可能使关节疾病恶化。本体感觉退化随年龄增加而衰退，而规律的身体活动似乎可以缓解这种现象的产生，并且能够预防运动损伤的发生。本体感觉退化作为运动训练的一个新问题，近几年逐渐受到关注。

2. 本体感觉的产生机制和功能

本体感觉是本体感受器感受运动和身体姿势的变化所产生的对肌肉或肌梭的牵拉刺激及相关刺激，然后将这些刺激传递到中枢神经系统的相应功能区域，通过信息加工和处理后产生的一种感觉。在解剖学结构上，存在于骨骼肌的本体感受器是肌梭与腱器官。肌梭是一种感受肌肉长度变化或牵拉刺激的特殊梭形感受装置，几乎存在于所有的骨骼肌中，特别集中在那些执行精细运动的肌肉中，是一种高度特化的感受器。

本体感觉系统主要通过两种方式对躯体运动进行干预：一种是前馈机制，通过运动前期的预兴奋反射性提高参与肌肉的数量和力量，为姿势的调整和承受外部负荷做好准备；另一种是在运动的过程中通过肌梭和腱器官的反馈，调整肌肉的力量，并协调不同肌肉之间的用力，解决躯体在运动过程的稳定与不稳定交替转换的问题。本体感觉作为人体最基本的感觉系统，对自身认识肢体的空间位置、速度力量等有着重要的作用。一切运动技能的形成都是建立在正确的肌肉本体感觉基础上的。

3. 本体感觉与悬吊的关系

悬吊训练是在不稳定的支撑面上进行，强调对躯干和四肢稳定肌群进行逐步深入的训练，在运动训练中对人体的稳定肌、感觉、运动协调能力等方面进行改善和加强。不稳定状态下的训练要求深层稳定肌肉群来控制身体，训练实质是通过肌梭和腱梭、韧带、关节囊、皮肤感觉之间的协调作用，自动完成对局部关节、肌肉张力的调节，即从感觉系统（传入系统）到神经系统（中枢系统）再到运动系统（输出系统）的一个综合性的训练过程。在这一训练过程中，逐步达到整个运动及本体感觉有序、全面的发展。悬吊训练是行之有效的本体感觉训练方法。

（二）提高核心肌群的稳定性

1. 核心肌群

从解剖学的角度来看，人体的核心是由腰椎、骨盆和髋关节形成的整体，它们位于人体的中心，连接着上肢和下肢，在力的传导中起着承上启下的作用。从人体功能的角度来看，核心的功能是维持身体重心稳定、为上下肢发力建立支点、为上下肢力量的传递创造条件。将解剖学、人体功能两个角度结合，可以得出核心肌群的定义：附着在腰椎、骨盆的肌群和髋关节周围的肌群。人体核心是运动链的枢纽，通过提高核心部位的稳定性及运动过程中对人体姿态的调整，为力量的产生创建支点，核心稳定及力量直接制约专项运动能力。

2. 核心稳定性

1985年，Panjabi首次提出核心稳定性理论，他认为核心稳定性的维持依靠中枢神经亚系（神经控制亚系）、骨骼韧带亚系（被动亚系）、肌肉亚系（主动亚系）。

（1）中枢神经亚系（神经控制亚系）。神经控制系统主要接收来自被动结构和主动脊柱肌肉的反馈信息，判断用于维持脊柱稳定性的特异性需要，然后启动相关肌肉活动，实现稳定性控制的作用。

（2）骨骼韧带亚系（被动亚系）。被动结构由脊椎体、椎间盘、椎间关节、关节囊、脊柱韧带等结构组成。

（3）肌肉亚系（主动亚系）。主动脊柱肌肉由所有维持脊柱稳定的核心肌群组成。无论脊柱处于静态还是动态，它们都在神经控制系统的协调下共同保持脊柱的稳定。

在人体的整个核心力量系统中，被动结构、主动脊柱肌肉和神经控制系统是相互依靠的，共同维持核心力量的稳定性，并应对核心力量的变化以及静态与动态负荷。

3. 核心稳定性训练与悬吊系统的关系

核心肌群训练是核心稳定性训练的主要手段。目前，核心肌群的稳定性训练多在不稳定状态下进行，即借助动态不稳定支撑面创造一个动态的支撑环境后实施训练。相对于传统训练方法，悬吊系统能给人体提供一个更安全的训练环境，动作过程强调前馈机制，能够激活神经系统募集更多的肌纤维参与运动，并且可以通过悬吊带的长度、弹性和高度，以及人体相对于悬吊绳的相对位置来调整训练难度，从而强化核心肌群的训练。

（三）提高身体的协调功能

1. 协调性

协调（coordination）是指人体产生流畅、准确、有控制的运动能力。完成高质量的运动应按照一定的方向和节奏，并采用适当的力量和速度，最后达到准确目标的能力。协调能力是在先天和后天的基础上发展起来的一种感知觉能力。而运动协调则是一种在能力基础上的最优组合，是肢体在应对各种需求时，各感觉器官和神经肌肉系统共同参与，共同维持彼此间良好关系的一种目标导向活动。

2. 协调性训练的原理

训练可以增强力量与耐力，但训练是否可以增加控制能力和协调能力，以及它起作用的生理学效应尚不清晰。控制能力和协调能力二者密不可分，目的是形成感觉印象和运动程序，二者存储于大脑中，进而产生动作。协调性训练的基础是利用感觉系统以及视觉、听觉和触觉来管理运动，其本质在于集中注意力，进行反复、正确的练习。主要方法是在不同体位下分别进行肢体、躯干、手、足协调性的活动训练，并反复强化。

3. 协调功能训练与悬吊的关系

感觉印象的建立是控制与协调的最初目标，因此感觉反馈是关键。如果在做某一个动作时，不具备正常的感觉，必然会利用未受损的感觉进行代偿。当人体局部不能进行主动运动时，被动运动可提供本体感觉的传入。如果缺乏足够的力量、耐力及运动范围，采用悬吊训练就可以给予练习者额外的帮助，以解决这些问题，同时纠正出现的错误，直到形成恰当的感觉印象和运动模式。

（四）提高人体平衡能力

1. 平衡

人体平衡的维持可以简化为感觉输入、中枢整合和运动控制三个环节。人体通过视觉、躯体感觉、前庭觉的传入来感知身体所处的位置及其与周围环境的关系。

（1）感觉输入。正常状态下，人体周围环境及身体运动和方向的信息，通过视网膜收集，经过视觉通路传入视中枢。当躯体感觉被干扰或破坏时，身体直立的平衡主要通过视觉系统来维持。躯体感觉系统主要由皮肤感觉（触觉、压觉）和本体感觉组成。前庭觉系统一般情况下控制身体重心位置的作用很小，只有当身体感觉和视觉信息输入均不存在（被阻断）或输入不准确而发生冲突时，前庭系统的感觉输入在维持平衡的过程中才变得至关重要。

（2）中枢整合。上述三种感觉信息输入到神经中枢中进行整合加工，并形成运动模式。当体位或姿势变化时，中枢神经系统对三种感觉信息进行整合，迅速判断传入信息的正确性，并加以取舍。

（3）运动控制。多种感觉信息经中枢神经系统整合后，发送运动指令。运动系统接受命令后，以不同的协同运动模式控制姿势变化，从而将身体重心调整回到原来的范围或重新建立平衡。其中主要的调节机制有三种：①踝调节。当人体站在一个比较坚固和较大的支持面上，受到较小的外界干扰时，身体重心首先通过踝关节屈、伸、内翻、外翻等动作，以调整身体重心，保持平衡。②髋调节。当人体站立在较小的支持面上，受到较大的外界干扰时，身体稳定性明显降低，朝各方向摆动幅度增大，此时为了减小身体摆动，使身体重心重新回到双足的范围内，人体启动髋调节机制，通过髋关节的屈伸活动来调整身体重心和保持平衡。③跨步调节。当外力干扰过大，身体的摇动进一步增加，身体重心超出其稳定极限，髋调节机制也不能应付平衡变化时，跨步调节机制启动，人体自动向用力方向快速跨出或跳跃一步，来重新建立身体重心支撑点，避免失衡。

以上三种调节机制，通常在短时间内按顺序发生，或者同时工作以重新建立身体平衡。

2. 平衡训练与悬吊系统的关系

相对于其他康复器材，悬吊系统可以说一物两用：通过改变吊带的长度、弹性和高度，既可以提供一个安全、稳定的平面，以进行静态平衡训练；又可以提供一个有保护的、不稳定的状态，以进行动态平衡训练。

另外，可以多点设置（运动点、支点等）增加运动难度，丰富训练方案，实现安全保护下的平衡训练，并且在此基础上辅助助力和抗阻训练。大多数运动的发力以髋部的旋转和伸展为基础，将力量通过核心传递到末端。

第三节

悬吊训练的特征与分类

一、悬吊训练的特征

悬吊法体能训练是一个特殊的体能训练方法，它通过一系列核心概念的阐述建立了自己独特的训练理念。基于本章第一节对悬吊训练的产生与演进历史的掌握，以及对悬吊训练概念的分析与理解，本节将阐述悬吊法体能训练在运动训练方面的基本特征。

（一）悬吊训练器材的特征

悬吊训练器材由绳索、宽悬带、窄悬带、带圈、把手等组成（表5-1）。

市面上的悬吊训练器材品牌繁多，其中最权威的器材品牌有TRX（Total Resistance Exercise）和Redcord。虽然二者都属于悬吊训练专业品牌，但器械与配件、适合人群、应用、优势、所需运动基础等都有一定区别（表5-2）。

TRX（全身性抗阻悬吊训练，被称为"黄绳"）起源于美国海军的体能训练，适合有一定运动基础的人学习，被广泛应用于健身房或健身爱好者的自我训练中。通过增加运动负荷，达到增肌减脂、提高运动表现的作用。其优点是需要的空间小，非常便捷，综合训练动作利于提高全身肌肉群的力量耐力。其缺陷是单点悬吊，位置较为稳定，只能靠选调角度进行调整，相比而言，对于深层核心肌肉群的训练效果较弱。

Redcord（红绳悬吊训练）起源于挪威，用于第二次世界大战后受伤士兵的康复治疗领域，后发展延伸到运动康复和竞技运动员的体能训练领域，被应用于医院、康复机构、健身工作室、体育大学、大学生运动队中。特点是通过吊带的支撑减轻运动者的负荷，增加关节活动度，使稳定肌得到锻炼，提高机体平衡能力，从而提高运动控制能力，适用于不同年龄的普通大众人群，能够发展儿童感统、体适能；青年体态、核心稳定；中年体态、体能发展；老年平衡、防摔倒等。但需要在专业人士的指导下使用。同时，多点悬吊制造了不稳定性，利于促进深层核心肌肉的发展，能在一定程度上改善身体两侧的肌肉均衡发展。除了大众人群以外，Redcord一方面应用于神经肌肉控制重建的"治疗性训练"；另一方面应用于功能强化的"专项训练"，对康复人群及竞技人群来说都有积极影响。

本书中的使用的悬吊示范动作器材为Redcord，由挪威Redcord AS公司2007年研发，通过可调节的吊索完成其和神经肌肉激活技术来强化各部分肢体的稳定能力。

表5-1 悬吊训练常用器材及其配件

中文名称	英文名称	图片	介绍与功能	主件/配件
便携悬吊套组	mini sling training set	 图5-1-1 便携悬吊套组	可便携的悬吊训练套组由两根绳子和两条手带、两个手柄、一份挂图、一份说明书组成。因为方便携带和使用，价格相对低廉，是悬吊训练器中最受欢迎的主件	主件
悬吊工作站	sling workstation	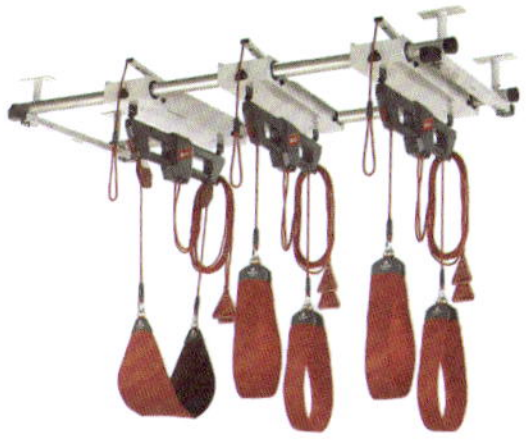 图5-1-2 悬吊工作站	悬吊工作站是一套综合系统，包括滑轨悬吊系统、若干个单片训练器，以及一系列的弹力绳、吊索和绳索等。依靠滑动的悬吊系统，可以完成单点、多点，乃至全身的一系列姿势和位置练习。训练师可以在悬吊工作站上轻松完成各种幅度的悬吊训练、诊断检测和康复治疗，但悬吊工作站的价格比较高昂	主件
悬吊单片训练器	sling trainer	 图5-1-3 悬吊单片训练器	悬吊训练绳仅需在室内吊顶使用，操作比迷你悬吊绳更流畅、方便，如安装1~3个单片训练器，可实现全身的多点悬吊	配件

续表5-1

中文名称	英文名称	图片	介绍与功能	主件/配件
迷你悬吊训练器	mini sling training device	 图5-1-4　迷你悬吊训练器	包括可便携的悬吊训练套组中的两条绳子和两条手带，可以进行一些基本的上下肢悬吊动作训练	配件
悬吊振动器	therapeutic vibration	 图5-1-5　悬吊振动器	①高效地激活肌肉。有研究资料表明，最有效激活肌肉的频率是30～50Hz。悬吊振动器可以提供这个范围的振动频率，因此可以更高效地激活肌肉。②更有效地消除疼痛。高振动频率的悬吊训练被证实可以有效消除慢性疼痛，悬吊振动器具有更广泛的高频范围，这方便了治疗师为患者更全面、更彻底地消除疼痛。③随机振动模式。神经肌肉系统可以随着时间的推移适应固定频率的振动模式训练，这可能会导致振动刺激训练的效果降低。随机的和不可预测的振动模式将大幅降低因神经肌肉系统产生这种适应而带来训练效果不佳的可能。悬吊振动器可提供不同的振动频率和训练模式	配件

续表5-1

中文名称	英文名称	图片	介绍与功能	主件/配件
滑轮训练器	rotational device	 图5-1-6 滑轮训练器	滑轮训练器的换轮装置使两侧绳子处于联通状态，需配合单片训练器或迷你/便携训练器使用，主要用于练习伴随转动等的动态动作，以及平衡双侧差异的悬吊训练动作。当练习者达到较高核心水平时，可配合使用滑轮训练器	配件
中分带（颈椎训练带）	split sling	 图5-1-7 中分带	悬吊头部	配件
宽带	wide sling	 图5-1-8 宽带	悬吊腰部或大腿	配件
窄带	narrow sling	 图5-1-9 窄带	悬吊下肢	配件

续表5-1

中文名称	英文名称	图片	介绍与功能	主件/配件
手带（手环）	sling straps	 图5-1-10　手带	主要用于悬吊上肢，也可以用于悬吊脚跟。使用时，小孔进、大孔出	配件
手柄	sling grips	 图5-1-11　手柄	悬吊训练时，手柄用于手部须抓握的动作，如悬吊俯卧撑	配件
弹力绳	elastic cord	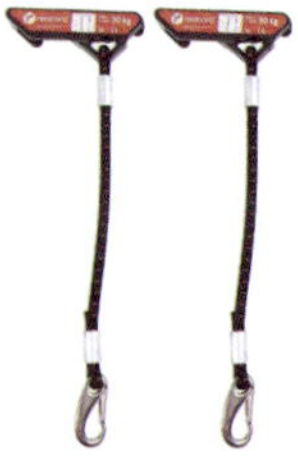 图5-1-12　弹力绳	主要用于悬吊训练时减少自重，多用于核心康复训练	配件
平衡气垫	balance cushion	 图5-1-13　平衡气垫	平衡气垫是悬吊训练的好搭档，可使用1～2个，主要用于增加悬吊训练时身体某些部位的不稳定性。常垫于上背部、脚下，以及俯卧位的手肘或脚尖下等；亦可垫于俯卧位的腹部下，增加舒适感	配件
泡沫滚轴	foam roller	 图5-1-14　泡沫滚轴	悬吊训练时，垫在身体特定部位，可以增加不稳定性，或者增加悬吊动作的功能性，抑或增加特定部位的训练便利性	配件

表5-2　Redcord（红绳）与TRX（黄绳）对比

项目	Redcord（红绳）	TRX（黄绳）
功能	诊断、复健、训练	训练
悬吊点	多点	单点
悬吊方式	悬吊垂直于地面，配合多点悬吊，可以依照每个部位分别调整强弱	悬吊角度随着使用者不同，悬挂式多为A型吊点。难易度只能靠悬吊角度来调整
绳子	圆的，有不同的弹性和强度可选	扁平的，无弹性，负重力强
空间	常规版可放置于诊所、物理治疗所、健身房等需要较大的空间；迷你版可在任何可把绳子吊起来的地方	任何可以把绳子吊起来的地方（公园、家里、办公室）
适用对象	较广（老人、小孩、残疾人和运动员皆可）	有一定基础肌肉控制力的人
专业人员	通常需要有了解解剖学、生物力学的专业人员在旁协助，如医生、物理治疗师、教练；也可以自己练习	可以自己练习，有专业教练教学更佳

（二）悬吊训练的两大系统

1. 悬吊诊断系统（弱链测试）

根据悬吊疗法开发出的一个独立的诊断系统，用来诊断所谓的"薄弱环节"（weak link）。可用Neurac的"弱链测试"，对薄弱环节进行评估诊断。薄弱环节，是指在某一个动作中，当某块肌肉和其他肌肉一起工作时，由于该肌肉力量太弱而不能发挥它应有的那部分作用。诊断时，需要通过逐渐增加开链和闭链运动的负荷来进行肌肉耐力测定，并须结合肌肉骨骼疾病的常规检查。患者最初是在闭链运动中使用渐进式阶梯系统筛查时检测出来的。具体方法是，患者首先在闭链运动中接受测查，负荷逐渐增大直至不能正确做动作或者感到疼痛时为止。如果在负荷较低时，或者左、右两侧的运动有明显差别时，发生上述情况表明被检者存在一处或多处薄弱环节，接着就用开链运动检测各块肌肉以确定其薄弱的程度。需要注意的是，在用闭链运动进行检测时，要求治疗师检测严密，因为机体会尽量让其他肌肉去代偿薄弱环节。不过迄今为止，尚未有关于测定该诊断系统可重复性的研究与报道。

2. 悬吊治疗系统

治疗系统主要应用于神经肌肉控制重建的"治疗性训练"、功能强化的"专项训练"两个方面，训练内容包括肌肉放松训练、关节活动度训练、牵引、稳定性训练、耐力训练、感觉运动协调训练、开链运动和闭链运动、渐进抗阻训练、活动肌动力训练、健体运动、小组训练、伴有长期随访的个体化家庭训练等。首先通过牵引、减重和放松技术使紧张的整体运动肌松弛，然后通过关节活动度训练扩大关节活动范围，再进行以局部稳定肌为目标的关节稳定性训练和运动感觉综合训练，后期则通过巧妙的悬吊技术利用自身体重进行渐进的肌肉力量训练。悬吊训练还拥有自成体系的训练软件，通过软件可以进行个性化训练设计，并且不断修改和调整训练计划。

在运动训练过程中，人体的稳定肌主要包括肩关节的肩袖、膝关节的股内侧斜肌、髋关节的臀中肌的后部、腰椎的腹横肌和多裂肌，以及颈椎的颈长肌、头长肌、多裂肌和半棘肌（司翔月 等，2020）。悬吊训练就是针对解决"弱链接"这一理念而发展起来的一种特殊体能训练方法。悬吊训练强调对躯干和四肢稳定肌群进行逐步深入的训练，逐步改善稳定肌在整个运动链中的弱链状况，使运动的能量传递达到最佳的状态。

二、悬吊训练动作的分类与表现形式

（一）悬吊训练动作的分类

悬吊训练分为开链运动和闭链运动，根据支点固定与否，以及运动静态与动态的不同，悬吊训练的分类如图5-1所示。

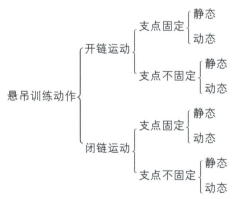

图5-1 悬吊训练的分类

资料来源：魏永敬《悬吊训练动作分类及生物力学原理的研究》，硕士学位论文，河北师范大学，2010年。

（二）悬吊训练动作的表现形式

对应不同的悬吊训练类型，相应的训练动作表现形式各异，包括下述8种。

1. 支点固定的静态开链运动（图5-2）

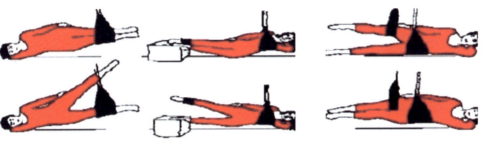

（a）侧卧外展　　　　　（b）侧卧外展　　　　　（c）髋关节内收
　（悬吊小腿）　　　　　（悬吊躯干）　　　　　（悬吊大腿和髋部）

图5-2　支点固定的静态开链运动

2. 支点固定的动态开链运动（图5-3）

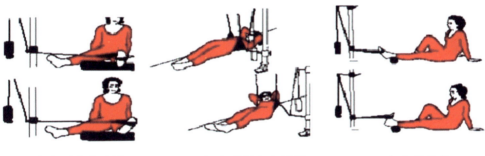

（a）踝关节外展　　　　（b）背侧左右摇摆　　　　（c）脚背屈

图5-3　支点固定的动态开链运动

3. 支点不固定的静态开链运动（图5-4）

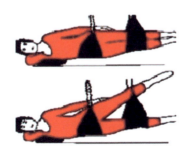 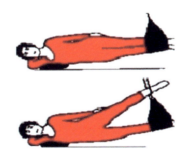

（a）侧卧外展（悬吊髋和腿）　　　　（b）侧卧外展（悬吊小腿）

图5-4　支点不固定的静态开链运动

4. 支点不固定的动态开链运动（图5-5）

（a）站姿左右转动　　（b）单脚站立直臂撑　　（c）单脚站立踝关节抗屈

图5-5　支点不固定的动态开链运动

5. 支点固定的静态闭链运动（图5-6）

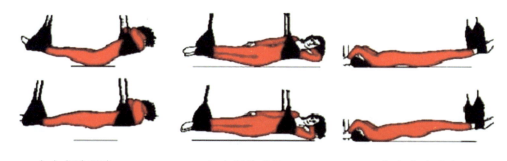

（a）仰卧顶髋　　　　（b）侧卧顶髋　　　　（c）仰卧顶髋

图5-6　支点固定的静态闭链运动

6. 支点固定的动态闭链运动（图5-7）

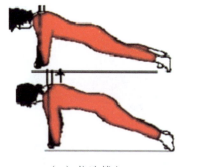

（a）俯卧撑起　　　　　　　　（b）站姿飞鸟

图5-7　支点固定的动态闭链运动

7. 支点不固定的静态闭链运动（图5-8）

（a）仰卧直臂后撑　　　（b）单脚支撑　　　（c）"大"字伸展

图5-8　支点不固定的静态闭链运动

8. 支点不固定的动态闭链运动（图5-9）

（a）跪姿俯卧撑起　　　（b）单腿下蹲　　　（c）"大"字内收

图5-9　支点不固定的动态闭链运动

（三）悬吊训练方式及原则特征

1. 训练方式

悬吊法体能训练包括开链和闭链两种运动训练方式。开链运动也称"开放链运动"，是指肢体近端固定而远端关节活动的运动。开链运动的特点是各关节链有其特定的运动范围，远端的运动范围大于近端，速度也快于近端，能独立地刺激所训练的肌肉，动作比较容易掌握。闭链运动也称"闭合链运动"，是指肢体远端固定并承受身体重量，近端肢体在固定，远端肢体做动作，如俯卧撑中上肢的运动。闭链运动的特点是在训练时肌肉、骨骼、肌腱、韧带、关节囊都承受一定负荷，强化整个运动链的肌力，同时其对关节及其周围组织的本体感受器的刺激比开链运动训练更为明显。

闭链运动训练可以更好地激活和训练局部稳定肌。在身体进行闭链运动训练时，局部稳定肌和整体运动肌可以更加协调地运动。闭链运动参与的关节和肌肉较多，相对于开链运动，其难度更大。在功能训练中，闭链运动通常运用比较多。在悬吊训练中，灵活地改变悬吊点、悬吊高度之间的位置关系来强化整个运动链的肌力,提高本体感觉输入。

悬吊运动的特点是通过将肢体悬挂在悬吊系统上,使大多数的闭链运动都在身体处于水平位时完成,并且肢体远端是处在一个不断晃动的吊带上。当身体处于直立位时,重力和地面反作用力基本呈垂线样通过身体各个关节;而当身体处于平行于地平面的水平位在悬吊设备上做运动训练时,重力基本呈切线位通过身体各个关节,这种有异于平常的方式会对关节周围的局部稳定肌产生更好的刺激和激活作用。在训练稳定肌时,强调使用低负荷的等长收缩(肌肉最大力的20%~40%),并强调在闭链运动模式下进行。

2. 渐进性分级原则训练负荷特征

训练开始时,应进行低负荷训练以激活局部稳定肌。在每次训练中,应遵循组与组之间的训练负荷递增直至运动员动作完成度不高为止。如此可以不断增加对神经肌肉的刺激,迅速恢复稳定肌的活力。每次训练时,应根据上次训练的结果逐渐增加训练强度。在中后期训练以提高肌肉力量和耐力为目的时,应遵循超量恢复和渐进抗阻训练的基本原则。

当训练者不能准确完成一个训练动作时,通常认为稳定肌的功能不足以应对此种负荷量,此时可练习退阶动作;当训练者在较低水平的负荷下可以轻松完成训练动作时,可练习进阶动作;在调整中,找到本阶段最适合训练者练习的强度。悬吊常用于两类训练:一是整体运动肌的训练,是指人体为一个由各个关节构成的动力链,重力和地面反作用力通过其进行上下传递,当身体一个环节出问题后,可能会影响其相邻甚至更远端的关节,从而导致动作完成的质量受到影响。悬吊训练注重对整体运动肌的训练,一旦局部稳定肌有了满意的稳定作用,整体运动肌的渐进式训练就可以开始了(孙霞,2010)。二是感觉和运动的协调能力的训练,是指悬吊法体能训练突出运动感觉综合训练,强调在平衡气垫等不平稳的平面上进行闭链运动是为了达到对感觉运动器官的最佳诱发效果(卫小梅,2006)。恰当的感觉和运动的控制能力对维持正常水平的功能是非常必要的。感觉和运动的协调训练是悬吊训练的重要组成部分。另外,悬吊训练通常会用到海绵橡胶垫、平衡板以及充气的橡胶垫枕。

悬吊法体能训练强调在不稳定状态下的训练负荷效应。虽然该训练的最大负荷不如稳定状态下的最大负荷,但在同样负荷条件下,非稳定状态下的训练效果要远超过稳定状态下的训练效果。悬吊法体能训练借用力学原理,使人体处于不稳定的状态以加强对深层稳定肌的训练,并通过绳索的角度变换,使人体对应不同的负荷强度。目前,悬吊训练的难度分为四级,每级训练难度可以按照运动者的水平进行调整,调整的因素包括运动平面、运动范围、身体位置、运动速度、运动控制能力、持续时间和运动频率等。优秀运动员在训练中提高较快,适当增加难度才能促进身体各项机能的成长(Creager,2006;李少

丹 等，2007）。提高悬吊训练难度、增加训练负荷的方法（表5-3）很多，可以根据具体情况灵活使用。

表5-3 提高悬吊训练难度、增加训练负荷的方法

方法	举例
调节悬吊绳索的长度	上肢练习悬吊俯卧撑，将绳索调低
改变悬吊身体的部位	做仰卧分腿时，悬吊处从膝盖移至脚踝
缩小悬吊面积	从双腿悬吊变为单腿悬吊，或由用宽带悬吊改为用窄带悬吊
改变身体与悬吊点间的相对位置	从站立于悬吊器械正下方到退后一步
变化支撑腿之间的距离	要求腿分得更开
增强肌肉的用力和紧张感	侧卧高处腿悬吊时，在双腿间夹一支笔
增加负重	在背部上方放置杠铃片
增加不稳定的平衡气垫	做俯卧撑时，在脚尖下放置两个平衡气垫
改变平衡气垫内空气的压力大小	平衡气垫充气不要太足可以增加不稳定性

第四节

悬吊训练的简易评估方法

悬吊训练作为核心训练中的一种，在正式开始训练前或一段时间的训练后，都需要进行核心能力评估与测试，以利于起始训练和阶段性评价并制订有针对性的训练计划。不同于常规核心评估方式，悬吊训练是可以直接通过悬吊绳索进行的简易测试方法，可以直观且有效地观察到练习者核心区稳定能力和核心区力量与耐力等。定期的身体评估有助于准确判断是否需要调整训练形式，以及确定何时增加训练强度，等等。本节介绍身体评估的基本要点，并提供使用悬吊训练器进行测试训练的建议。

一、测试前的注意事项

进行身体评估前,受试者需要熟悉评估动作。为了通过评估获得准确和有用的信息,评估方法本身必须具备可靠性。

(一)准备

评估之前,受试者进行热身训练,可以降低评估期间受试者技术运用效果不良的发生率。在测试之前,建议进行5~10分钟的基础热身活动。基础热身活动应包括能促进逐渐提高心率、呼吸频率和流汗速率的动作。受试者先在悬吊训练器上进行一些轻量级的运动,之后再进行3~5分钟的步行或慢跑,是一种恰当的热身方式。特别需要注意的是,要确保与热身相关的训练方式及其强度,不会为测试过程带来负面的影响。如果在这部分测试过程中身体积累了疲劳,则可能会对实际测试的结果产生负面影响。

(二)可靠性

可靠性指结果的一致性。提高评估结果可靠性的原则有6条。

(1)一致的环境(即温度、湿度、训练地面)。在一致的环境中进行所有的室内测试,可减少环境的变化。

(2)悬吊装置的统一性。在每次测试期间,应将悬吊手柄长度和足部支架的高度调整到相同,保持双脚的位置相当,与悬吊点的距离相等。基于悬吊这种训练装置的性质,细微的变动就能导致测试负荷产生显著的变化。如果悬吊装置不能保持一致性,就无法对测试结果进行准确的比较。

(3)保持身体质量稳定。更多或更少的自身重量,会造成悬吊训练的负荷显著地增大或减小,从而改变测试结果。对于那些肌肉质量较大的练习者而言,这是一个极具误导性的因素。尽管他们可能更加强壮,但因为需要克服更大的自身体重以完成测试或训练,所以他们所克服自重的总数量更大。尽管这可能表现为所完成的重复动作次数或所保持等距位置的时间量看似净零增益,但事实上,由于他们正在克服或控制更高的负荷,能力已经获得了提高。

(4)明显感到疲劳或肌肉酸痛时,不要进行测试。此时的身体状况可能会影响测试结果。一般性原则是:在上一次测试48~72小时之后再进行测试,以减小肌肉酸痛和身体疲劳所受到的影响。

(5)每4~6周重新评估一次。

(6)受试者要尽力而为。

二、测试训练动作的建议

接下来,介绍一些可用于评估核心训练进度的基础测试训练项目,以对当前的健身水平进行公正、客观、公平的总体评估。如果在完成这其中某一项训练期间感到疼痛,请在开始下一个训练计划之前遵从医生的许可。

(一)站姿前倾(图5-10)

(a)起始动作/结束动作　　　　(b)身体前倾

图5-10　站姿前倾

起始位:站立在悬吊点正下方。

悬吊高度:腰间。

悬吊带位置:上臂靠近肘部(屈肘接近90°)。

动作:①身体前倾至肩关节前屈90°;②身体呈直线。

要点:①脊柱中立位;②肩胛带控制良好;③身体无侧屈旋转等代偿。

评估目的:核心稳定性、腹侧运动链。

姿态现象提示:

・拱背:提示臀部肌群无力,背部肌群代偿发力,或在动作过程中背部的发力大于腹部的发力。

・塌腰:提示腹部肌群无力,无法为腰椎提供稳定的支撑。

・耸肩:提示核心肌群无力,或发力的顺序紊乱,肩部发力先于核心发力。

（二）仰卧骨盆上抬（图5-11）

（a）起始动作/结束动作　　　　　　　　（b）骨盆上抬

图5-11　仰卧骨盆上抬

起始位：仰卧位，悬吊点位于小腿上部正上方。
悬吊高度：屈髋屈膝90°。
悬吊带位置：小腿上部。
动作：①双腿下压抬起骨盆；②身体呈直线。
评估目的：核心稳定性、背侧运动链。
姿态现象提示：

- 拱背：提示臀部肌群无力，背部肌群代偿发力。
- 髋前移：提示臀部肌群无力，竖脊肌代偿发力。
- 肩内扣：提示背部肌力不足，胸小肌代偿发力。

（三）俯卧平板（图5-12）

（a）起始动作/结束动作　　　　　　　　（b）平板支撑

图5-12　俯卧平板

起始位：俯卧位，悬吊点位于小腿上部正上方。
悬吊高度：与肩同高。
悬吊带位置：小腿上部。
动作：①双腿下压抬起骨盆；②身体呈直线。
要点：①脊柱中立位；②肩胛带控制良好；③身体无侧屈旋转等代偿。
评估目的：核心稳定性、腹侧运动链。
姿态现象提示：

- 翘臀及骨盆前倾：提示腹部肌群无力，无法支撑脊柱在正确位置。
- 拱背：提示腹部肌力不足，动作过程由背部代偿发力。
- 躯干旋转：提示较低一侧的腹部力量不足，或屈髋肌群力量不足。

（四）侧卧外展（图5-13）

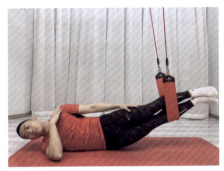 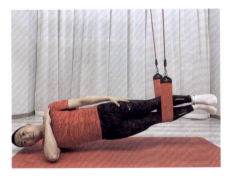

（a）起始动作/结束动作　　　　　　（b）外展腿

图5-13　侧卧外展

起始位：侧卧位，悬吊点位于小腿上方。
悬吊高度：下方脚踝与上方髋同高。
悬吊带位置：下右腿的小腿。
动作：①腿下压抬起骨盆；②身体中线呈直线。
要点：①脊柱中立位；②身体无侧屈旋转等代偿。
评估目的：核心稳定性、体侧运动链。
姿态现象提示：

- 整体向前侧旋转：提示背侧肌力不足。
- 整体向后侧旋转：提示腹侧肌力不足。
- 拱背：提示下侧运动链肌力不足，由背部代偿发力。
- 骨盆下沉：提示下侧运动链肌力不足，或神经肌肉控制障碍。

（五）侧卧内收（动态/静态）（图5-14）

（a）起始动作/结束动作　　　　　　　　（b）内收腿

图5-14　侧卧内收

起始位：侧卧位，悬吊点位于小腿上方。
悬吊高度：膝下方高于肩部。
悬吊带位置：上方腿的小腿。
动作：①上方腿向下压抬起骨盆；②身体中线呈直线；③下方腿尽量向上靠拢。
要点：①脊柱中立位；②身体无侧屈旋转等代偿。
评估目的：核心稳定性、腹侧及内收运动链。
姿态现象提示：

- 整体向前侧旋转：提示背侧肌力不足。
- 整体向后侧旋转：提示腹侧肌力不足。
- 骨盆下沉：提示测试腿的内收肌力不足。
- 拱背：提示内收肌及腹侧肌力均不足，由背部代偿发力。

三、测试结果分析

如何使用测试得到的信息，来提高评估训练计划的有效性，以及如何有针对性地调整后续训练计划？下面将进行详细的介绍。

（一）记录进度

阶段性悬吊训练评估记录表（示例见表5-4）可用于评估核心训练的效果和进度。

表5-4 阶段性悬吊训练评估记录（示例）

测试动作	测试日期：	测试日期：	测试日期：
	持续时长/秒（或数量/个）		
站姿前倾			
仰卧骨盆上抬			
俯卧平板			
侧卧外展（左腿在下）			
侧卧外展（右腿在上）			
侧卧内收（左脚在绳上）			
侧卧内收（右脚在绳上）			

评估核心训练进度的方法之一是简单地观察两次评估之间的测试结果变化总量或百分比。计算变化总量，是用最近的测试值（简称"后测值"）减去以前的测试值（简称"前测值"）。以观察样例（表5-5）为例，如果运动员能够在第一次测试中完成侧卧外展（左腿在下）26秒，1个月后能够完成36秒，这意味着提高了10秒的侧卧外展总量。可以按照如下步骤计算两次测试之间的变化程度。

表5-5 阶段性悬吊训练评估记录（样例）

测试动作	测试日期：3月5日	测试日期：4月4日	测试日期：5月6日
	每个动作持续时长/秒		
站姿前倾	40	52	75
仰卧骨盆上抬	45	55	65
俯卧平板	40	48	58
侧卧外展（左腿在下）	26	36	48
侧卧外展（右腿在上）	36	45	50
侧卧内收（左脚在绳上）	24	28	32
侧卧内收（右脚在绳上）	16	23	30

第一步，测试结果的后测值减去前测值，得出两次测试之间的变化总量。

样例中，训练者在3月5日至4月4日之间的测卧外展（左腿在下）动作变化总量为：

36秒（后测值）–26秒（前侧值）=10秒（变化总量）

第二步，变化总量除以前测值，得出变化比率。

10秒侧卧外展（变化总量）÷26秒（前测值）=0.38（变化比率）

第三步，变化比率转换为百分比。

0.38×100%=38%（变化百分比）

（二）分析数据

例如，身体两侧不对称性指进行某些训练时，身体的右侧和左侧之间的差异。由表5-5中训练者的测试结果显示，在第一次测试中其侧卧外展的左、右两侧不对称性为28%；大约经过1个月的训练后，其侧卧外展左、右两侧不对称性减少为20%；再经历1个月的训练后，该指标降低至4%。当训练者身体两侧的评估结果差值超过10%时，可能会有损伤的风险。如表5-5所示，经过2个月的训练之后，由于训练者有效提高了身体两侧的对称性，因此，其损伤的风险显著降低。

（三）调整训练负荷

测试训练可以为目前的健身水平提供评估的依据。实现训练计划的目标需要根据评估情况适时调整负荷或在所需的重复范围内进阶甚至改变训练要求。制订训练计划时，测试是一个必不可少的步骤。

大众人群的悬吊训练方法

在业余锻炼的人群中，悬吊训练已被证明能完善多种健身方式和提升运动表现。在持续进行规律性悬吊训练后，受训者的柔韧性、平衡感、核心耐力和下肢力量均有显著的提高。悬吊训练可以在周期性训练计划中作为单独的训练进行，也可以纳入综合力量训练计划的热身部分。悬吊训练有助于神经激活及肌力募集，快速进入训练状态，提高训练效率。例如，在深蹲训练的热身部分加入下肢悬吊训练，有助于训练者在正式训练组中接受更大的负荷。

在训练计划中，预防损伤是重要的组成部分。过往的损伤经历、习惯性运动模式以及重复性压力，都可能对训练产生多种结构性限制。这些限制会导致训练者进入补偿性运动模式，从而减弱大众训练者产生有效运动的能力。长时间使用这些模式，神经、肌肉的低效和肌肉组织被破坏会成为常态，可能引起疼痛或增加损伤风险。由于动态或者静态的闭链运动的特点，身体在动作过程中需多关节协调，将悬吊训练加入训练计划中，可以强化核心稳定性，有助于加强局部稳定肌与整体运动肌的协调发力，降低运动过程中的损伤风险。

下面将分别介绍胸部、背部、腹部、上肢、臀部、下肢等身体各部位的悬吊训练方法。

一、胸部

（一）站姿前倾飞鸟（图5-15）

（a）起始动作/结束动作　　（b）前倾飞鸟（侧视图）　　（c）前倾飞鸟（背视图）

图5-15　站姿前倾飞鸟

起始姿势：身体采用站姿，双肘下压悬吊握带，身体前倾至双臂屈90°，核心收紧。

动作步骤：双臂向两侧水平外展，至胸部充分打开；然后还原至起始姿势。一次动作过程持续2～4秒。

训练目标：在核心稳定状态下的胸部发力的控制能力。

 动作以控制为主，不建议爆发式起落；肩关节不超伸，避免肩关节损伤。

（二）站姿前倾飞鸟夹胸（图5-16）

（a）起始动作/结束动作

（b）前倾展臂（斜视图）

（c）前倾展臂（侧视图）

图5-16　站姿前倾飞鸟夹胸

起始姿势：身体采用站姿，双手下压悬吊握把，身体前倾至手臂与躯干夹角呈90°，核心收紧。

动作步骤：双臂向两侧水平外展，至胸部充分打开，然后还原至起始姿势。一次动作过程持续2~4秒。

训练目标：在核心稳定状态下的胸部发力的控制能力。

　动作以控制为主，不建议爆发式起落；肩关节不超伸，避免肩关节损伤。

（三）悬吊上斜俯卧撑（图5-17）

（a）起始动作/结束动作

（b）垂直下压

图5-17　悬吊上斜俯卧撑

起始姿势：身体采用俯卧位，双手下压悬吊握把，双脚着地，核心收紧，身体呈直线。

动作步骤：双臂向两侧打开，屈肘关节，身体垂直下降至肩与肘在同一平面，然后还原至起始姿势。一次动作过程持续2~4秒。

训练目标：在核心稳定状态下的胸部发力的控制能力。

动作以控制为主，不建议爆发式起落；肩关节不超伸，避免肩关节损伤。

（四）悬吊下斜俯卧撑（图5-18）

（a）起始动作/结束动作　　　　　（b）俯卧下压

图5-18　悬吊下斜俯卧撑

起始姿势：身体采用俯卧位，双手撑地，双腿悬吊，核心收紧，身体呈直线。

动作步骤：双臂向两侧打开，屈肘关节，身体垂直下降至肩与肘在同一平面，然后还原至起始姿势。一次动作过程持续2~4秒。

训练目标：在核心稳定状态下的胸部发力的控制能力。

动作以控制为主，不建议爆发式起落；肩关节不超伸，避免肩关节损伤。

二、背部

（一）直腿低位引体向上（图5-19）

起始姿势：身体仰面向上，双手正握悬吊带，肩胛轻微后缩，双臂内收发力，核心收紧直腿，骨盆上抬至身体呈直线。

（a）起始动作/结束动作　　　　　　（b）引体向上

图5-19　直腿低位引体向上

动作步骤：收腹伸髋，保持身体稳定，双足平放地面，然后背部发力，带动上臂发力，拉身体向上到后背充分收缩，然后还原至起始姿势。一次动作过程持续2～4秒。

训练目标：在核心稳定状态下的背部发力的控制能力。

动作以控制为主，整个过程强调躯干的稳定性。

（二）坐姿肩部伸展（图5-20）

（a）起始动作/结束动作　　　　　　（b）双臂下压挺身

图5-20　坐姿肩部伸展

起始姿势：身体采用仰卧位，双手前臂挂悬吊带，肩胛轻微后缩，双臂下压核心收紧。

动作步骤：双臂下压发力，向头部方向伸直，同时利用下压的力使后背部充分收缩，将躯干挺起到与手臂呈直线，然后还原至起始姿势。一次动作过程持续2~4秒。

训练目标：在核心稳定状态下的背部发力的控制能力。

动作以控制为主，整个过程强调躯干的稳定性。

（三）站姿反向飞鸟（图5-21）

（a）起始动作/结束动作　　　　　　（b）双臂外展

图5-21　站姿反向飞鸟

起始姿势：身体由站立位后倒，直臂，双手握悬吊握把，肩胛轻微后缩，核心收紧。

动作步骤：肩胛后缩，带动双手臂向两侧水平外展至与躯干在同一平面，然后还原至起始姿势。一次动作过程持续2~4秒。

训练目标：在核心稳定状态下的背部发力的控制能力。

动作以控制为主，整个过程强调躯干的稳定性。

（四）坐姿反向飞鸟（图5-22）

起始姿势：身体采用仰卧位，双手握紧悬吊握把，肩胛轻微后缩，核心收紧。

动作步骤：肩胛后缩，带动双手臂向两侧水平外展，同时将躯干拉起至手臂与躯干在同一平面，然后还原至起始姿势。一次动作过程持续2~4秒。

训练目标：在核心稳定状态下的背部发力的控制能力。

（a）起始动作/结束动作　　　　（b）双臂外展挺身

图5-22　坐姿反向飞鸟

动作以控制为主，整个过程强调躯干的稳定性。

（五）坐姿直臂"Y"字伸展（图5-23）

（a）起始动作/结束动作　　　　（b）直臂挺身

图5-23　坐姿直臂"Y"字伸展

起始姿势：身体采用仰卧位，双手握紧悬吊握把，肩胛轻微后缩，核心收紧。

动作步骤：肩胛后缩，带动双手臂向两侧斜上方外展，同时将躯干拉起至手臂与躯干在同一平面，然后还原至起始姿势。一次动作过程持续2~4秒。

训练目标：在核心稳定状态下的背部发力的控制能力。

动作以控制为主，整个过程强调躯干的稳定性。

三、腹部

（一）悬吊肘撑平板（图5-24）

 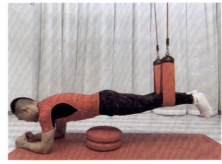

（a）起始动作/结束动作　　　　　　（b）俯卧骨盆抬起

图5-24　悬吊肘撑平板

起始姿势：身体采用俯卧位，腹部用两个平衡气垫支撑，肘关节在肩关节正下方。

动作步骤：双腿下压悬吊带，同时腹部发力，缓慢将骨盆上抬至身体呈直线并与地面平行，保持静力支撑6～10秒，然后还原至起始姿势。

训练目标：腹部发力，核心稳定。

动作以控制为主，整个过程强调躯干的稳定性。

（二）悬吊肘撑平板屈髋（图5-25）

（a）起始动作/结束动作　　　　　　（b）屈髋

图5-25　悬吊肘撑平板屈髋

起始姿势：身体采用俯卧位，双肘位于肩关节正下方支撑，核心收紧，以悬吊平板开始。

动作步骤：双腿下压悬吊带，同时腹部发力，缓慢屈髋至小腿与地面平行，保持静力支撑6～10秒，然后还原至起始姿势。

训练目标：在核心稳定状态下的腹部发力的控制能力。

 动作以控制为主，整个过程强调躯干的稳定性。

（三）单腿悬吊肘撑平板（图5-26）

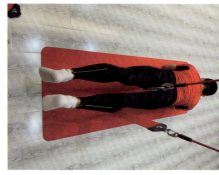

（a）体侧图　　　　　　　　（b）俯视图

图5-26　单腿悬吊肘撑平板

起始姿势：身体采用俯卧位，核心收紧，单腿下压悬吊带，肘关节在肩关节正下方。

动作步骤：非悬吊腿上抬至与悬吊腿同高，悬吊腿用力下压悬吊带，同时腹部发力，缓慢将骨盆上抬至身体呈直线并与地面平行，保持静力支撑6～10秒，然后还原至起始姿势。

训练目标：腹内、外斜肌发力，核心稳定。

 动作以控制为主，整个过程强调躯干的稳定性。

（四）站姿体前倾（图5-27）

起始姿势：身体采用站姿，屈肘90°，前臂下压悬吊带，核心收紧。

动作步骤：双臂下压发力，收紧腹部，身体保持直线的状态下向前倾，同时向前送肘至大臂与躯干呈90°，保持静力支撑6～10秒，然后还原至起始姿势。

训练目标：在核心稳定状态下的腹部发力的控制能力。

（a）起始动作/结束动作　　　　（b）前倾送肘

图5-27　站姿体前倾

动作以控制为主，整个过程强调躯干的稳定性。

（五）站姿单侧转体（图5-28）

（a）起始动作/结束动作　　　　（b）展单臂转体

图5-28　站姿单侧转体

起始姿势：身体由站立位后倒，直臂，单手握悬吊握把，肩胛轻微后缩，核心收紧。

动作步骤：腹部收紧，躯干向后转体，带动非悬吊手向后打开，然后还原至起始姿势。一次动作过程持续2～4秒。

训练目标：在核心稳定状态下单侧腹内、外斜肌发力的控制能力。

动作以控制为主，整个过程强调躯干的稳定性。

（六）侧肘撑平板（图5-29）

（a）起始动作/结束动作　　　　　　（b）上抬骨盆

图5-29　侧肘撑平板

起始姿势：身体采用侧卧位，肘关节在肩关节正下方，腿部悬吊，核心收紧。

动作步骤：腹部收紧，下方侧腹部发力，带动臀部发力，上抬骨盆至身体呈直线，然后还原至起始姿势。一次动作过程持续2~4秒。

训练目标：在核心稳定状态下单侧腹内、外斜肌发力的控制能力。

　动作以控制为主，整个过程强调躯干的稳定性。

（七）悬吊肘撑平板转体（图5-30）

（a）起始动作/结束动作　　　（b）屈髋（俯视图）　　　（c）屈髋（体侧图）

图5-30　悬吊肘撑平板转体

起始姿势：身体采用俯卧位，双肘位于肩关节正下方支撑，核心收紧，以悬吊平板开始。

动作步骤：双腿下压悬吊带，同时一侧腹部发力，缓慢屈髋，带动双膝转向一侧，侧腹部充分发力收缩，保持静力支撑1~3秒，然后还原至起始姿势。

训练目标：在核心稳定状态下的腹部发力的控制能力。

动作以控制为主,整个过程强调躯干的稳定性。

四、上肢

(一)悬吊臂屈伸(图5-31)

(a)起始动作/结束动作

(b)屈肘下放

图5-31 悬吊臂屈伸

起始姿势:双手握悬吊握把,挺胸收腹,肩胛下沉,腿部伸直,直臂支撑,核心收紧。

动作步骤:保持身体稳定,屈肘下降身体至肘关节接近90°,然后还原至起始姿势。一次动作过程持续2~4秒。

训练目标:在核心稳定状态下的肱三头肌力量。

动作以控制为主,整个过程强调躯干的稳定性。

(二)悬吊窄距俯卧撑(图5-32)

(a)起始动作/结束动作

(b)屈肘下放

图5-32 悬吊窄距俯卧撑

起始姿势：双手在肩关节正下方握悬吊握把，核心收紧。

动作步骤：双臂夹紧躯干，屈肘关节，身体垂直下降至肘关节略超过躯干高度，然后还原至起始姿势。一次动作过程持续2~4秒。

训练目标：在核心稳定状态下的肱三头肌发力的控制能力。

 动作以控制为主，整个过程强调躯干的稳定性。

（三）悬吊上肢静力支撑（图5-33）

（a）起始动作/结束动作　　　　　　（b）直臂撑起

图5-33　悬吊上肢静力支撑

起始姿势：屈肘双手放在地面，身体采用坐姿，双腿悬吊，挺胸收腹，腿部伸直，核心收紧。

动作步骤：保持身体稳定，肩胛下沉，双手臂伸直支撑，臀部离地，保持静力支撑6~10秒，然后还原至起始姿势。

训练目标：在核心稳定状态下的肱三头肌发力的控制能力。

 动作以控制为主，整个过程强调躯干的稳定性。

（四）坐姿肱二头肌弯举（图5-34）

起始姿势：双手握悬吊握把，身体采用后仰坐姿，挺胸收腹，腿部屈膝90°，核心收紧。

动作步骤：保持身体稳定，屈肘上拉身体至肘关节接近90°，然后还原至起始姿势。一次动作过程持续2~4秒。

训练目标：在核心稳定状态下的肱二头肌发力的控制能力。

（a）起始动作/结束动作　　　　　　（b）屈肘上拉

图5-34　坐姿肱二头肌弯举

动作以控制为主，整个过程强调躯干的稳定性。

五、臀部

（一）悬吊臀桥（图5-35）

（a）起始动作/结束动作　　　　　　（b）收腹伸髋

图5-35　悬吊臀桥

起始姿势：将悬吊位置调至与膝同高，身体呈仰卧状态，上背部下压悬吊宽带，屈髋至臀部接近地面，双脚踩实地面，腹部收紧。

动作步骤：收腹伸髋，臀部收缩发力，将骨盆上抬至身体呈直线，然后还原至起始姿势。一次动作过程持续2～4秒。

训练目标：在核心稳定状态下的臀部发力的控制能力。

动作以控制为主，不建议爆发式起落；强调臀部及腘绳肌的发力感，避免竖脊肌过度发力。

（二）悬吊侧位腿外展（图5-36）

（a）起始动作/结束动作　　　　　　（b）上腿外展

图5-36　悬吊侧位腿外展

起始姿势：身体采用侧身位，髋关节悬吊宽带，下方肘关节与足触地，上方腿与地面平行，腹部收紧。

动作步骤：保持身体稳定，上方臀外侧发力，带动上方腿上抬至臀部有充分收缩感，然后还原至起始姿势。一次动作过程持续2～4秒。

训练目标：在核心稳定状态下的臀中、小肌发力的控制能力。

　　动作以控制为主，不建议爆发式起落，强调臀中、小肌发力感。

（三）悬吊外展臀桥（图5-37）

（a）起始动作/结束动作　　（b）收腹屈髋（体侧图）　（c）收腹屈髋（俯视图）

图5-37　悬吊外展臀桥

起始姿势：身体仰卧，双足跟下压悬吊握带，双臂自然外旋，背部肩胛骨保持中立位，腹部收紧。

动作步骤：收腹屈髋，同时臀部发力，带动大腿外展至最大角度。动作过程中保持骨盆高度，然后还原至起始姿势。一次动作过程持续2～4秒。

训练目标：在核心稳定状态下的臀部发力的控制能力。

动作以控制为主，不建议爆发式起落；强调臀部及腘绳肌的发力感，避免竖脊肌过度发力。

六、下肢

（一）悬吊弓步蹲（图5-38）

（a）起始动作/结束动作　　　　　（b）向前屈髋屈膝

图5-38　悬吊弓步蹲

起始姿势：身体采用站姿，一条腿落地支撑，另一条腿前踩悬吊带，腹部收紧。

动作步骤：保持身体稳定，悬吊腿下压，向前屈髋屈膝、下蹲至前后腿屈髋屈膝均呈90°，然后还原至起始姿势。一次动作过程持续2～4秒。

训练目标：在核心稳定状态下的腿部发力的控制能力。

动作以控制为主，不建议爆发式蹲起，强调下肢发力感觉。

（二）悬吊反向弓步蹲（图5-39）

起始姿势：身体采用站姿，一条腿落地支撑，另一条腿后踩悬吊带，腹部收紧。

动作步骤：保持身体稳定，悬吊腿下压，向后屈髋屈膝、下蹲至前后腿屈髋屈膝均呈90°，然后还原至起始姿势。一次动作过程持续2～4秒。

训练目标：在核心稳定状态下的腿部发力的控制能力。

215

（a）起始动作/结束动作　　　　　　（b）向后屈髋屈膝

图5-39　悬吊反向弓步蹲

动作以控制为主，不建议爆发式蹲起，强调下肢发力感觉。

（三）弓步蹲（图5-40）

（a）起始动作/结束动作　　　　　　（b）向后弓步蹲

图5-40　弓步蹲

起始姿势：身体由站立位向后倒，直臂，双手握悬吊握把，肩胛轻微后缩，核心收紧。

动作步骤：保持身体稳定，单腿落地支撑，非支撑腿向后方伸髋，支撑腿向后屈髋屈膝，下蹲至前后腿屈髋屈膝均呈90°，然后还原至起始姿势。一次动作过程持续2～4秒。

训练目标：在核心稳定状态下的腿部的发力控制。

动作以控制为主，不建议爆发式蹲起，强调下肢发力感觉。

（四）后扫腿蹲（图5-41）

（a）起始动作/结束动作　　　　　　　　（b）向后扫腿蹲

图5-41　后扫腿蹲

起始姿势：身体由站立位向后倒，直臂，双手握悬吊握把，肩胛轻微后缩，核心收紧。

动作步骤：保持身体稳定，单腿落地支撑，非支撑腿向侧后方伸出，支撑腿向后屈髋屈膝，下蹲至前后腿屈髋屈膝均呈90°，然后还原至起始姿势。一次动作过程持续2~4秒。

训练目标：在核心稳定状态下的腿部、臀部发力的控制能力。

动作以控制为主，不建议爆发式蹲起，强调下肢发力感觉。

不同运动项目运动员的悬吊训练方法

一、田径运动员的悬吊训练动作示例

田径是运动大项，被称为"运动之母"，包括跳跃、跑步、投掷等多种运动模式。其中，跳跃类项目要求运动员有强大的下肢和脚踝力量，以及良好的核心力量以控制起跳腾空后的动作。不论是中长跑还是短跑，要在这些跑步类项目中取得优异运动成绩，运动员须具备核心稳定下的强大下肢力量。投掷类项目则是对身体稳定下的力量传递能力要求较高。下面介绍八种针对田径项目的悬吊训练方法。

（一）仰卧伸髋屈膝（图5-42）

（a）起始动作

（b）骨盆上抬

（c）伸髋屈膝

（d）结束动作

图5-42　仰卧伸髋屈膝

起始姿势：身体仰卧，双足跟下压悬吊握带，双臂自然外旋，背部紧贴地面，肩胛骨保持中立位，腹部收紧。

动作步骤：收腹伸髋，足跟下压悬吊握带，骨盆上抬至身体呈直线；足跟持续下压悬吊握带，臀部及腘绳肌发力，屈膝至90°；然后还原至身体呈直线。一次动作过程持续2～4秒。

训练目标：伸髋屈膝能力，强化背侧运动链在核心收紧下的协调发力。

动作以控制为主，不建议爆发式起落；强调臀部及腘绳肌的发力感，避免竖脊肌过度发力。

（二）仰卧伸髋交替屈膝（图5-43）

起始姿势：身体仰卧，双足跟下压悬吊握带，双臂自然外旋，背部紧贴地面，肩胛骨保持中立位，腹部收紧。

动作步骤：收腹伸髋，足跟下压悬吊握带，骨盆上抬至身体呈直线；足跟持续下压悬吊握带，单侧臀部及腘绳肌发力，屈膝至90°；确保躯干呈直线的状态下，左、右腿交替做动作。每侧动作过程持续时长为2～4秒。

训练目标：双侧伸髋屈膝动作的协调能力，强化背侧运动链在核心收紧下的协调发力。

（a）准备动作　　　　　（b）起始动作　　　　　（c）单侧结束动作

图5-43　仰卧伸髋交替屈膝

动作以控制为主，不建议爆发式屈伸动作；强调臀部及腘绳肌的发力感，避免竖脊肌过度发力。

（三）仰卧单腿伸髋屈膝（图5-44）

起始姿势：身体仰卧，双足跟下压悬吊握带，双臂自然外旋，背部紧贴地面，肩胛骨保持中立位，腹部收紧。

动作步骤：收腹伸髋，足跟下压悬吊握带，骨盆上抬至身体呈直线；足跟持续下压悬吊握带，双侧臀部及腘绳肌发力，屈膝至90°；确保躯干呈直线的状态下，抬起单侧腿。一次动作过程持续2～4秒。

训练目标：单侧伸髋屈膝动作的协调能力，强化背侧运动链在核心收紧下的协调发力，纠正身体双侧发力不平衡。

（a）准备动作

（b）起始动作

（c）伸髋屈膝

（d）结束动作

图5-44　仰卧单腿伸髋屈膝

动作以控制为主，不建议爆发式屈伸动作；强调臀部及腘绳肌的发力感，避免竖脊肌过度发力。

（四）侧卧单腿屈髋屈膝（图5-45）

起始姿势：身体侧卧，上方小腿放入悬吊带，支撑侧肘关节在肩关节正下方，肩胛骨保持中立位，腹部收紧。

动作步骤：收腹伸髋，小腿下压悬吊带并内收发力，将骨盆上抬至身体呈直线，双腿并拢；下方腿屈髋屈膝至90°；然后还原至双腿并拢。一次动作过程持续2~4秒。

训练目标：单侧伸髋屈膝动作的协调能力，强化背侧运动链在核心收紧下的协调发力，纠正身体双侧发力不平衡。

（a）准备动作　　　　　　　　　　（b）起始动作

（c）单腿屈髋屈膝　　　　　　　　（d）结束动作

图5-45　侧卧单腿屈髋屈膝

动作以控制为主，不建议爆发式屈伸动作；强调体侧、核心及内收肌的发力感，避免竖脊肌发力。

（五）侧卧滑轮屈髋屈膝（图5-46）

（a）起始动作/结束动作　　　　　　（b）单腿屈髋屈膝

图5-46　侧卧滑轮屈髋屈膝

起始姿势：身体侧卧，双脚踝放入悬吊带，支撑侧肘关节在肩关节正下方，肩胛骨保持中立位，腹部收紧。

动作步骤：收腹伸髋，上方腿内收肌、下方体侧整段肌群同时发力压悬吊带，将骨盆上抬至身体呈直线，双腿并拢；下方腿屈髋屈膝至90°，上方臂同时摆动；然后还原至双腿并拢。一次动作过程持续2～4秒。

训练目标：单侧伸髋屈膝动作协调能力，强化体侧运动链在核心收紧下的协调发力，纠正身体双侧发力不平衡。

动作以控制为主，不建议爆发式屈伸动作；强调体侧、核心及内收肌的发力感。

（六）侧方向跑步（图5-47）

（a）左腿支撑　　　　（b）右腿支撑

图5-47　侧方向跑步

起始姿势：身体采用站姿，胸口侧靠悬吊带，单侧腿支撑，肩胛骨保持中立位，腹部收紧。

动作步骤：收腹收臀，压带的一侧体侧发力，保持身体呈直线；悬空腿屈髋屈膝至90°，同时双臂进行跑步摆臂动作；然后还原至双腿并拢。一次动作过程持续2～4秒。

训练目标：单侧伸髋屈膝动作的协调能力，强化背侧运动链在核心收紧下的协调发力，纠正身体双侧发力不平衡。

动作以控制为主，不建议爆发式屈伸动作；强调体侧、核心的发力感，强调动作的一致性。

（七）单腿下蹲（图5-48）

（a）起始动作/结束动作

（b）直臂下蹲

（c）单腿支撑

（d）再次下蹲

图5-48　单腿下蹲

起始姿势：身体采用站姿，双手握悬吊带。

动作步骤：收腹屈髋，向后下蹲至屈髋屈膝90°；然后向前抬起一侧腿，单腿支撑；起立并将悬空腿朝后，再次下蹲。一次动作过程持续2～4秒。

训练目标：单侧伸髋屈膝动作协调能力，强化核心稳定及单侧稳定下的对侧协调发力。

动作以控制为主，不建议爆发式屈伸动作；强调支撑腿的臀肌、腘绳肌发力感，避免手臂发力拉起。

（八）下蹲纵跳（图5-49）

（a）起始动作/结束动作

（b）下蹲

（c）起跳腾空（斜方位视图）

（d）起跳腾空（体侧图）

图5-49 下蹲纵跳

起始姿势：身体采用站姿，双手握悬吊带。

动作步骤：收腹伸髋，向后下蹲至屈髋屈膝90°；然后双手向下压悬吊带，同时双腿向上纵跳，落地后再次到下蹲姿势。一次动作过程持续2～4秒。

训练目标：全身协调下的纵跳发力，强化滞空及空中姿态的稳定控制。

动作以控制为主，强调滞空时间；强调腰腹、臀肌、腘绳肌发力感。

二、排球运动员的悬吊训练动作示例

排球运动是激烈的隔网对抗运动,运动员在排球运动中有大量的屈髋和纵跳动作。据统计,排球运动员容易出现腰部伤病。腰部对上肢、下肢起承上启下的作用,腰腹部力量不足,容易引起技术动作的变形,进而产生损伤。悬吊训练改变了过去单调的腰腹力量训练模式,下面介绍七种悬吊训练方法。

(一)跪姿手臂屈伸(图5-50)

起始姿势:身体采用跪姿,双臂屈肩屈肘90°,双手对握悬吊带。

动作步骤:收腹伸髋,躯干呈直线,大腿前侧与地面呈45°,双臂屈至双耳侧,然后双手固定,上臂后侧(肱三头肌)向下压悬吊带,将躯干推回至手臂伸直。一次动作过程持续2~4秒。

(a)起始动作/结束动作

(b)屈臂前倾

(c)手臂伸直

图5-50 跪姿手臂屈伸

训练目标:核心稳定下的上肢发力。

动作以控制为主,整个过程强调躯干的稳定性。

(二)站姿二头肌弯举(图5-51)

起始姿势:身体采用站姿,向后倒至上臂与躯干夹角呈90°,双手反握悬吊带。

动作步骤:收腹伸髋,保持身体稳定,上臂发力,把身体拉向手臂。一次动作过程持续2~4秒。

训练目标:核心稳定下的肱二头肌发力。

（a）起始动作/结束动作　　　　（b）弯举

图5-51　站姿二头肌弯举

注意事项　动作以控制为主，整个过程强调躯干的稳定性。

（三）低位引体向上（图5-52）

（a）起始动作/结束动作侧视图　　　（b）起始动作/结束动作后视图

（c）骨盆上抬　　　　　　　　　（d）屈臂上拉

图5-52　低位引体向上

起始姿势：身体采用坐姿，双手正握悬吊带，肩胛轻微后缩，双臂内收发力。

动作步骤：收腹伸髋，保持身体稳定，双脚平放地面，骨盆上抬至身体呈直线，然后上臂发力把身体向上拉到后背充分收缩。一次动作过程持续2～4秒。

训练目标：核心稳定下的背部及手臂发力。

动作以控制为主，整个过程强调躯干的稳定性。

（四）下肢悬吊俯卧撑（图5-53）

（a）起始动作/结束动作　　　（b）俯卧撑起　　　（c）俯卧下压

图5-53　下肢悬吊俯卧撑

起始姿势：身体俯卧，双脚下压悬吊带，上身贴地，双臂外展于躯干两侧。

动作步骤：收腹伸髋，保持身体稳定，双脚下压悬吊绳，双臂发力撑直，骨盆上抬至身体呈直线并与地面平行，然后前臂弯曲直至身体贴近地面，再通过胸部、上臂伸发力，撑起身体至与地面平行。一次动作过程持续2～4秒。

训练目标：核心稳定下的胸部及手臂发力。

动作以控制为主，整个过程强调躯干的稳定性。

（五）俯卧单臂支撑转体（图5-54）

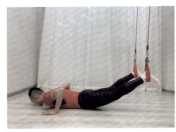  

（a）起始动作/结束动作　　　（b）俯卧撑起　　　（c）单臂支撑转体

图5-54　俯卧单臂支撑转体

起始姿势：身体俯卧，双脚下压悬吊带，上身贴地，双臂外展于躯干两侧。

动作步骤：收腹伸髋，保持身体稳定，双脚下压悬吊绳，双臂发力撑直，骨盆上抬至身体呈直线并与地面平行，然后单臂支撑，转体并将对侧手臂水平外展至与地面垂直。一次动作过程持续2～4秒。

训练目标：核心稳定下的上肢控制及平衡能力。

动作以控制为主，整个过程强调躯干的稳定性。

（六）悬吊手腕屈伸（图5-55）

（a）手腕后伸　　　　（b）手腕前屈

图5-55　悬吊手腕屈伸

起始姿势：手指关节正向扣紧握带，身体前倾呈直线。

动作步骤：收腹伸髋，保持身体稳定，手腕后伸，通过前臂发力带动手指前压悬吊带至手腕前屈。一次动作过程持续2～4秒。

训练目标：核心稳定下的上肢末端发力控制。

动作以控制为主，整个过程强调躯干的稳定性，保证躯干、上臂不屈伸发力。

（七）站姿悬吊俯卧撑（图5-56）

起始姿势：身体采用站姿，双手正握悬吊握把，直臂前伸，俯卧撑至大臂与小臂夹角呈90°，身体前倾呈直线。

动作步骤：收腹伸髋，保持身体稳定，双手发力，身体前倾进行俯卧撑动作。一次动作过程持续2~4秒。

训练目标：核心稳定下的胸部发力控制。

（a）站姿撑臂

（b）站姿屈臂

图5-56　站姿悬吊俯卧撑

动作以控制为主，整个过程强调躯干的稳定性。

三、足球运动员的悬吊训练动作示例

足球运动是一项身体对抗性很强的运动。运动员在足球运动中需要在克服自身体重的基础上，与他人在有身体对抗的状态下完成起动、变向、加速、制动、射门等动作。足球运动要求运动员具备良好的平衡能力和身体稳定性，以便支撑强大的力量，在非稳定状态下进行对抗。下面介绍七种悬吊训练方法，可以加强足球运动员核心部位训练，控制动作稳定性。

（一）悬吊双腿下蹲（图5-57）

起始姿势：身体采用站姿，双脚踩悬吊带，上身直立，双手轻扶悬吊绳。

动作步骤：收腹屈髋，保持身体稳定，两臂侧平举保持平衡，双腿下蹲至大腿与地面平行，然后向上伸髋伸膝至身体直立。一次动作过程持续2~4秒。

训练目标：核心稳定下的下肢控制及平衡能力。

（a）起始动作/结束动作　　（b）下蹲（后视图）

（c）下蹲（侧视图）　　（d）下蹲（斜方位视图）

图5-57　悬吊双腿下蹲

动作以控制为主，整个过程强调躯干的稳定性。

（二）悬吊单腿下蹲（图5-58）

（a）起始动作/结束动作　　（b）单腿下蹲

图5-58　悬吊单腿下蹲

起始姿势：身体采用站姿，单腿屈膝90°，脚踝挂在悬吊带，上身直立。

动作步骤：收腹屈髋，保持身体稳定，悬吊腿下压悬吊带，支撑腿缓慢向后下蹲至膝关节呈90°，然后再蹬起至起始姿势。一次动作过程持续2~4秒。

训练目标：核心稳定下的单侧下肢控制及平衡能力。

动作以控制为主，整个过程强调躯干的稳定性。

（三）悬吊单腿前跨步（图5-59）

（a）起始动作/结束动作　　（b）单腿前跨

图5-59　悬吊单腿前跨步

起始姿势：身体采用站姿，单腿屈膝踩悬吊带，另一条腿落地支撑，上身直立。

动作步骤：收腹伸髋，保持身体稳定，支撑腿保持足部固定，踩悬吊带的腿下压，缓慢向前跨步至最大幅度，然后再发力将身体向后推回至起始姿势。一次动作过程持续2~4秒。

训练目标：核心稳定下的单侧下肢控制及平衡能力。

动作以控制为主，整个过程强调躯干的稳定性。

（四）悬吊双腿内收（图5-60）

起始姿势：身体采用站姿，双脚踩悬吊带，上身直立，双手轻扶悬吊绳。

动作步骤：收腹伸髋，保持身体稳定，双腿向两侧缓慢外展至最大幅度，然后再发力将双腿向中间并拢至起始姿势。一次动作过程持续2~4秒。

训练目标：核心稳定下的下肢内收肌群控制及平衡能力。

（a）起始动作/结束动作　　　（b）双腿内收

图5-60　悬吊双腿内收

注意事项：动作以控制为主，整个过程强调躯干的稳定性。

（五）悬吊单腿侧蹲（图5-61）

（a）起始动作/结束动作　　　（b）单腿侧蹲

图5-61　悬吊单腿侧蹲

起始姿势：身体采用站姿，单腿屈膝踩悬吊带，上身直立。

动作步骤：收腹屈髋，保持身体稳定，两臂前平举辅助身体保持稳定，悬吊腿向侧面外展，支撑腿下蹲至大腿与地面平行；随后悬吊腿下压悬吊带发力，将身体回推至起始姿势。一次动作过程持续2~4秒。

训练目标：核心稳定下的下肢内收肌群控制、平衡能力，以及不稳定状态下的双腿协调发力。

 动作以控制为主，整个过程强调躯干的稳定性，保证支撑腿膝关节不内扣。

（六）滑轮悬吊前倾左右摇摆（图5-62）

（a）起始动作/结束动作

（b）身体前倾

（c）身体左摇

（d）身体右摆

图5-62 滑轮悬吊前倾左右摇摆

起始姿势：身体采用直立站姿，屈肘90°，前臂悬吊，核心收紧。

动作步骤：收腹伸髋，保持身体稳定，前臂下压悬吊带，身体前倾至肩关节与躯干夹角呈90°，然后向左右两侧摇摆。一次动作过程持续2～4秒。

训练目标：在核心及下肢稳定的状态下，躯干旋转、协调发力。

动作以控制为主，整个过程强调躯干的稳定性。

（七）俯身悬吊单腿转髋（图5-63）

（a）起始动作/结束动作　　　　（b）转髋（体侧图）

（c）转髋（俯视图）

图5-63　俯身悬吊单腿转髋

起始姿势：俯身向下，单腿悬吊，双臂支撑使身体呈直线与地面保持平行。

动作步骤：收腹伸髋，保持身体稳定，前臂俯卧撑，悬吊腿下压保持发力，对侧腿屈髋屈膝呈90°，转向对侧。一次动作过程持续2～4秒。

训练目标：在核心及单侧下肢稳定的状态下，髋关节旋转、协调发力。

动作以控制为主，整个过程强调躯干的稳定性。

四、游泳运动员的悬吊训练动作示例

游泳为水上项目,不同的泳姿,对运动员身体能力的要求也略有偏差。蝶泳是核心肌群发力,由腰部带动腿部进行发力前行的泳姿,所以蝶泳对运动员核心力量、身体稳定性要求较高;但因其腿部不是主要发力源,所以其下肢力量及膝关节、踝关节的灵活性较差。仰泳运动员的下肢力量较强,髋部、膝部、踝部的稳定性及灵活性较好,但核心肌群力量及下肢柔韧性较弱。蛙泳运动员的下肢力量较强,但是长期的专项化训练,使其膝部、踝部的稳定性及灵活性常因缺乏锻炼而变得较差,容易出现功能受限和肌肉紧张的情况。自由泳运动员的身体协调性较强,下肢力量较好,但肩关节灵活性、双腿柔韧性及核心力量较差。混合泳运动员在训练中需要兼顾各种泳姿,身体各部位的肌肉需要全面发展,因此混合泳项目的运动员身体素质较为全面。接下来,介绍几种针对游泳项目的悬吊训练方法。

(一)仰卧滑轮双腿交替下压(图5-64)

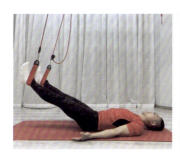  

(a)起始动作/结束动作　　(b)骨盆上抬　　(c)左腿下压

图5-64　仰卧滑轮双腿交替下压

起始姿势:身体仰卧,双腿悬吊,双臂放在体侧并紧贴地面。

动作步骤:收腹伸髋,保持身体稳定,双腿下压悬吊带发力,将骨盆上抬至身体呈直线,然后双腿交替下压。一次动作过程持续2~4秒。

训练目标:核心稳定下的双腿协调伸髋能力。

 动作以控制为主,整个过程强调躯干的稳定性;单侧下压时,强调臀部主导发力。

（二）俯身滑轮双腿交替下压（图5-65）

（a）起始动作/结束动作　　　　　　　　（b）左腿下压

图5-65　俯身滑轮双腿交替下压

起始姿势：俯身向下，双腿悬吊，双臂支撑使身体呈直线与地面保持平行。

动作步骤：收腹伸髋，保持身体稳定，双腿交替下压。一次动作过程持续2～4秒。

训练目标：核心稳定下，双腿协调的屈髋能力。

 动作以控制为主，整个过程强调躯干的稳定性；单侧下压时，强调大腿前侧主导发力。

（三）俯身悬吊单手静力支撑（图5-66）

（a）起始动作/结束动作　　　（b）双臂撑起　　　（c）单手支撑

图5-66　俯身悬吊单手静力支撑

起始姿势：身体俯卧，胸部落于地面，双腿悬吊，双臂支撑于躯干两侧且与地面保持平行。

动作步骤：收腹伸髋，保持身体稳定，双臂支撑，双脚下压悬吊带发力，身体上抬至呈直线，然后一只手支撑，另一只手抬起至接近与躯干呈直线。一次动作保持10秒。

训练目标：核心稳定下的躯干抗旋转能力。

动作以控制为主，整个过程强调躯干的稳定性。

（四）悬吊仰卧骨盆旋转（图5-67）

（a）起始动作/结束动作

（b）骨盆上抬

（c）骨盆左旋

（d）骨盆右旋

图5-67 悬吊仰卧骨盆旋转

起始姿势：身体仰卧，双腿悬吊、外展发力并下压悬吊带，双手放在体侧并紧贴地面。

动作步骤：收腹伸髋，保持身体稳定，双脚压悬吊带发力，骨盆上抬至身体呈直线，然后骨盆向左后侧、右后侧交替旋转。一次动作过程持续2~4秒。

训练目标：核心稳定下的髋关节旋转能力。

动作以控制为主，整个过程强调躯干的稳定性，双腿始终保持外展发力。

（五）悬吊俯卧骨盆旋转（图5-68）

（a）起始动作/结束动作　　（b）双臂撑起　　（c）骨盆旋转

图5-68　悬吊俯卧骨盆旋转

起始姿势：身体俯卧，胸部落于地面，双腿悬吊、外展发力并下压悬吊带，双手放在体侧并紧贴地面。

动作步骤：收腹伸髋，保持身体稳定，双脚压悬吊带发力，双臂发力支撑使骨盆上抬至身体呈直线，然后开始骨盆向左后侧、右后侧交替旋转。一次动作过程持续2～4秒。

训练目标：核心稳定下的髋关节旋转能力。

 动作以控制为主，整个过程强调躯干的稳定性，双腿始终保持外展发力。

（六）仰卧悬吊挺身（图5-69）

（a）起始动作/结束动作　　（b）收腹伸髋　　（c）压臂挺身

图5-69　仰卧悬吊挺身

起始姿势：身体仰卧，双臂屈肩屈肘90°，前臂悬吊。

动作步骤：收腹伸髋，保持身体稳定，双臂发力下压悬吊带并向头侧伸直，同时利用双臂下压使上身挺起。一次动作过程持续2～4秒。

训练目标：核心稳定下的后背及肩关节发力稳定性。

动作以控制为主，整个过程强调躯干的稳定性，双臂始终保持发力。

（七）跪姿悬吊双臂交替下压（图5-70）

（a）起始动作/结束动作

（b）收腹伸髋

（c）左臂下压

（d）右臂下压

图5-70　跪姿悬吊双臂交替下压

起始姿势：身体采用跪姿，双臂屈肘90°，前臂悬吊，身体保持直立。

动作步骤：收腹伸髋，保持身体稳定，双臂发力下压悬吊带并向头部伸直，身体前倾呈直线，然后双臂交替下压。一次动作过程持续2～4秒。

训练目标：核心稳定下的手臂协调发力能力。

动作以控制为主，整个过程强调躯干的稳定性。

（八）斜板背侧静力悬吊（图5-71）

（a）起始动作/结束动作　　（b）斜板悬吊（体侧图）　　（c）斜板悬吊（俯视图）

图5-71　斜板背侧静力悬吊

起始姿势：身体采用跪姿，双臂支撑，双膝离地，双脚前脚掌落地，腹部悬吊。

动作步骤：收腹伸髋，保持身体稳定，先将双腿缓慢向后伸直，收紧臀部及后背，然后双臂缓慢向头部上举至与身体呈直线。一次动作保持10秒。

训练目标：核心稳定下的背侧运动链发力稳定与控制能力。

　动作以控制为主，整个过程强调躯干的稳定性，臀和后背始终保持发力。

（九）背侧静力悬吊（图5-72）

（a）起始动作/结束动作　　　　　　（b）静力悬吊（俯视图）

图5-72　背侧静力悬吊

起始姿势：身体采用跪姿，双臂支撑，双膝离地，双脚前脚掌落地，腹部悬吊。

动作步骤：收腹伸髋，保持身体稳定，先将双腿缓慢向后伸直离地，收紧臀部及后背，然后双臂缓慢向头部上举至与身体呈直线。一次动作保持10秒。

训练目标：核心稳定下的背侧运动链发力稳定与控制能力。

动作以控制为主,整个过程强调躯干的稳定性,臀和后背始终保持发力。

(十)站姿悬吊转体(图5-73)

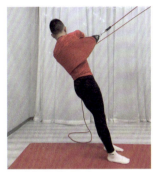

(a)起始动作/结束动作　　　(b)右转体　　　　　　(c)左转体

图5-73　站姿悬吊转体

起始姿势:身体采用站姿,双臂交叉抱肩,核心收紧,身体后倒,后背紧靠悬吊带。

动作步骤:收腹伸髋,保持身体稳定,躯干向左后侧、右后侧交替旋转。一次动作过程持续2~4秒。

训练目标:核心稳定下的躯干旋转发力稳定与控制能力。

动作以控制为主,整个过程强调躯干的稳定性。

(十一)跪姿悬吊肩开合(图5-74)

(a)起始动作/结束动作　　　(b)跪姿前倾　　　　　(c)双臂打开

图5-74　跪姿悬吊肩开合

起始姿势：身体采用跪姿，屈肘90°，双臂悬吊，核心收紧，身体直立呈直线。

动作步骤：收腹伸髋，保持身体稳定，双肘下压悬吊带，前倾至上臂与躯干呈90°夹角；然后双臂向两侧打开，再内收并拢。一次动作过程持续2～4秒。

训练目标：核心稳定下的上臂与胸部的协调发力能力。

动作以控制为主，整个过程强调躯干的稳定性。

（十二）俯卧悬吊收膝（图5-75）

（a）起始动作/结束动作

（b）分腿屈髋屈腿（体侧图）

（c）分腿屈髋屈腿（俯视图）

（d）双腿并拢伸直

图5-75　俯卧悬吊收膝

起始姿势：俯身向下，双臂支撑，双脚悬吊，核心收紧，身体呈直线。

动作步骤：收腹屈髋，保持身体稳定，腹部发力，双腿向下压悬吊绳，屈髋屈腿，臀部上抬至最高，然后分腿，紧接骨盆下降的同时，双腿伸直并拢，回到起始姿势。过程类似蛙泳收腿模式。一次动作过程持续2～4秒。

训练目标：核心稳定下的下肢发力稳定与控制能力。

动作以控制为主,整个过程强调躯干的稳定性。

五、击剑运动员的悬吊训练动作示例

击剑在对抗形式上,呈现单人对抗,讲究距离性防守,对运动员脚步的瞬间反应要求很高,而佩剑、重剑、花剑的得分形式又对运动员上肢的能力有不同的偏重。下面介绍五种针对击剑项目运动员的悬吊训练方法。

(一)低位背部悬吊转体(图5-76)

(a)起始动作/结束动作　　　　(b)转体

图5-76　低位背部悬吊转体

起始姿势:双脚踩地,臀部、背部收紧发力,双手拉悬吊握把,上身呈直线并平行于地面。

动作步骤:收腹伸髋,保持身体稳定,肩胛后缩,单侧背部发力,带动手臂下拉、转体,双侧交替进行。一次动作过程持续2~4秒。

训练目标:在核心稳定下,发展以背部为主导发力的身体旋转的稳定性与控制能力。

 动作以控制为主,整个过程强调躯干的稳定性。

(二)跪姿肩屈伸(图5-77)

起始姿势:双膝跪地,双臂悬吊并与躯干呈90°,身体呈直线并垂直于地面。

动作步骤：收腹伸髋，保持身体稳定，双臂下压悬吊带并向头侧上举至与身体呈直线，然后双臂下压悬吊带将身体推回起始姿势。一次动作过程持续2～4秒。

训练目标：在核心稳定下，发展提升肩关节屈伸发力的稳定性与控制能力。

（a）起始动作/结束动作　　　　　　（b）跪姿前倾

图5-77　跪姿肩屈伸

动作以控制为主，整个过程强调躯干的稳定性。

（三）滑轮侧撑腿内收（图5-78）

（a）起始动作/结束动作　　　　　　（b）侧撑腿内收

图5-78　滑轮侧撑腿内收

起始姿势：单侧肘关节支撑，双腿滑轮悬吊，身体呈直线并平行于地面。

动作步骤：收腹伸髋，保持身体稳定，双腿缓慢上下分开，然后上方腿内收及下方腿外展肌同时发力，将双腿并拢至起始姿势。一次动作过程持续2～4秒。

训练目标：在核心稳定下，发展双腿外展及内收协调发力的能力。

动作以控制为主,整个过程强调躯干的稳定性。

(四)单腿悬吊"大"字静力支撑(图5-79)

(a)起始动作/结束动作　　　(b)腿发力外展

图5-79　单腿悬吊"大"字静力支撑

起始姿势:身体采用站姿,单侧脚踩悬吊带,另一侧脚落地支撑。

动作步骤:收腹伸髋,保持身体稳定,悬吊腿压悬吊带发力外展,双手同时外展保持平衡使身体呈"大"字。一次动作保持静力支撑10秒。

训练目标:在核心稳定下,发展单侧腿稳定性与控制能力。

 动作以控制为主,整个过程强调躯干的稳定性。

(五)单腿悬吊髋屈伸(图5-80)

(a)起始动作/结束动作　　　(b)单腿后伸

图5-80　单腿悬吊髋屈伸

起始姿势：俯身向下，双臂支撑，双脚悬吊，身体呈直线并平行于地面。

动作步骤：收腹伸髋，保持身体稳定，一侧腿脱离悬吊带向后伸直，另一侧腿发力下压悬吊带，屈髋屈膝至90°，然后收回腿，身体呈起始姿势。一次动作过程持续2～4秒。

训练目标：核心稳定下，发展双侧腿屈伸协调发力能力。

 动作以控制为主，整个过程强调躯干的稳定性。

课堂练习

1. 以同学或自己为练习者，进行一次悬吊训练前的能力评估。
2. 尝试一次约30分钟的悬吊训练，对比与平时常规核心训练的不同。

课后作业

1. 以某一个具体的悬吊动作为例，谈谈该动作有哪些进阶或退阶方式。
2. 以你最擅长的运动项目为例，尝试制订一份适合自己的悬吊训练方案。

第六章 不同专项大学生运动员的核心训练

学习提要

随着核心力量在竞技体育体能训练领域受到关注，其重要性得到普遍认可。越来越多的教练员在日常体能训练课中增设核心训练或安排一定时间的核心训练，高校大学生运动员的训练也不例外。然而，大学生运动员需要兼顾学习与训练的双重任务，因此，对大学生运动员竞技水平和训练要求较高，而"学训矛盾"突出的特点则更需要安排科学、高效的核心训练。

本章将以大学生运动员为训练对象，针对篮球、游泳、击剑、排球、足球、田径6个具有代表性的运动专项，分析核心训练对专项运动员所起到的作用，并给出参考性训练计划和动作。

第一节

篮球专项大学生运动员的核心训练

篮球运动是一项以投篮得分为目的，攻防快速且多变的速度力量性、对抗性技能–体能类项目。篮球比赛时间较长，运动员需要在快速的有球或无球状态下，进行直线、折线、曲线、转身、跳跃、躲闪等运动并交替变换，以积极的战术跑动、掩护、运球、突破、投篮、身体对抗、抢篮板球等动作方式作为主要的进攻手段（叶国雄 等，1999），这对运动员的体能提出了更高的要求。篮球运动员不仅需要具备优秀的体能，还需要在技术方面具有很强的身体对抗能力。

一、核心训练对篮球运动员的意义

篮球专项的特点要求运动员拥有良好的动作控制能力。根据运动链理论可知，身体控制能力由核心部位肌肉力量决定。篮球特有动作如跳投和上篮得分，都需要经过核心区域产生力量，刺激多种肌肉来维持身体姿势的平衡与稳定，从而完成力量的传导。同时，核心训练能够提升运动员的本体感觉能力，在比赛中精准定位人与人、人与球的相对位置，让运动员更好地阅读场上的比赛信息并做出合理的选择。此外，篮球运动员的神经肌肉控制能力也依赖良好的核心力量，其可帮助运动员更精确地完成技术动作，发挥专项能力。因此，核心训练在篮球项目运动员训练中起着非常重要的作用。

（一）提高稳定性和平衡性

篮球运动员需要在快节奏的攻防转换中完成各种技术动作，其中大部分的动作都是在高强度对抗和不稳定状态下进行的，这就要求运动员拥有强大的核心力量。良好的控制力和平衡性是所有体育项目运动员不可或缺的重要素质，强有力的核心肌群能起着承上启下的作用。其中，跳跃和落地是篮球场上的常见动作。通过锻炼核心力量，篮球运动员可加强对肌肉的控制，提升其对抗稳定性以及维持身体平衡的能力，既能保证篮球运动员的跳跃高度，又能使其在做完技术动作落地时保持平衡的身体姿势。

（二）提升本体感觉及预防损伤

篮球是一项高强度、高对抗的运动，运动员们需要在短时间内完成进攻到防守的转换，核心力量在这其中就起到决定性的作用。运动员在结合自身特点完成技术动作的过程中，本体感觉能力的优劣非常重要，动作的精确度和协调性与本体感觉紧密联系。而本体感觉与核心肌群力量相关，核心部位肌群力量不足将导致躯干本体感觉能力降低，躯干肌的募集发生改变和躯干姿势控制能力下降，进而影响脊柱的稳定性。运动员在进行快速发力动作时，强有力的核心肌群能够确保其在动作过程中保持肢体在正常的位置；深层小肌肉群的稳定功能起到关键的保护作用，达到预防急性损伤的目的。

（三）增强神经肌肉控制

篮球运动需要运动员在对球进行控制的同时完成步法的移动，对运动员的身体协调性和平衡性有着严格的要求，以胜任进攻与防守两方面的职责。通过对核心力量的训练，篮球运动员能很好地锻炼身体的各个肌群，从而提升其力量以及对肌肉的控制能力。同时，核心训练能很好地锻炼篮球运动员的关节、韧带的协调性，提高其对核心肌群的控制能力，从而提升运动能力，保质保量地完成特定的技术动作，提高其竞技能力水平。

二、篮球专项大学生运动员的基础核心训练计划

篮球专项大学生运动员的核心训练计划同样应遵从由简到难、循序渐进的原则，如此不仅可以帮助各级别的运动员保持被动脊柱组织的健康，减少运动损伤的概率，还能够锻炼出高效的核心肌肉，为运动员执行动态运动奠定坚实的基础（McGill，2006）。在比赛中，篮球运动员的脊柱、骨盆和髋关节所表现出的稳定、弯曲、旋转和侧屈等功能非常活跃，因此，核心训练应该要做出针对性的计划来提高这些功能（McGill，2006），以保证运动员竞技水平的充分发挥。

篮球专项大学生运动员的核心训练可理解为包括内核心和外核心两个维度的训练。练习内核心可以促进其实现身体稳定性，具体表现为稳定上腹部，保证合理的姿势并提供一个稳定的平台，让篮球运动员在跑、跳和着地时身体都处于稳定的状态，很好地支撑躯干；练习外核心有利于其在各种平面上产生脊柱运动，比如在跳跃时伸展脊柱和髋部，在扭身抢球或在控球转身时生成更有弹性的扭矩。

在制订核心训练计划前，应进行评估（参见本书第二章）。篮球专项大学生运动员的练习频率可以安排一周2~4次，每次15~30分钟。应根据赛季所处阶

段、整体训练目标、个体核心测评结果灵活安排核心训练的负荷和练习内容。

对于核心测评结果显示核心能力较弱的篮球专项大学生运动员，应从初级核心训练开始，训练目标是坚固内核心、增强躯干的稳定性，为未来参加更高要求的"核心肌肉力量训练"做准备。篮球专项大学生运动员的初级核心训练方案示例见表6-1，训练需要用到的器材有瑞士球、瑜伽垫、药球或实心球、杠铃片，组间间歇时长建议为30～90秒。

表6-1　篮球专项大学生运动员的初级核心训练方案示例（核心稳定性）

训练内容	组数×重复次数（或保持时长）
瑞士球卷腹	2组×10次
屈腿瑞士球仰卧拱桥	2组×10次
俯卧平板支撑	2组×20秒
旋转投掷药球	2组×10次（左、右侧各1为1次）
杠铃片对角线下砍	2组×10次（左、右侧各1为1次）
勺式抛药球	2组×10次

对于篮球专项大学生运动员的中级核心训练，应逐渐加入灵活性训练，从而进一步发展其稳定性（内核心）。篮球专项大学生运动员的中级核心训练方案示例见表6-2，训练需要用到的器材有瑜伽垫、药球或实心球、哑铃、绳索，组间间歇时长建议为30～90秒。

表6-2　篮球专项大学生运动员的中级核心训练方案示例（核心稳定性+灵活性）

训练内容	组数×重复次数（或保持时长）
绳索跪地卷腹	2组×12次
四点支撑对侧手脚交替举	2组×12次（每个对侧各1为1次）
俯卧平板支撑	2组×30秒
绳索跪地旋转卷腹	2组×12次
站立绳索劈砍练习	2组×12次
负重手提箱式卷腹	2组×12次
哑铃侧举	2组×12次

篮球专项大学生运动员的中高级核心训练以增强运动的功能性（外核心）为主，以比赛中所运用到的篮球技术动作为基础，进行提炼、精简并加以改

善。篮球专项大学生运动员的中高级核心训练方案示例见表6-3，训练需要用到的器材有瑜伽垫、单杠、药球或实心球、绳索、健身长凳，组间间歇时长建议为30~90秒。

表6-3　篮球专项大学生运动员的中高级核心训练方案示例
（核心力量+功能性训练）

训练内容	组数×重复次数（或保持时长）
悬挂抬膝	2组×15次
辅助背部伸展练习	2组×15次
侧向拱桥	2组×30秒（左、右侧各1为1次）
俄罗斯转体	2组×15次
旋转投掷药球	2组×15次
过顶投掷药球	2组×15次
绳索侧屈	2组×15次

篮球专项大学生运动员的高级训练涉及更多专项运动中的专业功能性动作模式，需要对核心肌肉施加越来越大压力，增加抗旋和核心爆发力（外核心）（Zatsiorsky et al., 2006；Gambetta, 2007）。篮球专项大学生运动员的高级核心训练方案示例见表6-4，训练需要用到的器材有瑜伽垫、药球或实心球、杠铃片、瑞士球，组间间歇时长建议为30~90秒。

表6-4　篮球专项大学生运动员的高级核心训练方案示例
（核心力量+核心爆发力+功能性训练）

训练内容	组数×重复次数（或保持时长）
悬挂抬直腿	2组×20次
静态臀桥	2组×40秒
瑞士球平板支撑到躯干折叠	2组×20次
侧抬双腿	2组×20次（左、右侧各1为1次）
仰卧起坐式过顶投药球	2组×20次
杠铃片对角线下砍	2组×20次
过顶砸药球	2组×20次
过顶后抛药球	2组×20次

三、结合篮球专项动作的核心训练方法

根据篮球运动的投篮、传接球、运球和持球突破、抢篮板球、防守等技术特点，可重点通过核心屈曲、核心伸展、核心旋转、核心侧屈四种核心练习形式来提高篮球运动员的运动表现。

（一）弓步带球伸展以提升核心伸展能力

【训练方法】弓步脚着地，前、后的小腿与大腿均呈90°，身体与地面也呈90°，双手抬起将篮球放在胸前为准备姿势。然后将篮球按照脚下、胸前、头顶、胸前的顺序移动，快速完成（图6-1）。然后换脚进行。动作也可将篮球换成药球以增加重量、提高难度。

【动作分析】这是针对核心和脊柱的内核心的收缩-伸展练习。它有助于锻炼躯干力量，使运动员能更好地对抗篮下的抢位挡人，提高防守或抢篮板球后的身体落地稳定性，促使运动员能够在场上处于主导地位。篮球场上运动员经常需要降低身体重心完成运球、传球、抢球等技术动作，弓步带球伸展可以很好地模拟赛场上降低身体重心后的情况，提升运动员的核心伸展能力，帮助其提高赛场表现。

（a）弓步带脚下球　　　　　　（b）弓步带头顶球

图6-1　弓步带球伸展

（二）仰卧收紧核心传球以提高核心屈曲力量

【训练方法】运动员采用仰卧姿势，双腿伸直且并拢，双臂伸过头顶，将肚脐朝脊柱方向牵引。双手抓住一个篮球，坐起将篮球从双手传到双脚之间。返回平躺在地面上，同时保持腹部收紧。双脚夹紧篮球，抬起双腿和骨盆，以

将球传回到双手。缓慢地返回到平躺位置，让双臂、头和双腿舒适地放在地面上（图6-2）。其进阶方法是用药球或实心球替代篮球。

【动作分析】结合有球的核心训练可以使运动员在进行高效练习的同时保持训练热忱。将篮球（或药球）用作练习的一部分，可刺激在比赛中传球所需的肌肉。传球动作开始时，运动员需要调动躯干肌肉来稳定上身，提高核心屈曲力量，产生足够的力来抛出球，从而达到增加核心爆发力的目的。

（a）仰卧准备　　　　　　　　　　（b）抬腿直腿卷腹

（c）传球至脚

图6-2　仰卧收紧核心传球

（三）水平快速持球旋转以提升核心旋转能力

【训练方法】运动员跪姿双手水平持球呈准备姿势，双膝与肩同宽，躯干挺直。双手握住篮球使得篮球放在胸前，与肩膀同高。快速旋转身体使得篮球在身体右侧再快速移动到起始位置，再转向左侧，过程中手臂始终保持伸直状态、躯干挺直（图6-3）。这会创造较大的旋转力，髋部和肩膀必须用力旋转篮球。此练习的用途是通过快速旋转躯干并在过程中保持躯体和脊柱的稳定，提升核心旋转能力。进阶的情况下，可以将篮球换成药球，增加负荷。

【动作分析】这是一种很好的以外核心为主的抗旋转练习。持球快速地旋转过程中，训练者维持躯体和脊柱的稳定可以很好地刺激核心肌肉。

作为一种保护背部的方式，训练者提升身体抵抗旋转的能力至关重要。在和另一位篮球运动员争夺篮板球或进行抢断时，核心旋转能力强者会有更好的运动表现。

（a）跪姿正面持球　　　　　　（b）跪姿侧面持球

图6-3　水平快速持球旋转

（四）身体两侧传递球以提升侧屈稳定能力

【训练方法】运动员身体呈"V"字坐姿，双膝屈曲，核心收紧，双脚并拢抬起，下背挺直，上背自然放松，双手打开，由左手持球慢慢将球传到右手，将篮球在双手间平稳传递（图6-4）。在此过程中，躯干始终保持稳定，双脚始终抬起。

【动作分析】此练习不仅可以让篮球运动员具有更强壮的核心，还能锻炼其参与侧屈的斜肌的力量。跳起抢篮板球或投三分球时，运动员需要这种稳定性来避开防守者。同时，此练习也可锻炼肩部和躯干在跳起抢篮板球时的力量。当跳起抢篮板球或接传非刚好正面面对的球时，运动员可能会以不舒服的角度着地，通过锻炼这些肌肉来控制侧屈，以帮助运动员预防腰背部受伤，降低跌落时导致其他伤害的概率。

（a）左手持球　　　　　　　　（b）右手持球

图6-4　"V"字双侧传递球

游泳专项大学生运动员的核心训练

　　游泳运动是人在水的浮力作用下产生向上漂浮，凭借浮力通过肢体有规律的运动。游泳运动员应具备使身体在水中有规律运动的技能。与陆上的所有运动项目相比较，游泳运动员本身就是在不稳定的水中运动，其受力情况与在陆上的最大不同之处在于：在水中，运动员会受到来自更多方向的阻力。因此，游泳运动需要运动员通过不断调整身体姿势来维持整体平衡，更需要其具备良好的核心部位的稳定性和力量以保持身体在水中的稳定。

　　游泳专项大学生运动员的核心训练需要依据不同的泳姿进行划分，其核心部位力量训练应有所侧重：对于自由泳和仰泳运动员，由于他们是在水中保持身体的水平姿态向前移动，故核心训练主要应以保持相对静止、具有流线型的内敛状态，身体的基本姿态应直、平、静，要求身体有较好的保持稳定平衡的能力，所以在核心训练中应以静力性核心力量训练为主；而蛙泳和蝶泳运动员则在水中呈现的是波浪起伏状态，借助波浪式姿态向前移动，双手、双脚须同时发力，这无疑对运动员核心力量的动力性提出了较高要求。因此，在核心训练中，蛙泳和蝶泳运动员除了要进行动力性较强的核心力量训练以外，还应重点提升核心爆发力。

一、核心训练对于游泳运动员的意义

　　谈到游泳力量训练，核心肌肉无疑是游泳运动员最为重要的身体部分。高效的游泳力量训练计划应该涉及组成核心区的所有肌肉，以实现肌肉协同平衡发展，让所有水面上的动作都保持高效。核心肌肉训练不佳可能导致运动技术缺陷和效率低下问题，不仅对运动表现带来负面影响，而且可能出现运动损伤。总之，拥有稳定的躯干不仅可以帮助游泳运动员保持更好的流线型身体姿态、产生更大的推进力、更高效地完成划水动作，还能够帮助运动员提升本体感觉，从而提升运动表现。

（一）改善专项技术中的控制力和平衡性

　　游泳不同于其他陆上运动，运动员从出发台起跳入水开始，身体就处于

不稳定且无固定支撑的状态中。相较于在陆上运动的运动员，游泳运动员缺少了地面应力。运动员要在比赛中时刻保持平衡从而维持身体在水中的姿势，还需要在这种状态下产生足够的动力，因此，专项技术能力体现在参与运动的肌肉之间的配合水平及运动中控制身体重心的平衡能力。平衡能力与游泳运动密切相关，在游泳的过程中，人体的平稳是保证运动员打腿动作和划手动作稳定流畅的重要因素，也是充分发挥游泳运动技术的前提。人体核心部位是游泳运动员力量的源泉，它在连接和传递方面起着非常重要的作用，训练需要强调核心力量的衔接、传递和整合作用。游泳运动员核心力量训练不仅可以帮助运动员增强脊柱与盆骨带的核心控制力，还可以在训练中提高深层稳定肌的做功能力，在增加肌纤维收缩与舒张能力的同时加大收缩力量，从而帮助游泳运动员提高训练效果及比赛效益。

（二）在游泳过程中的枢纽作用

人体大多数运动都是由多关节和多肌群共同参与的全身运动。在运动中，如何将不同关节的运动和肌肉收缩整合起来，形成符合专项力学规律的肌肉"运动链"，为四肢末端发力创造理想条件，是所有运动项目共同面对的问题。对于运动员来说，拥有稳定的核心区非常重要，核心力量可使其对运动中的不断变化做出迅速反应，强大的核心肌群能帮助运动员在比赛中控制身体加速、减速和稳定，提高身体平衡能力和运动肌肉感知能力。通过核心稳定性力量训练可以建立强大的核心肌群，对身体的动态链功能有着巨大的影响。在游泳运动中，过去训练多强调的是四肢为主的动作表现，如上肢的最大效果划水或下肢的打腿等，但当肢体发力时，躯干核心肌群蓄积的能量是从身体中心向运动的每一个环节传导，每一个下肢的发力动作，力量都来自腰髋肌群，并通过闭合式的动力链形成有效的力量传递。因此，有人将核心部位视为游泳运动员运动链的枢纽，将核心力量视为肢体运动的主要动力来源（Bliss et al., 2005）。如果核心力量不足，四肢的力量就不能有效地传递出来用以抵减游泳运动员在水中所受到的强大阻力，也就大大降低了其在水中的速度。

（三）提高游泳运动员的协调能力

在游泳运动中，运动员利用良好的协调能力能有效地保证其在水中发挥较好的游泳技术，而好的游泳技术能保证运动员在水中保持高速度、低耗能的运动状态。一般而言，优秀的游泳运动员能够在水中摆出高效流线型姿势，同时保持良好支撑面，借助此模式，利用四肢有效地产生推进力。因此，加强游泳运动员的协调能力训练是非常必要的。加强游泳运动员协调能力的训练方法有很多种，常用的方式就是核心练习，比如利用地面上的球类练习和垫上练习来加强运动员的协调能力，通过一些水中的滚动、脊柱力量前进等运动训练来提升运动员在水中的身体控制能力。由此可见，游泳运动员如果能根据专项需求掌握良好的核心训练方式，就可以更好地在游泳运动中增加躯干的力量、获得稳固的支持、提升协调能力，从而更高效地发挥四肢技术动作。

（四）预防运动损伤

运动员的核心部位肌群力量不足将降低躯干本体感觉能力，降低躯干肌肉的募集能力和使躯干姿势控制能力下降，进而影响脊柱的稳定性。其结果是神经动力感觉失常，引起能量的大量丢失，导致运动员在运动过程中低效工作，引起周围组织的代偿，甚至发生运动损伤。核心训练可根据项目特点训练躯干控制、平衡和协调能力，减轻椎间盘压力、减轻关节突的关节张力并稳定脊柱节段，从而最大限度地预防损伤的发生。核心稳定性力量为主动肌的发力建立良好的支点，提高不同肌肉之间的协作，以及动员全身不同环节的力量有序地参与运动，这既可以提高运动员的力量水平，又可以减小运动员关节的负荷。另外，运动员在快速发力做动作时，强有力的核心肌群能够确保其肢体在做动作过程中保持在正常的位置，为深层小肌肉群的稳定功能起到关键的保护作用，达到预防急性损伤的目的。

二、游泳专项大学生运动员的基础核心训练计划

建议游泳专项大学生运动员每周训练核心肌肉3~4次，每次练习时长为15~60分钟。游泳专项大学生运动员的基础核心训练计划示例见表6-5。建议每次从训练项目中根据自身情况选择6~8项练习，组间间隙时长建议为30~90秒。采取循序渐进的训练方法，逐步增加组数、保持时长或重复次数。

表6-5 游泳专项大学生运动员的基础核心训练计划（示例）

训练项目	组数×保持时长（或重复次数）
俯卧平板支撑	1组×30秒
侧向拱桥	1组×30秒（左、右侧各1为1次）
四点支撑对侧手脚交替举	1组×30次
俄罗斯转体	1组×30次
悬吊反向划船	1组×30次

续表6-5

训练项目	组数×保持时长（或重复次数）
瑞士球仰卧拱桥	1组×30秒
仰卧两头起	1组×30次
仰卧交替抬腿	1组×30秒（左、右侧各1为1次）
瑞士球平板支撑到躯干折叠	1组×30次
侧屈体抬腿	1组×30次（左、右侧各1为1次）
死虫姿势	1组×30次
十字挺身	1组×30秒
瑞士球卷腹	1组×25次
仰卧摆腿	1组×30次

三、结合游泳专项动作的核心训练方法

游泳专项的核心训练可采用水陆结合的训练法：在水中，可利用手蹼、脚蹼，增强四肢与躯干的联动感，提升各部位协调能力，提高核心稳定性，从而提高划水效率；在陆地上，可利用悬吊器械的滑轮训练器较好地模拟比赛时泳姿，提升身体弱链的肌肉力量，维持身体平衡和稳定性，加强整体核心的肌肉耐力，从而提升游泳运动员在水中的运动表现。

（一）水中训练

1. 使用划水掌加强运动员核心肌肉的收缩能力

【训练方法】①使用划水掌（图6-5）可以让大学生运动员感受手臂与躯干肌肉产生联动效应，提高划水效率；②划水时，运动员手掌可以保持最有效的姿势，做出最有效地划水动作，以改进其划水技术；③发展游泳专项力量，如发展划水动作的核心爆发力。

图6-5 划水掌

【要点梳理】由于穿戴划水掌进行游泳运动时有可能会破坏运动员现有的技术，因此，教练员在使用划水掌时要特别谨慎地选择训练时的泳姿、游进距离、时间等。穿戴划水掌训练时，原则上不应限制训练距离，但是由于这种训练方式会对运动员的肌肉感觉产生一定的破坏，因此在穿戴划水掌训练后，要让运动员不戴划水掌再进行练习，恢复运动员的水感。另外，在技术练习时，不应使用划水掌，尤其是对青少年运动员的训练要谨慎使用。

2. 使用脚蹼提高运动员核心力量以及与其他部位的协调作用训练

【训练方法】使用脚蹼训练，常见于自由泳、蝶泳和仰泳。如果是在水下进行不呼吸的缺氧打腿练习，则游泳距离不可太长，一般以25~50米为宜。若进行较长游泳距离练习，可采用呼吸管在水面附近进行训练。训练中，可以采用小脚蹼（图6-6a）、大脚蹼（图6-6b）以及蹼泳运动员使用的专业脚蹼（连体脚蹼）进行训练。①小脚蹼练习：小脚蹼训练主要提高运动员的打腿力量，一般可以采用不同泳式的配合游、打腿练习来发展运动员的腿部肌肉力量。②大脚蹼练习：采用大脚蹼训练可以提高游进的速度，使运动员体会高速游进的划水感觉，使运动员腿部力量可以得到很好的锻炼，还可以提高其腿部肌肉的协调性。训练中，可以使用大脚蹼进行不同游泳距离、配合或者打腿练习。③蹼泳连体脚蹼练习：采用蹼泳连体脚蹼进行训练时，主要是进行蝶泳打腿练习，可以提高运动员身体的核心力量，尤其对蝶泳运动员、蛙泳运动员的腰部发力有很好的作用。

（a）小脚蹼　　　　　　（b）大脚蹼

图6-6　脚蹼

3. 使用水中浮板练习保持姿势平衡，提高运动员核心稳定性，提升游泳技能

【训练方法】可分三个等级：①初级：将一块或两块浮板（图6-7）放在胸腔下方，运动员以流线型姿势在浮板上获得平衡；②中级：在胸腔下方添加更多浮板，以增加挑战难度；③高级：在流线型姿势下，运动员轮流让胳膊和腿做弧线扫动作。另外，该训练还可以模拟仰泳的姿势，将浮板放在背部的中上位置，让背部保持流线型姿势。

图6-7 浮板

（二）陆上训练

利用悬吊训练中添加滑轮训练器（详见本书第五章第六节中"游泳运动员的悬吊训练动作示例"之"仰卧滑轮双腿交替下压""俯身滑轮双腿交替下压""跪姿悬吊双臂交替下压"），模仿运动员在水中的身体运动姿势，调整水中体态的不对称性、不稳定性。

1. 模仿水中划臂姿势（跪姿悬吊双臂交替下压）的训练方法

跪姿准备，双膝着地支撑，采用手臂和髋关节进行多点悬吊，在悬吊双手的训练器下加滑轮训练器，双手分别抓住下方的悬吊手柄（或双前臂分别穿过手带），将髋关节处放置宽带（腰带），身体向前倾斜一定角度，俯身压住腰带，核心收紧，双手交替下压（或模拟自由泳或蛙泳做划臂动作），通过核心肌群稳定性对抗划臂带来的身体晃动。

如果核心能力得到了一定的提升，则可以改为站姿准备，调节滑轮高度，使宽带低段与髋部平行，压带后变成双手和双脚均离地，平行于地面被吊起的俯卧位状态，继续练习上述动作，以更接近于俯卧位泳姿动作，达到更强的刺激效果。

2. 模仿水中打腿姿势（仰卧/俯身滑轮双腿交替下压）的训练方法

（1）俯卧打腿练习。将两条脚带上方悬挂滑轮，脚带高度悬挂至运动员小腿高度，运动员呈跪姿准备，将脚套进脚带，手肘撑地，核心收紧，模仿专项泳姿打腿姿势利用滑轮双腿依次摆动，控制核心和骨盆的稳定。

（2）使用仰卧位，多点悬吊，利用悬吊滑轮训练器进行仰卧滑轮双腿交替下压，模仿仰泳的水中打腿练习。

如果核心能力得到了提升，则可采取进阶方式：使悬吊的力臂变长，如脚带位置从小腿移至脚踝，脚带的位置越远离核心则难度越大；调整悬吊高度；增加不稳定性以增添难度，如晃动悬吊绳、将身体支撑点放在气垫上；增加负重等。进阶调整要注意：肌肉发力顺序从核心的肌肉募集开始；身体体态要保持左右侧平衡、骨盆不翻转。

第三节

击剑专项大学生运动员的核心训练

击剑运动是一项对抗激烈、攻防转换多变的格斗性竞技运动。击剑运动员必须根据击剑场上千变万化的实际情况，随机应变，果断抓住稍纵即逝的战机，采取对应的技战术。在击剑实战中，要求运动员反应灵敏、判断准确、动作迅速而精确，并时刻保持注意力高度集中。

击剑比赛是运动员之间技术与战术、速度与力量的较量，其技战术的快、狠、准、变极大地影响着击剑比赛的结果。在技战术和体能之间，核心区肌群的能力扮演着重要的角色。运动员要充分发挥自己的技术水平、战术风格和快速凶猛、准确多变的刺剑，需要有良好的核心稳定性和核心力量作为保证。击剑比赛中的急起、急停、变向、再加速等能力与运动员核心稳定性力量的强弱以及其对应的神经肌肉系统平衡和控制能力都密切相关。

击剑分为花剑、重剑、佩剑，这三种剑都有基本相同的击剑步法，都需要上肢、下肢协调与配合。例如，运动员在出手进攻的同时，脚下迅速做出反应、迈出弓步。这要求运动员不仅要通过核心肌肉将上身和下肢高效地连接起来，还要保持脊柱的稳定性。运动员在核心肌肉训练不佳的情况下，可能会出现技术缺陷和效率低下等问题而影响运动员的比赛表现，同时还很有可能导致运动损伤的发生。

一、核心训练对于击剑运动员的意义

（一）提高动作的稳定性与准确性

击剑项目对运动员的躯干和下肢的稳定性要求非常高。通过核心区力量的强化，以稳定其脊柱和骨盆，可以增强机体的神经肌肉控制，提高运动员从腿部到躯干进而综合所有的力量使身体的各运动环节协调有序工作，使肢体远端处于最佳位置。以最大的速度和最佳的时机完成动作，需要运动员保持好自身的稳定性。而通过强化核心力量的训练能有效提高击剑运动员身体的配合能力和稳定性，强化其对力量的控制和支配能力（福伦，2006：126–144）。同时，还能充分发挥四肢在移动过程中的稳定性，以保证击剑运动员能够快速准确地完成相关动作。因此，稳定的核心有利于运动员将身体近端和远端的力量进行整合与控制，对于其完成技战术动作有着重要作用。

（二）提高体能运用率

击剑运动是两名运动员的对抗。而当两名运动员实力相当、比赛陷入僵持时，体能运用率越高的运动员越有优势。击剑运动员都是在集中注意力下完成攻击和防守的，都需要爆发力，所以该运动对其体能的消耗特别高。如果运动员的体能运用率高，那么就有更多的战术打法，以弱胜强。但是，如果不能有效运用自身的体能，那么其完成的动作就不具备攻击力且会变形，也就会在持续的对抗中落败。核心力量的训练不仅可以提升运动员的身体协调性，提高其掌控身体精确性、体能的运用效率，还可以大大增加运动员的攻击力，使其能够在体力大量消耗的情况下依然保证动作的规范，减少不必要的动作消耗。

（三）提升平衡性

击剑对抗中的攻防交替较为频繁，有时运动员为了躲避对手攻击，会做出一些来不及调整的规避动作，身体往往会失去平衡。如果不能及时调整动作与状态，就会给对手反击的机会，导致失分甚至落败。因此，对于击剑运动员而言，身体平衡性是其必须具备的身体素质之一。异侧上下肢的配合对于击剑项目起着重要的作用，只有拥有保持平衡的能力，强有力的核心肌群才能充分发挥承上启下的作用（王卫星，2007）。

要拥有身体在不平衡的状态下做出及时调整的能力，需要运动员拥有较好的下肢、腰腹和背部的力量，对身体平衡做出反应。在日常核心训练中，这些都是重要的训练内容。通过核心力量训练，运动员的关节、韧带、肌肉、神经也都能得到稳定的锻炼。

（四）提高协调能力

由于击剑运动的基本步法在很大程度上不符合人们平时的运动规律，因此，击剑对于运动员的平衡能力和协调能力有很高的要求。具体动作为：身体偏向前方，持剑臂的关节向内靠近身体，而手腕向外、双膝外展；移动时，运动员向前先动前脚，向后先动后脚。协调性不好的运动员很难达到上述的几个动作要求，将对进一步提高击剑水平形成很大的障碍。这些极具变化的动作组合训练为各种战术打下了坚实的基础。因此，击剑运动员协调性的好坏直接影响到技术结构是否合理，技术与运动素质是否融为一体，技术能否为战术的正常发挥而服务。只有手法和步法、进攻和防守完美的配合、协调在一起，技术动作才正确，战术才能发挥真正的作用，才能真正地发挥出击剑的威力。

由此可见，只有以强大的核心稳定性力量作保证，躯干才能够得到稳固的支撑，四肢的应力才能够随之减小，肢体才能够游刃有余地进行更加协调的技术动作。因此，提高协调能力对于提高击剑运动员完成技术动作起着事半功倍的作用。

（五）预防运动损伤

击剑运动员的伤病主要集中在腰背部、膝关节、踝关节等部位，通过核心训练，可促进其核心肌群力量提高，运动伤病情况得以明显改善。这是因为核心部位稳定性的提高，减弱了脊椎本身及其周围的软组织（肌肉、韧带、软骨等）承受的压力，减轻了下腰部运动损伤发生与发展。击剑运动员不仅需要具备快速（肌肉快速收缩能力）、准确（神经肌肉协调能力）的核心力量，还要通过发展深层核心肌肉力量提高其损伤预防能力（肌肉的支撑能力）（郑琦，2012）。

二、击剑专项大学生运动员的基础核心训练计划

建议击剑专项大学生运动员每周进行2~3次核心训练，每次练习时长为10~30分钟。根据阶段性核心测评结果来设置训练目标和制订训练计划。击剑专项大学生运动员的初级、中级、高级核心训练计划的示例分别见表6-6、表6-7、表6-8。

表6-6 击剑专项大学生运动员的初级核心训练计划（示例）

训练动作	组数×保持时长（或重复次数）	每组休息时长/秒
俯卧平板支撑	3组×30秒	40
仰卧两头起	3组×30秒	40
仰卧摆腿	3组×15次	40
死虫姿势	2组×15次	15

表6-7 击剑专项大学生运动员的中级核心训练计划（示例）

训练动作	组数×保持时长（或重复次数）	每组休息时长/秒
俯卧平板支撑	3组×30秒	40
仰卧两头起	3组×30秒	40

续表6-7

训练动作	组数×保持时长（或重复次数）	每组休息时长/秒
俄罗斯转体	3组×25次	40
侧向拱桥	1组×30秒（左、右侧各1为1次）	20
死虫姿势	2组×15次	15

表6-8　击剑专项大学生运动员的高级核心训练计划（示例）

训练动作	组数×保持时长（或重复次数）	每组休息时长/秒
俯卧平板支撑	3组×30秒	40
瑞士球仰卧拱桥	2组×30秒	40
俄罗斯转体	3组×25次	40
瑞士球卷腹	1组×25次	40
死虫姿势	2组×15次	15
仰卧摆腿	2组×25次	15

三、结合击剑专项动作的核心训练方法

不同运动项目在核心区的力量传递和组合是不同的，生物力学特征的专项化决定了训练方法手段的选择方式（Paulette，1991）。击剑运动作为一个对专项技术要求很高的项目，其核心技术练习应与专项技术动作接近，以便保持动作的生物力学专项化程度。

核心力量作为力量训练的一种，是整个有机体力量的一部分。击剑项目对力量能力的需求主要体现在速度、力量方面，同时更多地体现在参与运动肌肉和肌群的协调用力方面（杜智山 等，2009）。击剑运动员力量训练的目的是使参与击剑专项运动的肌肉和肌群的力量得到有效发展，并使其在工作类型和协作上符合专项技术特点，形成贴合击剑专项的力量素质训练系统。

接下来将制订核心训练计划以提升击剑运动员的赛场表现，并将击剑的核心训练分为击剑运动员的核心灵活性、核心稳定性、核心爆发力三个方面。

（一）快速移动手套练习（图6-8）

训练击剑运动员核心的灵活性，重点是让其髋关节和脊柱的运动按照击剑运动中的基本步法、进攻和防守的动作方式进行。这些关节必须有适当的活动范围来支持其高效地完成击剑动作，髋关节和脊柱关节在旋转、伸展的过程中也都需要灵活性。

【训练方法】保持实战姿势，下肢保持不动，在前脚左侧放置若干手套，然后保证双脚不动，将在脚前放置的手套转移至后脚，然后迅速还原直立的实战姿势，保证动作的灵活性和规范性。

（a）起始姿势　　　　　（b）拾起手套　　　　　（c）转移手套

图6-8　快速移动手套练习

（二）击剑弹力带步法练习（图6-9）

此动作可发展击剑运动员的核心稳定性与核心爆发力。对于核心稳定性，重点训练击剑运动员髋部、腹部和背部的协同工作能力，模拟在击剑比赛中进行高速地移动过程中，下肢出现不稳定时，依然保证能稳定地伸剑进攻。最后，运动员在保证核心稳定性和灵活性的同时，将训练重点放在核心爆发力，以此支持运动员在比赛中更好地进行发力、快速地刺中对手。

【训练方法】训练时，可在运动员髋关节加一个任意朝向（东南西北四个方向）的弹力带。练习者在镜子前做各种专项技术练习；同伴在四个方向分别牵拉练习者，故意破坏练习者的稳定性；练习者通过自身的不断调节，努力保持背部平直，保持躯干稳定、不左右摇摆。随着运动员躯体控制能力的提高，可以增加训练难度，加强牵引力度和技术动作的复杂性（孙忠顾，2019）。

(a)起始姿势/结束姿势

(b)弓步前刺

图6-9 击剑弹力带步法练习

(三)实战姿势冲刺抛药球练习(图6-10)

此动作可发展运动员的核心爆发力。需要运动员腿部、髋部、腹部、背部、手臂的协同发力,模拟在击剑比赛中,进行高速移动和转换衔接为突然冲刺,快速调动身体肌肉在极短时间内利用身体爆发力进行伸剑进攻。

【训练方法】以右手击剑运动员为例。训练时,可在运动员左侧斜前方放置一个药球。运动员在做前进后退的基本步法后,调整自己的节奏,双手捡起药球,用右手手掌托住;在击剑冲刺的瞬间,将药球向前方推出。随着身体核心控制能力的提高,可以增加药球的重量或提升步法的复杂性。

(a)准备姿势　　　　(b)托球　　　　(c)冲刺抛球

图6-10 实战姿势冲刺抛药球练习

（四）实战姿势平衡泡沫轴练习（图6-11）

此动作可发展运动员的核心稳定性，以支持运动员在比赛中，更好地调动身体，并在发生身体重心偏移、补刺、冲刺等情况下，能够更高效地刺中对手。

【训练方法】训练时，可在表面光滑的泡沫轴上放置一块木板。运动员持剑缓慢站上木板并保持核心收紧，保持身体平衡，进行静力性练习。随着身体核心控制能力的提高，可以在剑的根部放置一枚网球，并保持短时间网球不掉落，锻炼在核心稳定性的同时，保持手臂稳定性。

图6-11 实战姿势平衡泡沫轴练习

第四节

排球专项大学生运动员的核心训练

从排球比赛实施每球得分制以来，排球比赛的节奏越来越快，比赛时间的相对可控性增强，运动负荷强度明显增加，这对运动员的体能要求显著提高。同时，比赛中运动员体能状况直接影响其个人甚至球队整体技战术水平的发挥。由此可见，排球项目的特点决定了排球运动员不仅要具备全面的技战术水平，还要以出色的体能作为保证。体能是提高排球运动员技战术水平和运动成绩的基本环节要素，是运动员承受高强度负荷训练和比赛的基本条件，是有效预防伤病、延长运动寿命的基本保证。而核心训练作为体能训练的一部分，也是排球运动员所需的重要能力之一，能够让排球运动员在比赛中更好地发挥动作技术。因此，如何提高排球运动员的体能和核心水平已成为国内外排球教练员与技术动作分析人员普遍关注的焦点。

一、核心训练对于排球运动员的意义

在排球运动员的体能训练中，核心训练占据了重要位置。一方面，排球比赛要求运动员在场上随时调动身体、移动位置，并且需要迅速调整身体平衡做出接球动作；另一方面，排球是一项强调爆发力的技能主导类的运动，运动员在做包括发球、传球、垫球、扣球等一系列动作时，排球运动员需要反复地进行跳跃、变向冲刺、鱼跃救球等动作，而这些动作都需要有很高的身体稳定性与协调性来支撑。如果运动员核心力量不够强大，那么在运动过程中就容易出现身体不稳、失去平衡甚至受伤等现象。而这些现象的发生会直接影响其运动技术的表现，进而影响球队的比赛成绩。核心训练对于排球运动员的意义主要表现为三个方面。

（一）提高能量输出效率

排球作为技能主导类的运动项目，其技术主要分为有球技术和无球技术（图6-12）。而有球技术中，又包含传球、垫球、扣球、发球、拦网等技术（表6-9）。在排球运动的发球或者扣球等动作中，有大量展腹等动作，需要运动员起跳，在空中展腹进行蓄力，然后将球击出，而拍击球（扣球）时手臂的挥摆速度是其中一个非常重要的因素。

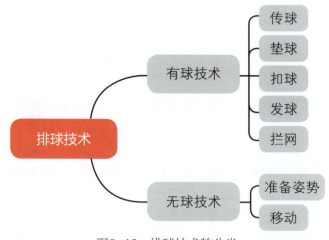

图6-12 排球技术的分类

表6-9 排球有球技术的技术要点

排球有球技术名称	技术要点
传球	手型、击球点协调用力
垫球	手型、触球部位、击球点协调用力
扣球	助跑起跳时机、人球位置、上肢鞭打、屈膝
发球	抛球、弧线挥臂
拦网	垂直上跳、含胸收腹、提肩伸臂、过网拦击

排球运动员扣球手臂的爆发力通常受到两个因素的影响：一是背部肌肉群的收缩，二是胸部和腹部肌肉群的拉长。排球运动员在空中拍击排球之前，身体呈现反向弯弓的形状，一般是先挺胸，然后展开腹部。这时候，运动员的背部肌肉群是收缩的，而且胸部和腹部的肌肉群得到充分的拉长，为击球的用力一击做好准备。当排球运动员拍击排球时，胸部和腹部的肌肉群会快速地收缩，发出力量，同时带动手臂向前上方迅速地挥摆，最后通过手腕去鞭打排球。这时候会产生三股力量，分别是胸部和腹部的收缩力量、手臂的挥摆力量以及手腕的快速鞭打力量，这三股力量通过整合集中在运动员的手掌部位。在三股力量的支持下，运动员的手掌就会把所有的力量传给球体，让球体获得最大的初始力量和速度，这就完成了一个完美的扣球动作。

在拦截对手的扣球时，需要在短时间内起跳，让身体腹肌收缩、双手保持下压的状态。这都需要运动员的核心力量足够强大，带动其他肌肉群的充分发力以完成技术动作。排球运动中的各个技术动作看似是由单个（局部）发力完成，其实是需要身体的核心部位发力并带动四肢发力，就必然要求运动员核心肌群足够强大，从而将身体力量传导到发力的肢体处。人体的核心部位有人体最大的肌群组织，这些肌群组织能够产生最大的力量，想要充分利用好这股力量，就必须进行相应的训练。由此可见，排球运动员以提高核心区能力为目的的核心训练，有助于提升排球关键技术动作的能量输出效率。

（二）加强神经肌肉控制，提高身体稳定性

排球运动中的许多技术是在非稳定状态下完成的，在不稳定的条件下协调发力是成功运用技术的关键。例如，跳发球技术包括准备姿势、抛球、助跑、起跳、空中击球和落地六个环节，其中空中击球动作是跳发球技术动作结构中的关键所在。排球运动员在空中完成挥臂击球动作时，需要利用本体感觉合理地处理身体和球的相对位置关系，以及充分发挥全身的协调力量，这对排球运动员核心区能力提出了很高的要求。而核心部位的深层肌群中的膈肌、多裂肌、腰方肌、盆底肌等在控制着身体稳定性的同时，强大的核心肌群与深层次的小肌群协同发力，通过良好的机体神经肌肉控制和本体感觉，使得排球运动员的技术动作精准、流畅（王拱彪 等，2011）。

（三）降低运动损伤概率

排球运动员在快速发力时，强有力的核心肌群能够确保肢体在动作过程中保持在正常的位置，为主动肌的发力建立良好的支点，同时为深层小肌肉群起到关键的稳定功能和保护作用，达到预防损伤的目的。如果发力不正确，潜在运动损伤发生的概率就会大大提高。例如，扣球时，起跳腾空动作会让运动员身体具有向前的惯性，带动身体前冲，若核心力量差，身体就会失去平衡，导致触网犯规或者身体受伤。

二、排球专项大学生运动员的核心训练计划

建议排球专项大学生运动员每周进行3~4次核心训练，每次练习时长为15~60分钟，根据阶段性核心测评结果来设置训练目标和制订训练计划。

对于核心测评结果显示核心能力较弱的排球专项大学生运动员，应从初级核心训练开始，以增强躯干稳定性、提高身体核心素质为训练目标，为更高要求的技术动作训练做准备。排球专项大学生运动员的初级核心训练计划示例见表6-10。

表6-10 排球专项大学生运动员的初级核心训练计划（示例）

训练动作	组数×保持时长（或重复次数）	组间间歇时长/秒
俯卧平板支撑	3组×30秒	40
仰卧交替抬腿	3组×30秒	40
仰卧挺髋	3组×12次	40
标准深蹲	3组×12次	40
标准硬拉	2组×15次	30

而排球专项大学生运动员的中级核心训练则可通过减少间歇时长、增加练习组数、增加练习负重等方式提高核心训练强度，同时增加如侧平板支撑、

侧平板下伸的练习，以加强腹横肌、腹外斜肌、腹内斜肌等，进一步发展排球运动员的核心稳定性。排球专项大学生运动员的中级核心训练计划示例见表6-11。

表6-11 排球专项大学生运动员的中级核心训练计划（示例）

训练动作	组数×保持时长（或重复次数）	组间间歇时长/秒
俯卧平板支撑	3组×30秒	40
侧平板支撑（单侧交替）	2组×30秒	40
侧平板下伸（单侧交替）	2组×12次	40
标准深蹲	3组×12次	40
标准硬拉	2组×15次	30

排球专项大学生运动员的高级核心训练可增加练习保持时长、要求快速完成动作（如俯身跨步登山、快速半蹲）、在核心训练中加入不稳定条件（如单腿、平衡球），从而对核心肌肉施加更大的压力，增加排球运动员的核心抗旋性和核心爆发力。排球专项大学生运动员的高级核心训练计划示例见表6-12。

表6-12 排球专项大学生运动员的高级核心训练计划（示例）

训练动作	组数×保持时长（或重复次数）	组间间歇时长/秒
俯卧平板支撑	3组×30秒	40
俯卧撑	2组×30秒	40
跪姿绳索上拉	3组×25次	40
俯身跨步登山	1组×25次	40
单腿硬拉	2组×15次	40
高脚杯深蹲	2组×25次	40

三、结合排球专项动作的核心训练方法

结合排球专项的核心训练可以模拟排球训练和比赛中的动作进行。根据排球专项特点，应着重跳跃、短距离折返跑动、爆发性躯干旋转（传接球、救球）、快速变向等练习，还应训练核心耐力，以将疲劳对运动表现的影响降至最低水平的能力。针对扣球技术能力，可以利用杠铃片、扣球训练带（图

6-13）等器材进行与扣球轨迹相同的专项核心训练。针对跳跃拦网技术能力，可以进行深蹲等负重蹲的项目来提高核心和腿部爆发力量。双脚距离较宽的相扑式硬拉类似于排球的预备姿势，可增强其爆发力。

图6-13 扣球训练带

（一）平衡球两头起（图6-14）

【训练方法】运动员坐在平衡球上，双腿伸直且并拢，双手也伸直，同时保持腹部收紧。双手、双腿同时两头抬起，双手要尽可能触碰到脚背身体形成"V"字形。在动作过程中，保持双手、双腿伸直，身体尽可能地减少晃动。

【动作分析】相比在平地上的练习，在平衡球上的练习需要运动员调动更深层的核心肌肉，从而提升其核心稳定性。在平衡球上完成矢状面屈曲运动，也可以起到强化和稳定胸腔、骨盆的作用，对于排球运动中的各项技术动作均有帮助。

（a）开始动作/结束动作　　　　　（b）"V"字仰卧起坐

图6-14 平衡球两头起

（二）高翻（图6-15）

【训练方法】双手握住杠铃，稍比肩宽；双脚站距与肩关节或髋关节同宽，双脚稍微呈外八型，膝盖与脚尖同一方向；抬头挺胸，腰背收紧，双臂自然下垂并握住杠铃。准备好后，大腿先发力，大腿发力伸膝，伸膝的同时伸肩，使杠铃垂直上升离开地面。杠铃垂直上升到膝盖后，伸膝的同时开始伸髋，然屈膝迅速提高杠铃的位置后迅速出肘，同时分开双腿，使杠铃置于锁骨和两肩的三角肌上。挺胸抬头，腰背收紧，上身挺直，最后自然站立。

【动作分析】排球运动员可以通过传统的基于地面的举重动作获得更多的核心肌肉训练，尤其是"奥林匹克举"及其变式动作，高翻即是"奥林匹克举"的前面一大部分。在完成动作时，应伸展髋关节、膝关节、踝关节。这个动作可以较好地提升排球运动员的核心爆发力。

（a）　　　（b）　　　（c）　　　（d）　　　（e）

图6-15　高翻连续动作

（三）站姿绳索抗旋转（图6-16）

【训练方法】双脚打开略比肩宽，脚尖朝外，身体直立，将绳索调至与肩同高，绳索在身体侧面。双手伸直分别握住绳索两端，由身体内侧朝身体外侧缓慢拉动绳索，身体始终保持中立位置，核心收紧，尽可能控制躯干不旋转。若出现耸肩动作，则降低负重。

【动作分析】排球运动员可以通过核心抗旋运动提升核心抗旋能力。提高运动员的抗旋能力，不仅能加强其整体核心能力，而且能很好地预防运动损伤。另外，提升核心抗旋能力还能通过弹力带进行练习。

（a）起始姿势/结束姿势　　　（b）拉动绳索　　　（c）拉绳索至最远端

图6-16　站姿绳索抗旋转

（四）瑞士球跪姿双手撑排球（图6-17）

【训练方法】运动员呈跪姿，双手撑地，保持核心收紧，腰背伸直。将双腿跪在瑞士球上方，给球向内夹的力，维持身体稳定后，缓慢将一只手抬起放在排球上方，然后迅速将另一只手也支撑于排球上，保持小腿和大腿之间以及大腿和躯干之间夹角均呈90°。

【动作分析】该动作是在瑞士球与排球二者的非稳定条件下，排球运动员控制核心稳定以提高排球接发球过程中运动员对身体的控制能力，还能提高其扣球时在空中的身体控制能力，提高击球时身体的调整能力。

图6-17　瑞士球跪姿双手撑排球

（五）单手排球支撑俯卧撑（图6-18）

（a）起始姿势　　　　　　　　　　（b）俯卧撑

（c）换手触球

图6-18　单手排球支撑俯卧撑

【训练方法】身体俯卧向下，双脚并拢，双手比肩略宽并撑在地上，保持核心收紧，腰、背、脚呈一条直线。缓慢将一只手抬起把排球放在合适位置，并做一个俯卧撑，然后用手将排球移到另一侧，重复俯卧撑动作。在训练过程中，保持核心收紧，腰背伸直。

【动作分析】在做单手排球支撑俯卧撑的过程中，需要排球运动员控制核心收紧，并在身体一侧非稳定的条件下，控制身体整体的稳定性，以提高上肢与核心之间的协调发力能力。

第五节 足球专项大学生运动员的核心训练

现代足球运动对运动员的身体能力、技术能力等都提出了更高的要求，在90分钟的足球比赛中，除中场休息外，其间没有定期休息的时间，这就要求运动员具备全面综合的运动能力，足球的多种技术动作都要在各种冲撞过程中完成对球的控制，同时还需要协调、整合上下肢的力量，拥有良好的身体姿态控制能力，因此，核心部位的稳定性就显得尤为重要。比如，运动员在比赛中需要完成大量的急停、急启、快速变向、争顶头球、长传转移、射门等技术动作，而身体的核心区域力量在此过程中发挥着传递力量、稳定躯干、协调上下肢的作用，是完成各种技术动作的有力保证。

一、核心训练对于足球运动员的意义

（一）增强神经肌肉控制，保证技术动作完整性、准确性

核心力量起着确保运动员完成各种技术动作的重要作用，核心力量不但影响着四肢的活动，还担负着控制全身姿势正确的作用。足球是一项对运动员体能和技术要求都很高的运动项目，很多专业的动作都是在非稳定状态下完成的，需要运动员自身具备出色的稳定性、柔韧性、协调性。例如，铲球、守门

员飞身扑救、鱼跃冲顶等高难度动作的完成都需要身体保持高度的稳定性和协调性，而核心肌群是协调、稳定身体的关键，如果核心肌群缺乏力量，那么动作的完成度和准确性将大打折扣。同时，球场上瞬息万变的场景需要运动员大脑迅速做出决策并带动身体，核心训练可以很好地加强神经对肌肉的控制能力，将决策时间大大缩短，促使动作可以准确完成。核心力量的训练能加强足球运动员协调各肌群的能力，在非平衡的状态下提高动作的完整性和准确性，是提高足球运动员能力和团队成绩的一大关键所在。

（二）增加核心稳定性和核心力量，提高运动员对抗能力

足球是一项充满激烈对抗的运动，比赛双方为了取得胜利，除了要进行技术上的比拼外，还会进行力量上的对抗。足球运动中，不可避免地会进行剧烈的跑动、拦截、躲避等，而足球比赛规则允许运动员身体的合理碰撞，因此足球运动中运用身体稳定性和力量的优势来完成传球或射门动作的行为屡见不鲜。在足球赛场跑动中，不但存在一定的身体接触，还伴随急跑急停或变向跑等动作，因此对运动员核心肌肉稳定性和力量要求很高。核心肌肉力量是躯干及骨盆区域的肌肉力量，这一区域肌肉群较大，不但起着稳定、支撑身体的作用，而且产生和传递的力量也相应较大，并且传递到其他部位的力量还可以很好地辅助运动员进行身体对抗。

（三）提升核心区域的产力和传力，减少运动员能量消耗

每场足球比赛至少90分钟，运动员处于长时间快速奔跑或冲刺的状态，对体能消耗极大，因此，运动员体能通常是衡量足球运动水平的关键指标，提升运动员体能、减少运动中能量消耗是足球运动员训练的重点之一。核心训练在减少运动员能量消耗方面能起到显著作用，原因是身体核心区是能量产生、储备、传递的主要区域。在进行足球运动时，身体核心区是发力源，既可以将能量通过肌肉传递到四肢，也可以将下肢等的力量经过核心，传递到上肢并稳固上肢（完成对抗），以保证运动的顺利开展。通过科学的核心训练，可以使运动员在调动力量时缩短力量的传递时间，减少启动过程中的能量消耗，增强瞬间的爆发力，使运动员获得更快的短跑速度，有助于传接球或射门等足球技术动作的完成。同时，核心力量训练可以提高运动员的稳定性，从而减少维持身体平衡时消耗的能量。

（四）有利于减少运动损伤

在90分钟的足球比赛时间里，运动员们会进行大量的身体接触，出现运动

损伤是在所难免的。足球运动员损伤的原因除恶意犯规外,大都发生于其技术动作完成过程中,且受损伤部位集中在踝关节、膝关节、韧带,而核心力量强则可以很好地控制和调动下肢以保证运动员顺利完成技术动作。核心力量训练能增加足球运动员的对抗承受能力、身体的稳定性等,使运动员承受较强的冲击,确保运动员在发力的过程中身体处于正确的位置,降低受伤风险的保障。核心力量还可以增强运动员的本体感觉,不仅有助于运动员对人和球的判断,避免不必要的冲撞,还有助于运动员摔倒时的卸力,降低其受伤的可能性。

二、足球专项大学生运动员的基础核心训练计划

建议足球专项大学生运动员每周进行3～4次核心训练,每次练习时长为15～50分钟。根据阶段性核心测评结果来设置训练目标和制订训练计划,核心训练计划应遵守从简到难的训练规律,训练内容将逐渐进阶。起初应将训练重点放在核心的稳定性上,在运动员能够熟练掌握动作后,再将动作升级,加入核心耐力和核心爆发力的练习。

足球专项大学生运动员的初级核心训练计划示例见表6-13,以徒手自重核心训练为主,初步掌握核心的发力方式和轨迹,目的是增强核心稳定性。

表6-13 足球专项大学生运动员的初级核心训练计划(示例)

训练动作	组数×保持时长(或重复次数)	组间间歇时长/秒
反向卷腹	3组×30秒	40
卷腹	2组×12秒	40
平板支撑对侧手脚交替举	2组×30秒	40
仰卧摆腿	2组×15次	30
杠铃深蹲	2组×15次	30

足球专项大学生运动员经过初级的徒手自重训练后,便可开始中级核心训练。中级核心训练阶段在巩固动作的基础上加入杠铃进行深蹲和硬拉,在练习中,运动员应感受在全身运动中核心的发力方式。足球专项大学生运动员的中级核心训练计划示例见表6-14。

表6-14　足球专项大学生运动员的中级核心训练计划（示例）

训练动作	组数×保持时长（或重复次数）	组间间歇时长/秒
俯卧平板支撑	3组×30秒	40
侧平板支撑	3组×30秒	40
悬挂抬腿	3组×20次	40
绳索核心前移	3组×12次	40
杠铃硬拉	2组×15次	30

足球专项大学生运动员的高级核心训练计划示例见表6-15，其中涉及更多足球专项运动中功能性动作模式，比如除静力性动作，同时，还增加了药球下砸等核心爆发力训练以加快运动中的变换速度。这样的全身动作可以使主动肌、对抗肌和协同肌协同运转，最终增强运动员稳定脊柱的能力，保证对关键技术动作的支撑，提高足球技术运动表现。

表6-15　足球专项大学生运动员的高级核心训练计划（示例）

训练动作	组数×保持时长（或重复次数）	组间间歇时长/秒
俯卧平板支撑	3组×30秒	40
坐姿交替收腿	2组×30秒	40
引体向上	3组×8次	40
瑞士球卷腹	1组×25次	40
单腿深蹲	2组×15次	40
仰卧过顶扔球	2组×8次	40
药球下砸	2组×8次	40

三、结合足球专项动作的核心训练方法

首先，足球运动员的核心训练应以运动员身体核心部位的肌肉群力量训练为主，采取收缩性静力训练、向心力收缩训练，并在此基础上进行增强神经对核心肌肉控制的训练（如悬吊训练等）。在实践上，足球运动员应加强对赛点节奏的掌控练习，从而最大限度地发挥核心体能训练对核心力量所起到的积极作用。

其次，要注重对足球运动员核心体能支撑点控制训练的方法及技巧。在进行稳定核心力量训练时，通常徒手训练效果优于自重式训练。核心力量的稳定性直接影响运动员对于自身身体重心的控制能力，这种力量只有在不稳定的状况下或条件中进行，才能让足球运动员在完成指定动作的过程中，更好地控制小肌肉群体，使运动关节附近的辅助性肌肉也参与到身体整体的运动中，从而让足球运动员在不同的项目训练中，稳定自身各关节并把控好身体重心。

（一）单脚站立波速球（图6-19）

【训练方法】 运动员双脚站立，做小步跑来模仿比赛中奔跑的场景。在一段小步跑后运动员单腿跳上波速球，支撑腿微屈膝盖，保持平衡。同伴将足球向非站立脚抛去，运动员将足球尽可能踢回同伴手中，其间保持躯干直立。双脚交替进行练习。

【要点梳理】 运动员小步跑频率须跟球场上的节奏一样，全程保持核心收紧，支撑腿微屈以便稳定重心，保持姿势平衡，确保回传球的准确性。

【动作分析】 这是一种功能性足球核心稳定性练习。足球比赛的多数射门和传球动作都是在不稳定的状态下进行的，因此，其作为一种练习核心的方式，训练身体在不稳定情况下接球和踢球至关重要。锻炼核心力量有助于完成动作并保持控球，同时能避免受伤。

（a）起始姿势　　　　（b）站上波速球　　　　（c）传球

图6-19　单脚站立波速球

（二）平板支撑击球（图6-20）

【训练方法】 运动员以平板支撑作为起始动作，同伴将球抛向运动员的支撑手方向，运动员将球击回，同时保证身体处于中立位置。双手交替进行练习。

【要点梳理】运动员俯卧，双臂屈肘支撑在地面上，肩膀和肘关节垂直于地面，躯干伸直，全程应保持腹部、臀部收紧及肩胛骨的稳定。在做击球练习的过程中，应保持躯干处于中立位置。

【动作分析】平板支撑是锻炼核心力量最常用的基础动作，在平板支撑的训练中加入击球的练习，有利于帮助足球运动员提高身体的协调能力和控制能力，还能锻炼运动员的球感以及对球的行径路线的判断，从而提高运动员在球场上的运动表现。

（a）起始姿势　　　　　　　　（b）击球

图6-20　平板支撑击球

（三）脚离地坐姿头球（图6-21）

【训练方法】运动员坐在地面，双脚离地，膝盖微屈，脊柱处于中立位，保持腰部、背部挺直。同伴将球抛向运动员头部，运动员做头球练习并将球顶回同伴手中。

【要点梳理】全程保持核心收紧，脊柱保持中立位置。双腿离地，保持身体姿势，体会腰腹伸展发力的感觉，确保回顶球的准确性。

【动作分析】在不稳定状态下进行练习，可以很好地帮助足球运动员提高对身体的控制能力和稳定性。结合了足球专项的技术动作练习，既可以锻炼运动员专项技术能力，又可以提升其核心力量，从而帮助运动员在球场上有更好的运动表现。

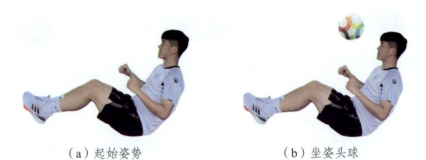

（a）起始姿势　　　　　　　　（b）坐姿头球

图6-21　脚离地坐姿头球

（四）屈腿胯下交替接球（图6-22）

【训练方法】运动员坐在地面，双脚离地，脊柱处于中立位，保持腰部、背部挺直，手持足球，交替进行抬腿，将足球交替从两腿中间传接。

【要点梳理】全程保持核心收紧，脊柱保持中立位，手脚协同，调整呼吸，体会手脚协同发力，确保足球的准确传接。

【动作分析】动态中结合球进行核心力量训练，有助于在加强核心肌群的同时，很好地锻炼运动员协调肌肉的能力，并增加训练的趣味性。

（a）起始姿势　　　　　　（b）胯下接球

图6-22　屈腿胯下交替接球

（五）球触脚卷腹（图6-23）

【训练方法】运动员平躺于地面，大腿抬至垂直于地面，手持足球进行卷腹，足球须触碰到脚。

【要点梳理】全程保持核心收紧，脚垂直于地面，保持腿部稳定，腹部收紧发力，调整呼吸节奏。

【动作分析】相较于传统卷腹，该动作可以对运动员的核心肌群给予较好的刺激，能够很好地锻炼其身体的协调能力及稳定性。

（a）起始姿势　　　　　　（b）球触脚

图6-23　球触脚卷腹

田径专项大学生运动员的核心训练

田径项目有"运动之母"的称号,是竞技体育中的第一大项。田径运动是指由径赛项目、田赛项目及两者组成的全能运动项目的总称。其中,以运动时长计算成绩的竞走和跑的项目比赛叫"径赛",以高度和远度计算成绩的跳跃、投掷项目比赛叫"田赛"。

竞走是一种双腿交替向前移动,与地面保持不间断接触,任何时候双脚都不允许离开地面的田径项目。竞走对运动员动作的协调性和核心稳定性有较高要求,是田径运动中对于技术要求比较高的耐力型项目。在竞走比赛中,运动员的核心肌群发挥着稳定运动员的身体重心、传递能量、保持平衡等作用。核心力量的增强能够增加运动员髋关节的稳定性,从而实现高效的运动步幅和步频。

径赛中的跑类项目可分为短跑、中长跑、长跑、跨栏跑、障碍跑、马拉松和接力跑,虽然比赛长度会有差异,但运动员的核心肌群在该类项目中的作用是相似的。短跑属于体能主导型的速度性项目,更强调力量与速度,核心力量能够使运动员在短跑中维持跑动的节奏、姿势和身体重心平衡。中长跑与长跑是体能主导类耐力性运动项目,在比赛过程中,运动员需要在跑动中降低体能的消耗,提高运动员呼吸机能,促进其运动成绩的提升。

田赛中的"跳跃类项目"分为跳远、三级跳远、跳高和撑竿跳高。跳跃类项目对运动员最大力量的能力要求较高,需要运动员在短时间内发挥最佳的爆发力。由于在发挥爆发力的过程中容易出现躯干的不稳定,会影响运动员在空中的技术姿态,所以要求运动员在非稳定状态下发挥核心力量对身体的控制能力。

田赛中的"投掷类项目"分为铅球、标枪、铁饼、链球,要求运动员在短时间内发挥最大的力量,将手上的投掷物尽力掷到最远处。投掷是一项发力链条清晰的运动项目,其发力顺序为:首先通过腿部力量对地面的传导得到反作用力,然后身体顺势传导或旋转传导到器械,最后加力到器械而脱手飞出的过程。在投掷过程中,较多用到旋转躯干以达到增加器械初速度的效果,在旋转躯干的过程中,躯干的控制就需要核心力量最大限度的参与。

一、核心训练对田径运动员的意义

田径运动更接近于人类原始捕猎的运动模式,也是运动员全身肌肉参与最充分的运动之一。保持运动过程中的身体稳定性是每项田径运动的关键,如跳高、跨栏、铅球或撑竿跳高等项目,均要求运动员在身体非稳定状态下协调控制腰方肌、盆底肌和腹直肌等肌群并协同保持身体的稳定性。例如,三级跳远的每一个动作都需要在短时间内完成,前两跳落地后身体重心的调整都需要髋、膝、踝和腰腹的巨大能量的参与,前面动作连贯才能为最后一跳打下基础。因此,拥有强大的核心力量对田径运动员尤为重要。

(一)增强核心肌群的稳定性

核心力量训练的关键就是增强运动员核心肌群的肌耐力和稳定性,这在竞走、跳跃、途中跑或是投掷类项目的运动过程中是必不可少的。例如,在推铅球时,运动员需要通过滑步和旋转增加铅球出手的初速度,在此过程中,运动员会全身发力,而此时其身体处于非平衡的状态,因此运动员需要通过控制核心的稳定以保持动作的流畅度。当人体处于非平衡的状态下时,力量通过四肢传导的效率会大大降低,大小肌群均要调动大量的体能才能保持身体的平衡,这就会使得一部分体能被损耗。

(二)提高动作效率,减少多余耗能

田径运动看似简单,但其对技术细节的要求很高,需要运动员拥有强大的核心力量以控制肢体更好地完成相应的技术动作。例如,短跑运动员在跑的过程中,控制躯干稳定,通过小肌群的参与,刺激更多的大肌群以控制髋关节灵活性以及抬腿下压等技术动作。短跑项目的发力链条是通过腰骶肌群作为核心发力点,并连接下肢往身体重心下方产生向前的推力达成有效的动量传递。正确的跳跃、跑动或投掷技术需要强大的核心肌群的参与,强大的核心力量能让运动员在运动过程中较好地控制身体平衡,减少上肢与下肢力量传导中的能量损失。

(三)提升运动员身体自我感知能力

在田径项目中,跨栏、撑竿跳高、三级跳远是对运动技术要求较高的比赛项目。在进行训练和比赛的过程中,运动员不仅要准确掌握该项目的发力要求和技术特点,还要调节自身负荷。核心肌群的训练能够充分提高运动员对自身核心肌群的神经募集能力,从而促进运动员身体的自我感知能力。自我感知能力的提升能够使运动员加深对自身项目发力原理的理解和提高自身感受能

力，因此，通过相关核心肌群的力量训练能够不断强化自我运动神经，使运动员能够在训练与比赛的过程中获得快速调整自身状态的能力。

（四）激活深层肌肉，预防运动受伤

以短跑为例，短时间内的剧烈运动对运动员肌肉的运动幅度和瞬间爆发能力的要求极高，稍有不慎就容易导致股后肌群、跟腱或缝匠肌等部位拉伤。在热身环节，运动员通过对髋关节、腹直肌、腰方肌、髂腰肌和膈肌等核心部位的激活训练，可以有效调动小肌肉群参与到正式训练或比赛中，小肌肉群的参与能够促进运动员依照正确的发力顺序做出正确的发力动作。小肌肉群的激活有利于刺激神经系统，让身体募集更多的肌肉参与到运动过程中，主动提高运动中身体的稳定性、协调性，找到正确的发力姿势，从而减少运动损伤的发生。

二、田径专项大学生运动员的基础核心训练计划

建议田径专项大学生运动员每周进行4～5次的核心训练，每次训练时长为15～45分钟。针对竞走、跑（短跑和中长跑）、跳跃（跳高和跳远）和投掷四类项目，核心力量训练应遵循从易到难、循序渐进的训练原则，训练初期应该正确掌握标准的训练动作，找到动作的正确发力规律和发力肌群，在平衡自身动作的前提下保持躯干的稳定性。正确掌握动作后，可以逐渐加大动作难度，逐渐加入核心爆发、核心抗旋转等进阶训练。

竞走专项大学生运动员的初级和中级核心训练计划示例分别见表6-16和表6-17，短跑和中长跑专项大学生运动员的初级和中级核心训练计划示例分别见表6-18和表6-19，跳高和跳远类专项大学生运动员的初级和中级核心训练计划示例分别见表6-20和表6-21，投掷类专项大学生运动员的初级和中级核心训练计划示例分别见表6-22和表6-23。

表6-16 竞走专项大学生运动员的初级核心训练计划（示例）

训练动作	组数×保持时长	组间间歇时长/秒
俯卧平板支撑	3组×30秒	45
侧平板支撑	4组×30秒（左、右侧各2组）	45
仰卧平板支撑	3组×30秒	45
仰卧静力两头起	3组×30秒	45

表6-17　竞走专项大学生运动员的中级核心训练计划（示例）

训练动作	组数×保持时长（或重复次数）	组间间歇时长/秒
俯卧瑞士球平板支撑	3组×30秒	45
仰卧瑞士球平板支撑	3组×30秒	45
瑞士球俯卧撑	3组×12次	45
双脚瑞士球下斜俯卧撑	3组×12次	45
跪姿瑞士球平衡	3组×15秒	45
站姿弹力带抗旋转	4组×30秒	45
药球侧抛	4组×12次	45

表6-18　短跑和中长跑专项大学生运动员的初级核心训练计划（示例）

训练动作	组数×保持时长（或重复次数）	组间间歇时长/秒
平板支撑单臂交替举	4组×30秒（左、右侧各2组）	45
单腿侧平板支撑	4组×30秒（左、右侧各2组）	45
单脚仰卧挺髋	4组×30秒（左、右侧各2组）	45
俯卧跪姿髋外展	4组×10次（左、右侧各2组）	45
侧卧抬腿	4组×10次（左、右侧各2组）	45
瑞士球两头起	3组×15次	45

表6-19　短跑和中长跑专项大学生运动员的中级核心训练计划（示例）

训练动作	组数×保持时长（或重复次数）	组间间歇时长/秒
俯卧瑞士球收腹	3组×8次	45
瑞士球俯卧撑	3组×10次	45
瑞士球挺髋后收	3组×10次	45
双手辅助北欧挺	3组×10次	45
弓步弹力带抗旋转	4组×30秒（左、右侧各2组）	60
跪姿瑞士球平衡负重摆臂	2组×30秒	60

续表6-19

训练动作	组数×保持时长（或重复次数）	组间间歇时长/秒
波速球燕式平衡推球	2组×12次	60
俯卧悬吊收腹	2组×15次	45
双手壶铃蹬台阶	4组×12次	45

表6-20 跳高和跳远专项大学生运动员的初级核心训练计划（示例）

训练动作	组数×保持时长	组间间歇时长/秒
俯卧平板支撑	4组×30秒	45
仰卧静力两头起	4组×30秒	45
仰卧平板支撑	4组×30秒	45
站姿弹力带抗旋转	4组×30秒	45

表6-21 跳高和跳远专项大学生运动员的中级核心训练计划（示例）

训练动作	组数×重复次数（或保持时长）	组间间歇时长/秒
瑞士球俯卧撑	3组×10次	45
瑞士球挺髋后收	3组×10次	45
双手辅助北欧挺	3组×10次	45
单腿跳波速球	4组×10次	45
单腿波速球深蹲	4组×10次	45
弹力带抗阻单脚跳	4组×20秒	45
瑞士球仰卧哑铃卧推	4组×20次	45

表6-22 投掷类专项大学生运动员的初级核心训练计划（示例）

训练动作	组数×重复次数（或保持时长）	组间间歇时长/秒
俯卧平板支撑	4组×30秒	45
死虫姿势	2组×15次	45
卷腹	2组×15次	45
俄罗斯转体	2组×15次	45

表6-23 投掷类专项大学生运动员的中级核心训练计划（示例）

训练动作	组数×重复次数	组间间歇时长/秒
负重俄罗斯转体	4组×30次	45
药球伐木	3组×20次	45
负重转髋推举	2组×15次	45
负重死虫姿势	2组×15次	45
药球侧抛	4组×10次	45

三、结合田径专项动作的核心训练方法

由于田径大项被分成的四类（竞走类、跑步类、跳跃类和投掷类）竞技项目的特点不同，相应的核心力量训练侧重点也有所不同。针对竞走类项目应侧重发展运动员髋关节的灵活性。在竞走项目的运动过程中，运动员的骨盆要沿上下轴前后转动，髋关节也要根据骨盆的转动而摆动。跑步类分为短跑、中长跑和长跑三类，其中，针对短跑须强调核心区域的爆发力和稳定性，起跑和途中跑时躯干的稳定性，以及摆臂与髋关节、膝关节、踝关节三者之间的力要形成高效传导。跳跃类更着重发展运动员的股四头肌、腓肠肌、比目鱼肌和脚踝的爆发力，但运动员在起跳过后，其在空中的姿态调整、技术控制均需要强大的核心肌群的参与。投掷类项目对身体在旋转中的稳定性要求更高，许多投掷项目都需要身体的旋转带动器械达到更高的初速度，其中腹直肌、腹外侧肌群和腰方肌要在旋转中保持躯干的动态平衡，从而协调手部在最合适的时机对器械加力并出手。

（一）竞走类和跑步类的专项核心训练

1. 后牵引跪姿快起转起跑（图6-24）

【训练方法】用橡皮筋增加牵引负重，运动员以双膝跪地作为起始姿势，橡皮筋系在运动员的正后方，运动员运用双手快速摆动的力量带动髋部向前顶并形成下蹲姿势，随后迅速转换成起跑的技术动作。

【要点梳理】运动员从跪姿转换到下蹲姿势的瞬间就要快速转换成起跑技术向前跑。需要注意的是，此时由于后方有牵引负重，运动员做起跑姿势时，身体重心应尽量向前方压低。

【动作分析】这是结合动作转变以及负重而设计的起跑辅助性练习。在起

跑的过程中，运动员需要集中注意力听从发令枪鸣响。从跪姿到起跑技术的转换过程锻炼了运动员的神经反应能力以及髋部快速摆动的爆发能力，而后牵引负重能有效提高运动员的后蹬能力，同时达到压低起跑身体重心的效果。

（a）起始姿势　　　　　（b）快起　　　　　（c）起跑

图6-24　后牵引跪姿快起转起跑

2．壶铃负重蹬台阶（图6-25）

【**训练方法**】运动员身体先处于弓步姿势，双手各握一只壶铃，手臂垂直于地面，前方两步远的距离放置一张高度为35～45厘米的跳凳。接着后腿蹬上台阶（跳凳）并蹬直；在后腿蹬直的过程中，前腿也积极向前摆形成大小腿夹角为90°。

【**要点梳理**】前后腿蹬伸的过程中，后腿须积极下压，前腿须积极前摆。在蹬上跳凳的过程中，运动员需要控制脚踝以及核心使身体重心始终垂直于地面，避免过度前倾或后仰。

【**动作分析**】在跑步运动的过程中，运动员向前跨出的每一步都要有股四头肌和核心的参与。这个动作能够在训练蹬伸能力的同时，对股四头肌产生较大的刺激，在跳凳上方时能够强化脚踝和核心对身体平衡能力的控制。

图6-25　壶铃负重蹬台阶

（二）跳跃类的专项核心训练

1．腰部侧牵引单腿对抗（图6-26）

【**训练方法**】在运动员腰部绑上橡皮筋，让运动员使用单腿向牵引的反方向进行跳跃，在对抗的过程中，教练员需要适时转变橡皮筋的弹性，让运动员在不稳定的过程中寻找身体的平衡点。

【要点梳理】在与橡皮筋的对抗过程中,运动员需要控制核心区域的力量,将身体控制在动态平衡的范围内。

【动作分析】跳高、跳远和三级跳远对运动员脚踝的刚性和稳定性要求很高,通过这种对抗反向牵引的动作,运动员能够锻炼腹外侧肌和脚踝的力量,可避免其在起跳和落地的过程中崴脚或其他类型的受伤。

(a)起始姿势　　　　　　　　(b)单腿反向跳跃

图6-26　腰部侧牵引单腿对抗

2. 单腿跳小栏架(图6-27)

【训练方法】运动员双手叉腰,单脚站在小栏架的左边(或右边),收紧核心,保持身体平衡。下肢发力,向右或向左跳过小栏架,通过脚踝和核心控制身体保持平衡,脚触地的瞬间用前脚掌触地,并重复此动作。

【要点梳理】在向左或向右跳过小栏架而脚触地的一瞬间,需要通过脚踝和核心的控制能力将身体保持平衡状态。在前脚掌触地的瞬间,脚踝需要控制身体重心的偏移。

【动作分析】脚踝是控制起跳平衡的关键因素,跳跃类运动员在起跳的过程中脚踝会受到很大的冲击力。通过跳小栏架的方式能够训练运动员在起跳和落地过程中脚踝的控制能力。

图6-27　单腿跳小栏架

（三）投掷类的专项核心训练——负重转髋推举（图6-28）

【训练方法】将杠铃一端固定在地面一处，运动员先双手握住杠铃的另一端侧放在身体前方，在快速转动髋部和上身的同时，将杠铃的单侧推举到头上方。

【要点梳理】在推举的过程中，髋部和上身需要协同转动，核心收紧，保证靠躯干的核心力量转动杠铃。

（a）起始姿势　　　　　　　　（b）推举

图6-28　负重转髋推举

【动作分析】此动作要求运动员快速推举杠铃到头上方，既可以锻炼运动员通过核心力量带动身体旋转的爆发力，也可以锻炼运动员自身对躯干旋转的控制能力。

课后作业

1. 结合本章内容，针对自己的运动专项或喜欢的运动，为该专项的大学生运动员制订一份核心训练计划，并且尝试实施、记录感受。
2. 请介绍一个你认为不错的核心训练动作，并对该动作进行分析，并说明其优点。
3. 在本章出现的运动项目中，挑选一个自己没有涉猎过的项目并进行一次专项核心训练。对比自己的运动专项，谈谈你的训练感受。

参 考 文 献

鲍伊尔，2017．体育运动中的功能性训练：第2版［M］．张丹玥，王雄，译．北京：人民邮电出版社．

布里滕纳姆，泰勒，2019．核心体能训练：释放核心潜能的动作练习和方案设计［M］．王轩，译．北京：人民邮电出版社．

布鲁米特，2017．核心评估与训练：核心能力的精准测试与针对性发展［M］．王轩，译．北京：人民邮电出版社．

蔡琛，张智芳，曲庆明，等，2012．悬吊运动训练在早期脑卒中患者步行功能康复中的作用［J］．中国康复医学杂志，27（5）：470-472．

曹立全，陈爱华，谭思洁，2011．核心肌力理论在运动健身和康复中的应用进展［J］．中国康复医学杂志，26（1）：93-97．

陈翀，孙文新，2014．悬吊训练对足球运动员非稳定状态下动作控制能力的影响［J］．北京体育大学学报，37（1）：124-128．

陈方灿，2006．浅谈国外康复性体能训练的一些理念和发展趋势［J］．体育科学，26（10）：95-96．

陈小平，2003．对马特维耶夫"训练周期"理论的审视［J］．中国体育科技，39（4）：6-7．

陈小平，2012．论核心力量训练［J］．中国体育教练员，20（3）：31-32．

陈小平，2016．运动训练长期计划模式的发展：从经典训练分期理论到"板块"训练分期理论［J］．体育科学，36（2）：3-13．

陈小平，黎涌明，2007．核心稳定力量的训练［J］．体育科学（9）：97．

陈小平，梁世雷，李亮，2012．当代运动训练理论热点问题及对我国训练实践的启示：2011杭州国际运动训练理论与实践创新论坛评述［J］．体育科学，32（2）：3-13．

陈正，2010．中国女网北京奥运周期训练过程研究［J］．成都体育学院学报，36（8）：49-53．

陈正，陈莉，孙江宁，2007．国家女网周课训练安排及训练效果实时监控分析［J］．体育学刊，14（2）：103-107．

崔兆新，1999．家庭使用哑铃健身法［M］．北京：北京体育大学出版社．

邓树勋，王健，乔德才，等，2015. 运动生理学［M］. 3版. 北京：高等教育出版社.

杜震城，2007. 击剑运动员的核心力量训练［J］. 体育科研，28（6）：72-74.

杜智山，杨时，2009. 优秀女子击剑运动员的力量训练［J］. 体育科研（3）：86-88.

福伦，2006. 高水平竞技体能训练［M］. 袁守龙，刘爱杰，译. 北京：北京体育大学出版社.

高宝龙，荣湘江，梁丹丹，等，2008. 悬吊运动技术对运动引起的腰痛的疗效分析［J］. 中国康复医学杂志，23（12）：1095-1097.

关亚军，马忠权，2010. 核心力量的定义及作用机制探讨［J］. 北京体育大学学报，33（1）：106-108.

郭慧，2010. 核心力量训练在游泳训练实践中的应用问题［J］. 浙江体育科学，32（1）：38-40，44.

过家兴，1988. 对全年训练周期划分理论与实践的探讨［J］. 体育科学（1）：36-42.

韩春远，王卫星，2014. 核心力量训练与测评方法研究［J］. 中国学校体育（高等教育），1（1）：74-82.

韩春远，王卫星，成波锦，等，2012. 核心力量训练的基本问题：核心区与核心稳定性［J］. 天津体育学院学报，27（2）：117-122.

韩春远，赵晓雯，王卫星，等，2013. 运动员核心力量训练的本质［J］. 体育学刊，20（5）：112-116.

何蕊，2008. 竞技状态形成的客观规律与运动训练分期理论的辩证统一［J］. 广州体育学院学报，28（6）：67-69.

贺星，蔡艺芳，谭恒，等，2013. 运动疗法治疗I°青少年型特发性脊柱侧凸的效果［J］. 中国康复理论与实践，19（3）：266-268.

胡金萍，张祖强，2016. BOSU训练对高校篮球运动员核心力量影响的实验研究［J］. 运动（9）：22-23.

胡声宇，2000. 运动解剖学［M］. 北京：人民体育出版社.

胡亚川，李灿，李建臣，2013. 弹力带训练方法结合田径专项技术训练的应用与研究［C］//中国大学生体育协会田径分会. 第二十三届全国高校田径科研论文报告会论文专辑：220-224.

胡雨琦，2018. 舞者核心力量训练的悬吊带研制及应用研究［D］. 北京：北京舞蹈学院.

胡智宏，孔叶平，叶倩，2016．悬吊训练作用机制及临床应用研究进展［J］．中国康复医学杂志，31（8）：924-927．

黄志基，2010．现代体能训练：弹力带全方位力量训练方法［M］．北京：北京体育大学出版社．

黄志基，李娜，2011．泡沫轴肌肉筋膜自我康复训练法［M］．北京：北京体育大学出版社．

霍兴华，宋秋元，周育红，等，2015．高位下拉力量练习中肩部肌群的表面肌电研究［J］．体育科技，36（5）：58-60．

季磊，2011．功能性力量训练的实质及其训练方法探析：基于悬吊训练、振动力量训练、核心力量训练、本体感觉功能训练［J］．南京体育学院学报（自然科学版），10（2）：73-75．

贾海涛，2010．悬吊运动（SET）在治疗腰椎间盘突出症的临床疗效［J］．按摩与康复医学，9（1）：2．

姜宏斌，2015．人体运动核心区域稳定性与核心力量训练的本质及理论探讨［J］．首都体育学院学报（3）：71-77．

克诺夫，2019．泡沫轴训练指南［M］．李汶璟，译．北京：人民邮电出版社．

孔振兴，迟小丹，张一民，2011．全身等长肌肉力量的变化特征及测试与评价指标体系的初步建立［C］//中国体育科学学会．第九届全国体育科学大会论文摘要汇编（2）：109．

黎涌明，于洪军，资薇，等，2008．论核心力量及其在竞技体育中的训练：起源·问题·发展［J］．体育科学（4）：19-29．

李春轶，李慧忠，裘琴儿，2019．多种徒手深蹲模式下肢肌肉的肌电研究［J］．浙江体育科学，41（1）：108-112．

李建臣，周凯岚，师玉涛，等，2010．悬吊训练对技能主导类表现难美性项目核心力量训练的实验研究：以跳水项目为例［J］．武汉体育学院学报，44（2）：53-57．

李萍，童理刚，朱学强，2018．功能动作筛查与星形偏移平衡测试的相关性研究［J］．中国体育科技，54（2）：66-72．

李庆，李景丽，顾扬，等，2004．现代运动训练周期理论的思考和讨论［J］．体育与科学（6）：52-55．

李世明，2004．对人体运动环节重量钜测量方法的理论研究［J］．上海体育学院学报，28（3）：62-66．

李双成，2001．单腿支撑力量练习的实验性研究［J］．中国体育科技，37（8）：42-43．

李霞，潘力平，1999．有氧哑铃操对老年女性血脂水平影响的研究［J］．山东体育学院学报，15（3）：12-13．

李艳鸣，2014．平板支撑锻炼核心肌肉群［J］．大众健康（7）：105．

利伯曼，2017．核心训练：全彩图解版［M］．徐晴颐，译．北京：人民邮电出版社．

林华，王润生，丛培信，2008．核心力量训练原理初探［J］．山东体育学院学报，24（2）：66-68．

刘明，谢昆，2001．多功能组合式壶铃的研制与应用［J］．体育科学，21（4）：41．

刘婷，2017．体能中的形态学问题：以中学体质测试中的仰卧起坐和引体向上为例［J］．青少年体育（1）：112-113．

刘耀荣，周里，2011．不同负荷杠铃阻力训练过程中人体功率输出特征研究［J］．西安体育学院学报，28（4）：498-503．

刘展，2016．人体动作模式和运动链的理念在运动损伤防护和康复中的应用［J］．成都体育学院学报，42（6）：1-11．

卢玮，2009．悬吊运动训练对慢性腰痛患者疼痛及静态平衡能力的影响［D］．北京：北京体育大学．

罗莉斯，彭莉，汪振环，等，2017．振动结合负重刺激对下肢表面肌电均方根振幅的影响：基于4种刺激下半蹲起提踵练习［J］．中国组织工程研究，21（32）：5152-5157．

吕季东，杨再淮，邵斌，等，2001．周期训练理论的基本原理及研究中的若干新问题［J］．上海体育学院学报（1）：46-50．

吕金，1994．俯卧撑的几种练习形式与方法［J］．中国学校体育（2）：48-49．

马成顺，隋远杰，刘凯，等，2012．竞技排球后备人才"核心力量训练"实践研究［J］．中国体育科技，48（6）：19-24．

马诚，成鹏，王新丽，2007．悬吊牵引下步行训练治疗腰椎间盘突出症的疗效观察［J］．中国康复医学杂志，22（10）：928-929．

马晴，2013．BOSU球在增加人体核心稳定性中的应用［C］//中国体育科学学会．2013年全国竞技体育科学论文报告会论文摘要集：458-459．

莫月红，周永平，2007．一侧肢体等动力量训练对异侧肢体力量的影响［J］．浙江体育科学，29（1）：122-125．

牛声宇，2015．药球在技巧啦啦操底座运动员力量训练中的应用［J］．中国学校体育（高等教育），2（8）：44-50．

彭静，王小伟，孙冬梅，等，2014．核心稳定性训练的研究进展［J］．中国康复理论与实践，20（7）：629-234．

彭云钊，秦子来，王攀，等，2009．武术专项力量训练引入核心稳定力量训练的实验研究［J］．山东体育学院学报，25（3）：62-65．

普拉托诺夫，姚颂平，2010．全年运动训练分期理论：历史、现状、争论与发展前景［J］．上海体育学院学报，34（3）：67-78．

屈萍，2011a．核心稳定性力量训练［M］．武汉：中国地质大学出版社．

屈萍，2011b．星形偏移平衡测试在评价优秀蹼泳运动员核心训练效果中的应用［J］．武汉体育学院学报，45（9）：74-78．

任满迎，李勃，王忠军，2009．对2008年全国体操锦标赛跳马冠军郭佳浩针对性体能训练效果的研究［J］．北京体育大学学报，32（2）：32-35．

任玉庆，史曙生，孙洪亮，2011．男性核心肌力与平衡能力的增龄性变化及其相关性［J］．天津体育学院学报，26（3）：269-272．

申小宝，杨涛，2018．不同核心稳定训练方法的机制辨析［J］．体育科研，39（1）：99-103．

时华静，张思民，2007．上肢悬吊带的制作与应用［J］．齐鲁护理杂志，13（10）：15．

司翔月，钱菁华，2020．悬吊运动疗法对大学生亚健康状态颈部不适的影响［J］．昆明医科大学学报，41（1）：106-111．

苏浩，曹建民，2009．优秀女子赛艇运动员核心力量与一般力量训练监控的研究［J］．沈阳体育学院学报，28（2）：72-89．

孙景召，2010．悬吊法体能训练的演变及其基本特征分析［J］．南京体育学院学报（自然科学版），9（1）：74-77．

孙文新，2012．现代体能博速球（BOSU）训练方法［M］．北京：北京体育大学出版社．

孙霞，2010．悬吊训练对体育院校排球专项学生平衡能力与弹跳力的影响［D］．北京：北京体育大学．

孙越颖，高峰，杜文娅，2016．不同频率振动训练对排球运动员核心区力量及稳定性的影响［J］．成都体育学院学报，42（2）：76-81．

孙忠顾，2019．击剑运动员核心力量训练的作用及方法［J］．中国体育教练员，27（1）：79-80．

滕竹鸣，徐冬青，2019．不同稳定条件下的平板支撑锻炼对男大学生腰背肌力量的影响研究［C］//中国体育科学学会．第十一届全国体育科学大会论文摘要汇编：5587-5588．

田麦久，2010．关于运动训练原则的辩证思考［J］．北京体育大学学报，33（3）：1-9．

田麦久，刘大庆，2012．运动训练学［M］．北京：人民体育出版社．

图德，卡洛，2019．周期训练理论与方法：第6版［M］．曹晓东，黎涌明，杨东汉，等，译．北京：人民邮电出版社．

汪敏加，2019．非特异性腰痛患者腰椎活动度及肌紧张度的特征研究［C］//中国体育科学学会．第十一届全国体育科学大会论文摘要汇编：7562-7564．

王保成，匡鲁彬，谭朕斌，2001．篮球运动体能员训练的基本理论与内容［J］．首都体育学院学报（3）：38-46．

王保成，王川，周志雄，2005．对我国短跑运动专项力量训练的思考与建议［J］．首都体育学院院报（4）：39-41．

王东梅，2017．壶铃：精英部队式的健身运动［J］．健康人生（3）：56-57．

王拱彪，龙丽，2011．核心力量训练在排球训练中的作用［J］．体育研究与教育，26（S2）：176-177．

王航平，聂真新，孙振武，等，2019．核心力量练习对中老年人平衡能力和跌倒风险预防效果的Meta分析［J］．中国老年学杂志，20（39）：5009-5016．

王康康，2014．弹力带柔性抗阻训练对中老年女性骨密度和跌倒风险指数的影响［J］．武汉体育学院学报，48（1）：91-95．

王强军，2009．我国男子高水平击剑运动员力量素质特征及训练方法研究［D］．北京：北京体育大学．

王卫星，李海肖，2007．竞技运动员的核心力量训练研究［J］．北京体育大学学报，30（8）：1119-1121．

王兴泽，王冰，胡贤豪，2007．振动力量训练综述［J］．山东体育学院学报，23（1）：63-66．

王银晖，2017．人体运动链理论溯源及对功能性训练的启示［J］．成都体育学院学报，43（2）：60-65．

王永慧，岳寿伟，2001．直腿抬高试验的临床价值［J］．中华理疗杂志（5）：58-61．

威拉德逊，美国国家体能协会，2019．美国国家体能协会核心训练指南：修订版［M］．王轩，译．北京：人民邮电出版社．

卫小梅，郭铁成，2006．悬吊运动疗法：一种主动训练及治疗肌肉骨骼疾患的方法［J］．中华物理医学与康复杂志，28（4）：281-283．

魏巍，王卫星，韩春远，2013．"核心力量"在传统武术中的解读与辨析［J］．北京体育大学学报，36（10）：111-116．

魏小芳，刘鰓，姜宏斌，2013．核心力量训练的理论探析：科学训练方法新视域［J］．成都体育学院学报，39（8）：47-52．

魏永敬，赵焕彬，宋旭峰，等，2009．悬吊训练法功能及其应用现状研究［J］．天津体育学院学报，24（4）：358-360．

吴焕群，王汝英，陈明达，1982．周期与训练［J］．体育科学（1）：39-44．

吴毅，1999．等速肌肉功能测试和训练技术的基本原理和方法［J］．中国康复医学杂志（1）：45-48．

解为见，2018．优秀残疾人游泳运动员悬吊训练干预过用性腰疼的研究［D］．北京：北京体育大学．

谢菁珊，2005．普拉提塑身新风尚　健康打造美体新平衡［M］．广州：广东经济出版社．

许志娟，徐春霞，高平，等，2016．中国男子皮划艇集训队员备战2016年奥运会核心力量训练的实验研究［J］．武汉体育学院学报，50（9）：76-80．

燕飞，2005．哑铃操与徒手功能锻炼改善肩周炎症状的比较［J］．中国临床康复（28）：187-189．

杨合适，李建臣，师玉涛，2008．悬吊法对跳水运动员体能训练的研究［J］．首都体育学院学报，20（6）：71-73．

姚大为，张强，2013．古希腊斯巴达体育的社会基础与历史兴衰［J］．武汉体育学院学报（1）：9-14．

叶国雄，陈树华，1999．篮球运动研究必读［M］．北京：人民体育出版社．

英国DK出版社，2014．核心训练图解圣经：强化体质・突破瓶颈［M］．许育达，应充明，陈壹豪，等，译．台北：旗标出版股份有限公司．

于红妍，李敬勇，张春合，等，2008．运动员体能训练的新思路：核心稳定性训练［J］．天津体育学院学报（2）：128-130．

于红妍，王虎，冯春辉，等，2008．核心力量训练与传统力量训练之间关系的理论思考：核心稳定性训练［J］．天津体育学院学报（6）：509-511．

张凤仪，2005．不稳定悬吊系统对提升风浪板选手平衡能力之研究［J］．大专体育学刊，7（1）：223-233．

张通，2001．运动控制理论简介［J］．中国康复理论与实践，7（1）：42-43．

张晓玲，2018．核心稳定性训练对提高青少年体质的分析［J］．体育风尚（1）：40．

张艳芝, 冯文龙, 2013. 弹力带在基层学校体育运动训练中的应用[J]. 田径(8): 4-6.

赵佳, 2009. 核心区力量及其训练研究进展[J]. 天津体育学院学报, 24(3): 218-220.

赵俊华, 周玉斌, 张成, 2015. 对短跑运动员进行身体核心区力量训练的实验研究[J]. 北京体育大学学报, 38(6): 133-138.

赵哲, 金育强, 常娟, 2017. 核心区力量训练对提高大学生羽毛球运动员竞技能力的研究[J]. 广州体育学院学报, 37(3): 81-83.

郑琦, 2012. 浅谈核心力量训练对击剑运动项目的作用和影响特点[J]. 体育世界(学术版)(2): 87-88.

郑伟涛, 屈萍, 2011. 核心稳定力量训练在帆板运动中的应用研究[J]. 武汉体育学院学报, 45(2): 78-85.

郑翔, 2017. 弹力带在体育中考内容中的辅助教学运用[J]. 体育教学, 37(9): 59-62.

郑晓鸿, 2003. 运动训练分期理论发展回顾[J]. 成都体育学院学报(4): 32-36.

朱政, 陈佩杰, 黄强民, 2007. 体育训练中的神经运动控制[J]. 上海体育学院学报(1): 62-65.

ABDI J, SADEGHI H, 2013. The effect of eight-week core stability training program on the dynamic balance in young elite footballers[J]. Scoliosis, 8 (Suppl 1): 20.

AKUTHOTA V, NADLER SCOTT F, 2014. Core strengthening[J]. Archives of Physical Medicine and Rehabilitation, 85 (Suppl 1): S86-92.

ALLEN S, STANFORTH D, DUDLEY G A, et al., 2002. Core strength training[J]. Australian Sports Trainer, 19(1): 6-8.

ALZAHRANI M A, DEAN C M, ADA L, et al., 2012. Mood and balance are associated with free-living physical activity of people after stroke residing in the community[J/OL]. Stroke Res Treat, (2012-10-13) [2022-04-30]. Article ID 470648, 8 pages. https://doi.org/10.1155/2012/470648.

ANDERSON C E, SFORZO G A, SIGG J A, 2005. Combining elastic tension with free weight resistance training[J]. Medicine and Science in Sports and Exercise, 37(5): S186.

ANDERSON G S, DELUIGI F, BELLI G, et al., 2016. Training for improved neuromuscular control of balance in middle aged females[J]. Journal of Bodywork and Movement Therapies, 20(1): 10-18.

ANDRE M J, FRY A C, HEYRMAN M A, et al., 2012. A reliable method for assessing rotational power [J]. Journal of Strength and Conditioning Research, 26 (3): 720–724.

ASHMORE A, 2003. Strength training guidelines for children [J]. American Fitness, 21 (5): 62–66.

BARAK Y, AYALON M, DVIR Z, 2006. Spectral EMG changes in vastus medialis muscle following short range of motion isokinetic training [J]. Journal of Electromyography and Kinesiology, 16 (5): 403–412.

BEARDSLEY C, SKARABOT J, 2015. Effects of self-myofascial release: A systematic review [J]. Journal of Bodywork and Movement Therapies, 19 (4): 747–758.

BERGMARK A, 1989. Stability of the lumbar spine: A study in mechanical engineering [J]. Acta Orthopaedica Scandinavica. Supplementum, 239: 1–54.

BIERING-SØRENSEN F, 1984. Physical measurements as risk indicators for low-back trouble over a one-year period [J]. Spine, 9 (2): 106–119.

BIRD S P, TARPENNING K M, MARINO F, 2005. Designing resistance training programmes to enhance muscular fitness: A review of the acute programme variables [J]. Sports Med, 35 (10): 841–851.

BLACKBURN J R, MORRISSEY M C, 1998. The relationship between open and closed kinetic chain strength of the lower limb and jumping performance [J]. Journal of Orthopaedic and Sports Physical Therapy, 27 (6): 430–435.

BLISS L S, TEEPLE P, 2005. Core stability: The centerpiece of any training program [J]. Current Sport Medicine Reports, 4 (3): 179–183.

BOYLE J J, SINGER K P, MILNE N, 1996. Morphological survey of the cervicothoracic junctional region [J]. Spine, 21 (5): 544–548.

BOYLE M, 2010. Advances in functional training: training techniques for coaches, personal trainers and athlete [M]. Santa Cruz, California: On Target Publications.

BRETT K, BRUNGARDT M, 2006. The complete book of core training: The definitive resource for shaping and strengthening the "core"–The muscles of the abdomen, butt, hips, and lower back [M]. New York: Hyperion Publishing.

BROWN T, 2005. Core flexibility static and dynamic stretches for the core [J]. NACA's Performance Training Journal, 4 (4): 8–10.

BROWN T, 2006. Core training progression for athletes [J]. NACA's Performance Training Journal, 15 (4): 41–45.

BULDBULIAN R, HARGAN M L, 2000. The effect of activity history and current activity on static and dynamic postural balance in older adults [J]. Physiology and Behavior, 70 (3–4): 319–325.

BURKHART S S, MORGAN C D, KIBLER W B, 2000. Shoulder injuries in overhead athletes: The "Dead Arm" revisited [J]. Clinics in Sports Medicine, 19 (1): 125–158.

CALLAGHAN J P, GUNNING J L, MCGILL S M, 1998. The relationship between lumbar spine load and muscle activity during extensor exercises [J]. Physical Therapy, 78 (1): 8–18.

CARRIERE B, 1999. The "Swiss Ball" an effective tool in physiotherapy for patients, families and physiotherapists [J]. Physiotherapy, 85 (10): 552–561.

CELLETTI C, CASTORI M, GALLI M, et al., 2011. Evaluation of balance and improvement of proprioception by repetitive muscle vibration in a 15-year-old girl with joint hypermobility syndrome [J]. Arthritis Care and Research (Hoboken), 63 (5): 775–779.

CHAIWANICHSIRI D, LORPRANYOON E, NOOMANOCH L, 2005. Star excursion balance training: Effects on ankle functional stability after ankle sprain [J]. Journal of the Medical Association of Thailand, 88 (Suppl4): S90–94.

CHANDLER T J, STONE M H, 1991. The squat exercise in athletic conditioning: A position statement and review of the literature [J]. National Strength and Conditioning Association Journal, 13 (5): 51–58.

CHEATHAM S W, STULL K R, 2018. Comparison of a foam rolling session with active joint motion and without joint motion: A randomized controlled trial [J]. Journal of Bodywork and Movement Therapies, 22 (3): 707–712.

CHOLEWICKI J, JULURU K, MCGILL S M, 1999. Intra-abdominal pressure mechanism for stabilizing the lumbar spine [J]. Journal of Biomechanics, 32 (1): 13–17.

CHOLEWICKI J, MCGILL S M, NORMAN R W, 1991. Lumbar spine loads during the lifting of extremely heavy weights [J]. Medicine and Science in Sports and Exercise, 23 (10): 1179–1186.

CLAIBORNE T L, ARMSTRONG C W, GANDHI V, et al., 2006. Relationship between hip and knee strength and knee valgus during a single leg squat [J]. Journal of Applied Biomechanics, 22 (1): 41–50.

COMFORT P, KASIM P, 2007. Optimizing squat technique [J]. Strength and Conditioning Journal, 29 (6): 10–13.

COOK G, 2003. Athletic body in balance [M]. Champaign (IL): Human Kinetics.

COOK G, BURTON L, KIESEL K, et al., 2011. Movement: functional movement systems: screening, assessment, corrective strategies [M]. Chichester: Lotus Publishing.

CORMIE P, DEANE R S, TRIPLETT N T, 2006. Acute effects of whole-body vibration on muscle activity, strength, and power [J]. Journal of Strength and Conditioning Research, 20 (2): 257–261.

COSIO-LIMA L M, REYNOLDS K L, WINTER C, et al., 2003. Effects of Physioball and conventional floor exercises on early phase adaptations in back and abdominal core stability and balance in women [J]. Journal of Strength and Conditioning Research, 17 (4): 721–725.

COWLEY P M, SWENSEN T C, 2008. Development and reliability of two core stability field tests [J]. Journal of Strength and Conditioning Research, 22 (2): 619–624.

CRAIG L, 2004. Spinal stabilization an update, part 2-functional assessment [J]. Journal of Bodywork and Movement Therapies, 8 (3): 199–210.

CRAIG L, 2011. Functional training with the kettlebell [J]. Journal of Bodywork and Movement Therapies, 15 (4): 542–544.

CROSS M, SMITH E, HOY D, et al., 2014. The global burden of hip and knee osteoarthritis: Estimates from the global burden of disease 2010 study [J]. Annals of the Rheumatic Diseases, 73 (7): 1323–1330.

CURRAN P F, FIORE R D, CRISCO J J, 2008. A comparison of the pressure exerted on soft tissue by 2 myofascial rollers [J]. Journal of Sport Rehabilitation, 17 (4): 432–442.

DIMATTIA M A, LIVENGOOD A L, UHL T L, et al., 2005. What are the validity of the single-leg-squat test and its relationship to hip–abduction strength? [J]. Journal of Sport Rehabilitation, 14 (2): 108–123.

DRAKE J D, FISCHER S L, BROWN S H M, et al., 2006. Do exercise balls provide a training advantage for trunk extensor exercises? A biomechanical evaluation [J]. Journal of Manipulative and Physiological Therapeutics, 29 (5): 354–362.

DUMAN I, TASKAYNATAN M A, MOHUR H, et al., 2012. Assessment of the impact of proprioceptive exercises on balance and proprioception in patients with advanced knee osteoarthritis [J]. Rheumatology International, 32 (12): 3793–3798.

EKLUND G, HAGBARTH K E, 1966. Normal variability of tonic vibration reflexes in men [J]. Experimental Neurology, 16(1): 80–92.

ELLIOTT B, FLEISIG G, NICHOLLS R, et al., 2003. Technique effects on upper limb loading in the tennis serve [J]. Journal of Science and Medicine in Sport, 6(1): 76–87.

ESCAMILLA R F, 2001. Knee biomechanics of the dynamic squat exercise [J]. Medicine and Science in Sports and Exercise, 33(1): 127–141.

ESCAMILLA R F, LEWIS C, BELL D, et al., 2010. Core muscle activation during Swiss ball and traditional abdominal exercises [J]. Journal of Orthopaedic and Sports Physical Therapy, 40(5): 256–276.

ESCAMILLA R F, ZHENG N, IMAMURA R, et al., 2009. Cruciate ligament force during the wall squat and the one-leg squat [J]. Medicine and Science in Sports and Exercise, 41(2): 408.

FISCHER D V, 2006. Neuromuscular training to prevent anterior cruciate ligament injury in the female athlete [J]. Strength and Conditioning Journal, 28(5): 44–54.

FLOYD R T, 2009. Manual of structural kinesiology [M]. 17th ed. New York: McGraw-Hill.

FONTANA T L, RICHARDSON C A, STANTON W R, 2005. The effect of weight-bearing exercise with low frequency, whole body vibration on lumbosacral proprioception: A pilot study on normal subjects [J]. Australian Journal of Physiotherapy, 51(4): 259–263.

FREDERICSON M, MOORE T, 2005. Core stabilization training for middle and long-distance runners [J]. New Studies in Athletics, 20(1): 25–37.

GAMBETTA V, 2007. Athletic development: The art and science of functional sports conditioning [M]. Champaign(IL): Human Kinetics.

GOODMAN P J, 2004. Connecting the core [J]. NACA's Performance Training Journal, 6(3): 10–14.

GRANACHER U, LACROIX A, MUEHLBAUER T, et al., 2013. Effects of core instability strength training on trunk muscle strength, spinal mobility, dynamic balance and functional mobility in older adults [J]. Gerontology, 59(2): 105–113.

GRIBBLE P, HERTEL J, 2003. Considerations for normalizing measures of the star excursion balance test [J]. Measurement in Physical Education and Exercise

Science, 7 (2): 89–100.

GRIBBLE P, HERTEL J, DENEGER C, 2004. The effects of fatigue and chronic ankle instability on dynamic postural control [J]. Journal of Athletic Training, 39 (4): 321–329.

HAMLYN N, BEHM D G, YOUNG W B, 2007. Trunk muscle activation during dynamic weight-training exercises and isometric instability activities [J]. The Journal of Strength and Conditioning Research, 21 (4): 1108–1112.

HAMM K, ALEXANDER C M, 2010. Challenging presumptions: Is reciprocal inhibition truly reciprocal? A study of reciprocal inhibition between knee extensors and flexors in humans [J]. Manual Therapy, 15 (4): 388–393.

HAN S, GE S, LIU H, et al., 2013. Alterations in three-dimensional knee kinematics and kinetics during neutral, squeeze and outward squat [J]. Journal Human Kinetics, 39 (1): 59–66.

HARTER R A, 2010. Clinical rationale for closed kinetic chain activities in functional testing and rehabilitation of ankle pathologies [J]. Journal of Sport Rehabilitation, 5 (1): 13–24.

HARTMANN H, WIRTH K, KLUSEMANN M, et al., 2013. Analysis of the load on the knee joint and vertebral column with changes in squatting depth and weight load [J]. Sports Medicine, 43 (10): 993–1008.

HASEGAWA I, 2005. The use of unstable training for enhancing sport performance [J]. NACA's Performance Training Journal, 4 (4): 8–10.

HAUSDORFF J M, RIOS D A, Edelberg H K, 2001. Gait variability and fall risk in community-living older adults: A 1-year prospective study [J]. Archives of Intern Medicine and Rehabilitation, 82 (8): 1050–1056.

HEAD K, 2008. Ultimate back fitness and performance [J]. Journal of the Canadian Chiropractic Association, 60 (2): 205–206.

HEFZY M, KHAZIM M. et al., 2010. Oblique activity during the unilateral and bilateral free weight squat [J]. Clinical Kinesiology, 64 (2): 16–22.

HENKIN J, BENTO J, Liebenson C, 2018. The kettlebell lunge clean exercise [J]. Journal of Bodywork and Movement Therapies (22): 980–982.

HERTEL J, BRAHAM R A, HALE S A, et al., 2006. Simplifying the star excursion balance test: Analyses of subjects with and without chronic ankle instability [J]. Journal of Orthopaedic and Sports Physical Therapy, 36 (3): 131–137.

HIBBS A E, Thompson K G, French D N, et al., 2011. Peak and average rectified EMG

Measures: Which method of data reduction should be used for assessing core training exercises [J]. Journal of Electrophysiological and Kinesiology, 21 (1): 102–111.

HINDS J, POLINSKY G, ROLLINS R, et al., 2013. Suspension training exercise device: US20130217547[P/OL]. 2013–08–22[2022–04–30]. https://www.freepatentsonline.com/y2013/0217547.html.

HIRASHIMA M, KADOTA H, SAKURAI S, et al., 2002. Sequential muscle activity and its functional role in the upper extremity and trunk during over arm throwing [J]. Journal of Sports Sciences, 20 (4): 301–310.

HIRASHIMA M, KUDO K, WATARAI K, et al., 2007. Control of 3D limb dynamic in unconstrained overarm throws of different speeds performed by skilled baseball players [J]. Journal of Neurophysiology, 97 (1): 680–691.

HODGES P W, 2003. Core stability exercise in chronic low back pain [J]. Orthopedic Clinics of North America, 34 (2): 245–254.

HOLM S, INDAHL A, SOLOMONOW M, 2002. Sensorimotor control of the spine [J]. Journal of Electromyography and Kinesiology, 12 (3): 219–234.

IKEDA Y, FUCHIMOTO T, 2005. Changes in joint moment and joint power of the lower limbs due to double-leg hop training [J]. Japanese Society of Physical Education, 50 (1): 1–11.

IKEDA Y, KIJIMA K, KAWABATA K, et al., 2007. Relationship between side medicine-ball throw performance and physical ability for male and female athletes [J]. European Journal of Applied Physiology, 99: 47–55.

IRELAND M L, WILLSON J D, BALLANTYNE B T, et al., 2003. Hip strength in females with and without patellofemoral pain [J]. Journal of Orthopaedic and Sports Physical Therapy, 33 (11): 671–676.

ITO T, SHIRADO O, SUZUKI H, et al., 1996. Lumbar trunk muscle endurance testing: An inexpensive alternative to a machine for evaluation [J]. Archives of Physical Medicine and Rehabilitation, 77 (1): 75–79.

JANDA V, 1987. Muscles and moter control in low back pain: Assessment and management: In physical therapy of the low back [M]. New York: Churchill Livingstone.

JENSEN B R, LAURSEN B, SJØGAARD G, 2000. Aspects of shoulder function in relation to exposure demands and fatigue [J]. Clinical Biomechanics, 15: S17–S20.

JONES M T, AMBEGAONKAR J P, NINDL B C, et al., 2012. Effects of unilateral and bilateral lower-body heavy resistance exercise on muscle activity and testosterone responses [J]. Journal of Strength and Conditioning Research, 26 (4): 1094–1100.

JUDGE L W, 2008. Core training for superior sports preparation [J]. International Sport Coaching Journal, 1 (2): 38–63.

JUNG K M, CHOI J D, 2019. The effects of active shoulder exercise with a sling suspension system on shoulder subluxation, proprioception, and upper extremity function in patients with acute stroke [J]. Medical Science Monitor, 25: 4849–4855.

KERNOZEK T W, GHEIDI N, ZELLMER M, et al., 2017. Effects of anterior knee displacement during squatting on patellofemoral joint stress [J]. Journal of Sport Rehabilitation, 27 (3): 237–243.

KIBLER W B, 1994. Clinical biomechanics of the elbow in tennis [J]. Medicine and Science in Sports and Exercise, 26 (10): 1203–1206.

KIBLER W B, MCMULLEN J, 2003. Scapular dyskinesis and its relation to shoulder pain [J]. The Journal of the American Academy of Orthopedic Surgeons, 11 (2): 142–151.

KIBLER W B, PRESS J, SCIASCIA A, 2006. The role of core stability in athlete function [J]. Sports Medicine, 36 (3): 189–198.

KINZEY S J, ARMSTRONG C W, 1998. The reliability of the star-Excursion test in assessing dynamic balance [J]. Journal of Orthopaedic and Sports Physical Therapy, 27 (5): 356–360.

KIRKESOLA G, 2000. Sling Exercise Therapy (S-E-T): A concept for active treatment and training ailments in the musculoskeletal apparatus [J]. Journal of Bodywork and Movement Therapies, 12 (1): 9–16.

KRAUSE M, CROGNALE D, COGAN K, et al., 2019. The effects of a combined bodyweight-Based and elastic bands resistance training, with or without protein supplementation, on muscle mass, signaling and heat shock response in healthy older people [J]. Experimental Gerontology, 115: 104–113.

KULAS A S, HORTOBÁGYI T, DEVITA, et al., 2012. Trunk position modulates anterior cruciate ligament forces and strains during a single-leg squat [J]. Clinical Biomechanics, 27 (1): 16–21.

LANNING C L, UHL T L, INGRAM C L, et al., 2006. Baseline values of trunk endurance and hip strength in collegiate athletes [J]. Journal of Athletic Training (National Athletic Trainers' Association), 41(4): 427–434.

LEDERMAN E, 2010. The myth of core stability [J]. Journal of Bodywork and Movement Therapies, 14(1): 84–98.

LEETUN D T, IRELAND M L, WILLSON J D, et al., 2004. Core stability measures as risk factors for lower extremity injury in athletes [J]. Medicine and Science in Sports and Exercise, 36(6): 926–934.

LEHMAN G J, HODA W, OLIVER S, 2005. Trunk muscle activity during bridging exercises on and off a Swiss ball [J]. Chiropratic and Osteopathy, 13(1): 14.

LEHMAN G J, MACMILLAN B, MACINTYRE L, et al., 2006. Shoulder muscle EMG activity during push up variations on and off a Swiss ball [J]. Dynamic Medicine, 5: 1–7.

LIN Y Y, HUANG C S, 2016. Aging in Taiwan: Building a society for active aging and aging in place [J]. Gerontologist, 56(2): 176–183.

LIST R, GÜLAY T, STOOP M, et al., 2013. Kinematics of the trunk and the lower extremities during restricted and unrestricted squats [J]. Journal of Strength and Conditioning Research, 27(6): 1529–1538.

LIVENGOOD A L, DIMATTIA M A, UHL T L, 2004. "Dynamic trendelenburg": Single-leg-squat test for gluteus medius strength [J]. Athletic Therapy Today, 9(1): 24–25.

LUST K R, 2007. The effect of a six-week open kinetic chain/ closed kinetic chain and opened kinetic chain/ closed kinetic chain/ core stability strengthening program in baseball [J]. Graduate Theses, Dissertations, and Problem Reports. 10985.

LYMAN S, KOULOUVARIS P, SHERMAN S, et al., 2009. Epidemiology of anterior cruciate ligament reconstruction: Trends, readmissions, and subsequent knee surgery [J]. Journal of Bone and Joint Surgery American Volume, 91(10): 2321–2328.

MACDONALD G Z, BUTTON D C, DRINKWATER E J, et al., 2014. Foam rolling as a recovery tool after an intense bout of physical activity [J]. Medicine and Science in Sports and Exercise, 46(1): 131–142.

MAGNUSSON S P, CONSTANTINI N W, MCHUGH M P, et al., 1995. Strength profiles and performance in Masters' Level Swimmers [J]. American Journal of Sports Medicine, 23(5): 626–631.

MANNION A F, DUMAS G A, STEVENSON J M, et al., 1998. The influence of muscle fiber size and type distribution on electromyographic measures of back muscle fatigability [J]. Spine, 23(5): 576–584.

MARJORIE A K, 2000. Core stability: Creating a foundation for functional rehabilitation [J]. International Journal of Athletic Therapy and Training, 5(2): 6–13.

MASHARAWI Y, ROTHSCHILD B, DAR G, et al., 2004. Facet orientation in the thoracolumbar spine: Three-dimensional anatomic and biomechanical analysis [J]. Spine, 29(16): 1755–1763.

MATVEEV L P, 1977. Fundamentals of sports training [M]. Moscow: Fizkultual Sport.

MCCONNELL J, 2002. The physical therapist's approach to patellofemoral disorders [J]. Clinics in Sports Medicine, 21(3): 363–388.

MCCURDY K, O'KELLEY E, KUTZ M, et al., 2010. Comparison of lower extremity EMG between the 2-leg squat and modified single-leg squat in female athletes [J]. Journal of Sport Rehabilitation, 19(1): 57–70.

MCGILL S M, 2001. Low back stability: From formal description to issues for performance and rehabilitation [J]. Exercise and Sport Sciences Reviews, 29: 26–31.

MCGILL S M, 2002. Low back disorders: Evidence based prevention and rehabilitation [M]. Champaign (IL): Human Kinetics.

MCGILL S M, 2006. Ultimate back fitness and performance [M]. 3rd ed. Waterloo: Back Fit Pro Inc.

MCGILL S M, 2010. Core training: Evidence translating to better performance and injury prevention [J]. Strength and Conditioning Journal, 32(3): 33–46.

MCGILL S M, 2011. Ultimate back fitness and performance [M]. 4th ed. Waterloo: Back Fit Pro Inc.

MCGILL S M, CHILDS A, LIEBENSON C, 1999. Endurance times for low back stabilization exercises: Clinical targets for testing and training from a normal database [J]. Archives of Physical Medicine and Rehabilitation, 80(8): 941–944.

MCMULLEN J, UHL T L, 2000. A kinetic chain approach for shoulder rehabilitation [J]. Journal of Athletic Training, 35(3): 329–337.

MICHAEL F, 2005. Foam roller techniques for massage stretches and improved flexibility [M]. Champaign (IL): Human Kinetics.

MOE K, THOM E, 1997. Musculoskeletal disorders and physical activity. Results of a long-term study [J]. Journal of the Norwegian Medical Association, 29: 4258–4261.

MORELAND J, FINCH E, STRATFORD P, et al., 1997. Interrater reliability of six tests of trunk muscle function and endurance [J]. Journal of Orthopaedic and Sports Physical Therapy, 26 (4): 200–208.

MORI H, OHSAWA H, TANAKA T H, et al., 2004. Effect of massage on blood flow and muscle fatigue following isometric lumbar exercise [J]. Medical Science Monitor, 10 (5): 173–178.

MYERS T W, 2014. Anatomy Trains: Myofascial meridians for manual and movement therapists [M]. 3rd ed. London: Elsevier Health Science.

NADLER S F, MALANGA G A, DEPRINCE M, et al., 2000. The relationship between lower extremity injury, low back pain, and hip muscle strength in male and female collegiate athletes [J]. Clinical Journal of Sports Medicine, 10 (2): 89–97.

NAZAROV V, SPIVAK G, 1987. Development of athlete's strength abilities by means of biomechanical stimulation method in Russian [J]. Theory Practice Physical Cult (Moscow), 12: 37–39.

NOUILLOT P, BOUISSET S, DO M C, 1992. Do fast voluntary movements necessitate anticipatory postural adjustments even if equilibrium is unstable? [J]. Neuroscience Letters, 147 (1): 1–4.

OLMSTED L C, CARCIA C R, HERTEL J, et al., 2002. Efficacy of the star excursion balance tests in detecting reach deficits in subjects with chronic ankle instability [J]. Journal of Athletic Training, 37 (4): 501–506.

O'SULLIVAN P B, PHYTY G D, TWOMEY L T, et al., 1997. Evaluation of specific stabilizing exercise in the treatment of chronic low back pain with radiologic diagnosis of spondylolysis or spondylolisthesis [J]. Spine, 22 (24): 2959–2967.

OTTERLI S, LARSEN C, 1996. Bewegungskooordination auf dem ball [J]. Journal of the Swiss Federation of Physiotherapists, 6: 23–55.

OXLAND T R, LIN R M, PANJABI M M, 1992. Three-dimensional mechanical properties of the thoracolumbar junction [J]. Journal of Orthopaedic Research, 10 (4): 573–580.

PANJABI M M, 1992. The stabilizing system of the spine. Part I. Function, dysfunction, adaption, and enhancement [J]. Journal of Spinal Disorders, 5 (4): 383–389.

PAULETTE B, 1991. Strength training for coaches [M]. New York: Leisure Press.

PINCIVERO D M, ALDWORTH C, DICKERSON T, et al., 2000. Quadriceps-hamstring EMG activity during functional, closed kinetic chain exercise to fatigue [J]. European Journal of Applied Physiology, 81(6): 504–509.

PLASTARAS C T, RITTENBERG J D, RITTENBERG K E, et al., 2005. Comprehensive functional evaluation of the injured runner [J]. Physical Medicine and Rehabilitation Clinics of North America, 16(3): 623–649.

PLISKY P J, RAUH M J, KAMINSKI T W, et al., 2006. Star excursion balance test as a predictor of lower extremity injury in high school basketball players [J]. Journal of Orthopaedic and Sports Physical Therapy, 36(12): 911–919.

POPE M H, PANJABI M M, 1985. Biomechanical definitions of spinal instability [J]. Spine, 10(3): 255–256.

PROKOPY M P, INGERSOLL C D, NORDENSCHILD E, et al., 2008. Closed-kinetic chain upper-body training improves throwing performance of NCAA Division I Softball players [J]. Journal of Strength and Conditioning Research, 22(6): 1790–1798.

RASOOL J, GEORGE K, 2007. The impact of single-leg dynamic balance training on dynamic stability [J]. Physical Therapy in Sport, 8(4): 177–184.

RENDOS N K, JUN H P, PICKETT N M, et al., 2017. Acute effects of whole body vibration on balance in persons with and without chronic ankle instability [J]. Research in Sports Medicine, 25(4): 1–17.

RICHARDSON C A, JULL G A, 1995. Muscle control-pain control. What exercises would you prescribe? [J]. Manual Therapy, 1(1): 2–10.

RITTWEGER J, BELLER G, FELSENBERG D, 2000. Acute physiological effects of exhaustive whole-body vibration exercise in man [J]. Clinical Physiology and Functional Imaging, 20(2): 134–142.

ROBERTSON D, WILSON J M J, PIERRE T, 2008. Lower extremity muscle functions during full squats [J]. Journal of Applied Biomechanics, 24(4): 333–339.

ROELANTS M, DELECLUSE C, GORIS M, et al., 2004. Effects of 24 weeks of whole body vibration training on body composition and muscle strength in untrained females [J]. International Journal of Sports Medicine, 25(1): 1–5.

SAETERBAKKEN A H, VAN DEN TILLAAR R, SEILER S, 2011. Effect of core stability training on throwing velocity in female handball players [J]. Journal of Strength and Conditioning Research, 25(3): 712–718.

SALE D, MACDOUGALL D, 1981. Specificity in strength training: A review for the coach and athlete [J]. Canadian Journal of Applied Sport Sciences, 6 (2): 87–92.

SALEM G J, SALINAS R, HARDING F V, 2003. Bilateral kinematic and kinetic analysis of the squat exercise after anterior cruciate ligament reconstruction [J]. Archives of Physical Medicine and Rehabilitation, 84 (8): 1211–1216.

SAMSON K M, SANDREY M A, HETRICK A, 2007. Core stabilization training program for tennis athletes [J]. Athletic Therapy Today, 12 (3): 41–46.

SEILER S, SKAANES P T, KIRKESOLA G, et al., 2006. Effects of sling exercise training on maximal clubhead velocity in junior golfers [J]. Medicine and Science in Sports and Exercise, 38 (5): 286–291.

SEILER S, STERBAKKEN A, 2008. A unique core stability training program improves throwing velocity in female high school athletes [J]. Medicine and Science in Sports and Exercise, 40 (5): 25–27.

SHARMA A, GEOVINSON S G, SINGH S J, 2012. Effects of a nine-week core strengthening exercise program on vertical jump performances and static balance in volleyball players with trunk instability [J]. Journal of Sports Medicine and Physical Fitness, 52 (6): 606–615.

SHINKLE J, NESSER T W, DEMCHAK T J, et al., 2012. Effect of core strength on the measure of power in the extremities [J]. Journal of Strength and Conditioning Research, 26 (2): 373–380.

ŠMITE D, UPENIECE I, RUNCE A, et al., 2017. Activity of scapular muscles: Comparison of open and closed kinetic chain exercise [J]. Society Integration Education. Proceedings of the International Scientific Conference, 3: 429.

SMITH M F, HILLMAN S R, 2012. A retrospective service audit of a mobile physiotherapy unit on the PGA European golf tour [J]. Physical Therapy in Sport, 13 (1): 41–44.

SMITH S M, COCKBURN R A, HEMMERICH A, et al., 2008. Tibiofemoral joint contact forces and knee kinematics during squatting [J]. Gait and Posture, 27 (3): 376–386.

STANTON R, REABURN P R, HUMPHRIES B, 2004. The effect of short-term Swiss ball training on core stability and running economy [J]. Journal of Strength and Conditioning Research, 18 (3): 522–528.

STENSDOTTER A K, HODGES P W, MELLOR R, et al., 2003. Quadriceps activation in closed and in open kinetic chain exercise [J]. Medicine and Science in Sports and Exercise, 35 (12): 2043-2047.

STRAY-PEDERSEN J I, MAGNUSSEN R, KUFFEL E, et al., 2006. Sling exercise training improves balance, kicking velocity, and torso stabilization strength in elite soccer players [J]. Medicine and Science in Sport and Exercise, 38 (5): 243-249.

STUGE B, LRUM E, KIRKESOLA G, et al., 2004. The efficacy of a treatment program focusing on specific stabilizing exercises for pelvic girdle pain after pregnancy: A randomized controlled trial [J]. Spine, 29 (4): 351-359.

TANKISHEVA E, AN B, BOONEN S, et al., 2014. Effects of intensive whole-body vibration training on muscle strength and balance in adults with chronic stroke: A randomized controlled pilot study [J]. Archives of Physical Medicine and Rehabilitation, 95 (3): 439-446.

THOMPSON C J, COBB K M, BLACKWELL J, et al., 2007. Functional training improves club head speed and functional fitness in older golfers [J]. Journal of Strength and Conditioning Research, 21 (1): 131-137.

THOMPSON W R, 2015. Worldwide survey of fitness trends for 2016: 10th anniversary edition [J]. ACSM's Health and Fitness Journal, 19 (6): 9-18.

THOMPSON W R, 2016. Worldwide survey of fitness trends for 2017 [J]. ACSM's Health and Fitness Journal, 20 (6): 8-17.

TRAVIS B, 2005. Core flexibility static and dynamic stretches for the core [J]. NACA's Performance Training Journal, 4 (4): 8-10.

UBINGER M E, PRENTICE W E, GUSKIEWICZ K M, 1999. Effect of closed kinetic chain training on neuromuscular control of the upper extremity [J]. Journal of Sport Rehabilitation, 8 (3): 184-194.

UCAR M, KOCA I, EROGLU M, et al., 2014. Evaluation of Open and Closed Kinetic Chain Exercises in rehabilitation following anterior cruciate ligament reconstruction [J]. Journal of Physical Therapy Science, 26 (12): 1875-1878.

UHL T L, CARVER T J, MATTACOLA C G, et al., 2003. Shoulder musculature activation during upper extremity weight-bearing exercise [J]. Journal of Orthopaedic and Sports Physical Therapy, 33 (3): 109-117.

VIKNE J, OEDEGAARD A, LAERUM E, et al., 2007. A randomized study of new sling exercise treatment vs traditional physiotherapy for patients with chronic whiplash-Associated disorders with unsettled compensation claims [J]. Journal of Rehabilitation Medicine, 39 (3): 252–259.

VOIGHT M L, COOK G, 1996. Clinical application of closed kinetic chain exercise [J]. Journal of Sport Rehabilitation, 5 (1): 25–44.

WAGNER H, ANDERS CH, PUTA CH, et al., 2005. Musculoskeletal support of lumbar spine stability [J]. Pathophysiology, 12 (4): 257–265

WATHEN D, BAECHLE T R, EARLE R W, 2000. Training variation: Periodization [C] // BAECHLE T R, EARLE R W. Essentials of strength training and conditioning. 2nd ed. Champaign (IL): Human Kinetics.

WILLARDSON J M, 2007. Core stability training: Applications to sports conditioning programs [J]. Journal of Strength and Conditioning Research, 21 (3): 979–985.

WILLARDSON J M, 2008. A periodized approach for core training [J]. ACSM'S Health and Fitness Journal, 12 (1): 7–13.

WILLSON J D, DOUGHERTY C P, IRELAND M L, et al., 2005. Core stability and its relationship to lower extremity function and injury [J]. The Journal of the American Academy of Orthopedic Surgeons, 13 (5): 316–325.

WILLSON J D, IRELAND M L, DAVIS I, 2006. Core strength and lower extremity alignment during single leg squats [J]. Medicine and Science in Sports and Exercise, 38 (5): 945–952.

YAACOB N M, YAACOB N A, ISMAIL A A, et al., 2016. Dumbbells and ankle-wrist weight training leads to changes in body composition and anthropometric parameters with potential cardiovascular disease risk reduction [J]. Journal of Taibah University Medical Sciences, 11 (5): 439–447.

YVONNE N, ANDREW L S, MARK A S, et al., 2008. Effects of a shoulder injury prevention strength training program on eccentric external rotator muscle strength and glenohumeral joint imbalance in female overhead activity athletes [J]. Journal of Strength and Conditioning Research, 22 (1): 140–145.

ZATSIORSKY V M, 1995. Science and practice of strength training [M]. Champaign (IL): Human Kinetics.

ZATSIORSKY V M, KRAEMER W J, 2006. Science and practice of strength training [M]. 2nd ed. Champaign (IL): Human Kinetics.

ZELLER B L, MCCRORY J L, KIBLER W B, et al., 2003. Differences in kinematics and electromyographic activity between men and women during the single-legged squat [J]. American Journal of Sports Medicine, 31 (3): 449–456.